蜀道十讲

蔡东洲 —— 主编

四川人民出版社

图书在版编目（CIP）数据

蜀道十讲 / 蔡东洲主编. -- 成都：四川人民出版社, 2024. 10. -- ISBN 978-7-220-13720-4

Ⅰ. K928.6-49

中国国家版本馆CIP数据核字第202439Y1Y6号

SHUDAO SHI JIANG

蜀道十讲

蔡东洲　主编

策　　划	周　青
统　　筹	黄立新
执　　行	邹　近
责任编辑	任学敏　刘　笛　邹　近
助理编辑	徐拂晓　勒静宜
封面设计	罗　洪
版式设计	张迪茗
宣传推广	石　龙
责编校对	申婷婷
责任印制	周　奇
出版发行	四川人民出版社（成都三色路238号）
网　　址	http://www.scpph.com
E-mail	scrmcbs@sina.com
新浪微博	@四川人民出版社
微信公众号	四川人民出版社
发行部业务电话	（028）86361653　86361656
防盗版举报电话	（028）86361653
制　　版	四川胜翔数码印务设计有限公司
印　　刷	成都市东辰印艺科技有限公司
成品尺寸	170mm×230mm
印　　张	23
字　　数	248千
版　　次	2024年10月第1版
印　　次	2024年10月第1次印刷
书　　号	ISBN 978-7-220-13720-4
定　　价	98.00元

■ 版权所有·侵权必究

本书若出现印装质量问题，请与我社发行部联系调换

电话：（028）86361656

| 序 |

蜀道是中国历史上从关中平原穿越秦岭、翻越巴山、到达四川盆地的交通大动脉,在数千年的历史长河中维护着国家统一和长治久安,带动着西部经济发展,促进着南北文化交流,具有特殊的历史地位,起着重要的历史作用。

蜀道,现在多被人们称为"古蜀道""川陕古道"或"秦蜀古道"。其实,蜀道原本为一个历史概念,最妥切的称呼还是"蜀道",无须加"古"字,也不必略显片面地突出"陕""秦"二字。一般认为,蜀道由"北四南三"构成,即北段穿越秦岭的子午道、傥骆道、褒斜道、陈仓道四条和南段翻越巴山的金牛道、米仓道、荔枝道三条。也有把北段因诸葛北伐而扬名的祁山道、南段因邓艾偷渡而著名的阴平道纳入蜀道体系的。

据考古发现和文献记载,蜀道在先秦时期已经开通,在周灭商的战争中,周武王率领的西部联军中便有蜀等诸侯国部队。秦国大军司马错统军沿蜀道南下而灭巴蜀两国。秦汉以后，蜀道干线进一步发展为国家修建、养护、管理的官方驿道，不过各个王朝对蜀道的线路规划、重视程度、养护办法和管理模式都不尽相同，总是根据本朝政治、军事、经济、文化的实际需要予以调整。但无论如何调整，都没有改变蜀道的地位和作用——蜀道在国家安定统一、民族融合发展、经济文化交流等方面都有过特殊的历史地位，发挥过重要的历史作用。

蜀道是一条维护安定统一的政治纽带。自从秦汉统一以来，西南割据势力总是在统一多民族的中央王朝国力衰微时控制蜀道，脱离中央王朝。而一旦统一多民族的中央王朝将要复建，必然发起统一战争——东汉之灭成家公孙述，曹魏之灭蜀汉刘禅，后唐之灭前蜀王衍，北宋之灭后蜀孟昶，元朝之灭南宋，明朝之灭大夏，清朝之灭大西，无不如此。这些统一战争的胜败取决于对蜀道的攻取和控制，一旦蜀道失守，割据政权往往不战而降，蜀汉、前蜀、后蜀皆如此。在和平年代，中央王朝正是通过蜀道实现公文传递、官员往返，对西南地区实施有效治理。如果发生内乱，蜀道便是军事大通道。播州杨氏土司叛乱，明廷调集大军经蜀道南下平叛；张格尔分裂新疆，清廷调集西南驻军北上镇压；大小金川之役，乾隆多次诏令保障蜀道军运畅通。

蜀道是一条民族融合发展之路。蜀道穿越区域内的各民族在不断扩大的交往交流中逐渐融入中华大家庭。不同时期的移民潮加速了民族融合，西晋末年氐人李特率天水、略阳等六郡十万人民，沿着蜀道进入汉中，再南下就食巴蜀，最终在成都建立了成汉政权，移民随之融入巴蜀社会。往来于西北和西南的行旅客商则给蜀道穿越的区域带来了不同的生产方式和生活形态，在吸纳和调适中，这一区域的民俗特征亦日渐趋同于南北地区。随着经济交流的频繁、蜀道网络化程度的加深，民族融合随之加速，至唐代，世代居住在四川盆地北部山区的各民族几乎完全融为一体。

蜀道是一条南北文化交流之路。蜀道纵贯北南，是连接黄河文明和长江文明的重要纽带，促进着南北不同地域文化的传播、交流与融合。儒学主流文化沿蜀道而传播西南，大乘佛教沿此道南下，天师道教沿此道北上。蜀道也是南北丝绸之路的交会带，蜀锦等沿蜀道经西北远销西域。蜀道文学本身是一道亮丽的风景线，历代往来于蜀道的官员、文人留下了大量华章，据初步统计，仅诗歌就达四千多首，李白、杜甫、陆游、张问陶等大诗人皆有蜀道名篇传世。还有直接将修路文字镌刻在道旁崖壁上的，这些摩崖石刻既是中国书法史上的石质标本，又是蜀道本体演变的历史见证。

民国初，政府取消邮驿设置，废止邮驿传递。这意味着蜀道这条通行数千年的南北交通大动脉退出了历史舞台。20世纪30年代中后期，近代公路交通在蜀道穿行的广大川陕甘地区逐渐兴起，其中川陕公路（108国道）几乎与蜀道干线金牛道重合。这无疑给原有古道造成了毁灭性的破坏。那些与公路线路完全重合的地段，古道已荡然无存；那些靠近公路线路的地段，因古道铺路石板被撬去修公路，造成"树存而路亡"；只有那些远离公路线路的地段，古道与古树都得以保存下来。再加上一个世纪的人为干扰和自然损毁，古道与古树实际上保存得并不多，但蜀道沿线仍然有世界上最大的人工古树林。在今天的大力保护下，蜀道已实现了华丽转身，成为举世瞩目的文化遗产、自然遗产。

蜀道文化遗产可以细分为古道路、古关隘、古栈道、古碑刻、古树木等类别，在南北各道中都或多或少地保存着。

古道路是本体遗存。现存状况表明古路在修筑时是有一定的技术要求的。路面铺设石板（既有人工开山取来的，又有直接利用天然石头的），路宽二三米不等，梯步高低不均，路面两旁还残留着拦马墙、饮马槽、拴马石等遗迹，这些是古代交通状况和商贸往来的见证。而今，剑阁拦马墙段、石洞沟段、大柏树湾和昭化松宁桥仍保持着原真状态，青石板、防滑线、门槛石、拦马墙、饮马槽和行道树等古道文化遗存保存完好。目前，这些遗存正被整体开发为文化旅游产品"蜀道步游"。

古关隘是在道路险要位置修建的关卡，主要用以查奸捕盗、维护治安。大散关、武休关、阳平关、白水关、五丁关、七盘关、朝天关、天雄关、剑门关、鹿头关等历史上重要关隘都尚有一些遗迹存留。大散关、剑门关等现已成为文化旅游景区。

古栈道是在悬崖绝壁上开辟的交通设施，即在石壁上开凿栈孔，插木为梁，立木为柱，架设桥阁以通行。朝天峡古栈道是蜀道古栈道的典型代表。这些工程展现了古代劳动人民在山地道路工程技术方面的卓越智慧。

古碑刻大致可分为三类：一是文人触景生情留下的诗歌，如宋人安丙《游石门》；二是达官贵人题写的字词，如清果亲王为剑门关题写的"第一关"；三是地方修路撰写的碑记，如北宋《新修白水路记》。这些碑刻既是珍贵的书法艺术作品，又是研究阐释蜀道历史文化的重要资料。

古树木，即种植在古道两旁的行道树。我国一直传承着种植行道树的文化传统，历代蜀道沿线州县官员都有栽种和养护行道树的职责。至今在北起昭化古城，南抵阆中古城，西到梓潼七曲山的翠云廊上仍存有古树两万多株。仅剑阁县境内现存古柏就有

7778株，被称为"蜀道奇观"和"森林活化石"。

正是这些文化遗存的强力支撑，使得剑门蜀道遗址成为全国重点文物保护单位，蜀道被联合国教科文组织世界遗产中心列入《世界遗产预备名录》，这推动着蜀道的研究阐释和保护传承，提升着蜀道的文化影响力。

这本《蜀道十讲》旨在将蜀道的历史发展和文化遗存展现给广大读者，但数千年的历史变迁，数千年的文化积淀，绝非此册所能尽述，唯愿以此抛砖引玉，期待更多、更好的蜀道通俗读物问世。在此衷心感谢各位作者和编辑的辛勤付出，感谢潘璜政、万娇等师友在图片上提供的帮助，并感谢同事张存良先生为本书内封书名题签。各讲执笔人为：

第一讲　古道千载　蜀道的形成与变迁（胡　宁）
第二讲　战略交通　蜀道与国家统一、长治久安（罗洪彬）
第三讲　古路寻踪　蜀道的历史遗存（罗洪彬）
第四讲　石上百态　蜀道上的石窟造像（罗洪彬）
第五讲　摩崖纪功　刻在石头上的蜀道修造史（张存良）
第六讲　古木森森　蜀道与行道古树（蔡东洲）
第七讲　文脉经纬　蜀道与文化传播交流（胡　宁）
第八讲　纪行感怀　蜀道与中国文学（严正道）
第九讲　艺林之光　蜀道碑刻的书法艺术（张存良）
第十讲　行者远至　蜀道与域外旅人（金生杨）

目录

第一讲　古道千载　蜀道的形成与变迁
　　一、先秦时期："五丁开道"的真实历史 / 005
　　二、秦汉六朝：新道开通与"北四南三"格局 / 011
　　三、隋唐两宋：驿道维护与路线优化 / 018
　　四、元明清：驿站完备与栈道改碥路 / 026

第二讲　战略交通　蜀道与国家统一、长治久安
　　一、先秦时期：从早期接触到巴蜀归秦 / 034
　　二、秦汉六朝：蜀道的"大一统"作用显现 / 039
　　三、隋唐两宋：掌控蜀道与南北争夺 / 047
　　四、元明清：蜀道使国家统一和疆域稳定的功能凸显 / 057
　　五、近代：蜀道对川陕苏区与解放大西南的价值 / 060

第三讲　古路寻踪　蜀道的历史遗存
　　一、道通南北：蜀道之道路 / 066
　　二、惟天设险：蜀道之关隘 / 078

三、烟火人间：蜀道之城镇 / 089

　　四、天筑坚城：蜀道之城堡 / 096

　　五、长虹卧波：蜀道之桥梁 / 120

　　六、梵宫真祠：蜀道之寺观 / 127

第四讲　石上百态　蜀道上的石窟造像

　　一、一望迢迢限雍梁：金牛道上的造像 / 136

　　二、行行计里读碑频：阴平道上的造像 / 141

　　三、回首依稀天上路：米仓道上的造像 / 144

　　四、忍见百马死山中：荔枝道上的造像 / 148

第五讲　摩崖纪功　刻在石头上的蜀道修造史

　　一、源远流长，丰富多彩：鸟瞰千年蜀道碑刻 / 158

　　二、刻石纪功，名传不朽：蜀道碑刻的历史文献价值 / 171

　　三、赓续前修，踵事增华：蜀道碑刻的绵延不绝 / 188

第六讲　古木森森　蜀道与行道古树

　　一、古人智慧：行道树的种植传统 / 202

　　二、道旁葱茏：蜀道行道树的种植 / 204

　　三、官民携手：蜀道行道树的保护 / 212

　　四、生态文明：蜀道行道树的现状 / 216

第七讲　文脉经纬　蜀道与文化传播交流
一、儒学：从文翁化蜀到书院繁荣 / 226

二、道教：从五斗米道北上到杜光庭入蜀 / 234

三、佛教：玄奘等名僧出入蜀地 / 240

第八讲　纪行感怀　蜀道与中国文学
一、难于上青天：文学中的蜀道印象 / 252

二、宇宙之绝观：蜀道文学的山水书写 / 259

三、万里同为客：蜀道文学的情感抒发 / 269

四、思古之幽情：蜀道文学的怀古情结 / 278

第九讲　艺林之光　蜀道碑刻的书法艺术
一、雄视古今，独标书史：蜀道汉魏石刻中的隶书精品 / 292

二、承前启后，光照艺林：蜀道碑刻中的楷书名作 / 302

三、搜集考证，蔚成曲调：蜀道碑刻的传拓与题跋 / 311

第十讲　行者远至　蜀道与域外旅人
一、元代以前：外国僧侣、留学生与商人 / 322

二、元代：马可·波罗、雪村友梅、李齐贤 / 329

三、明至清前期：利类思、安文思、耶稣会士与米列斯库 / 336

四、晚清民国时期：外国探险家、旅行者与学者 / 341

参考文献 / 356

第一讲

古道千载

蜀道的形成与变迁

蜀道是什么时候开通的,现在还没有定论。考古学家根据蜀道旁出土的细石器判断,大约在六七千年前这条道路就已经开通了,因为这些石器与关中出土的十分近似。而历史学家更相信周武王率领西方多国军队讨伐商纣王时蜀道已经通达,因为战争有巴蜀古国的军队参与。不过,真正把蜀道纳入国家干道的是秦国,并且,随着秦国一统天下,蜀道被并入通往全国各地的直道体系,后世则在秦朝的基础上进行优化、扩展和调整。

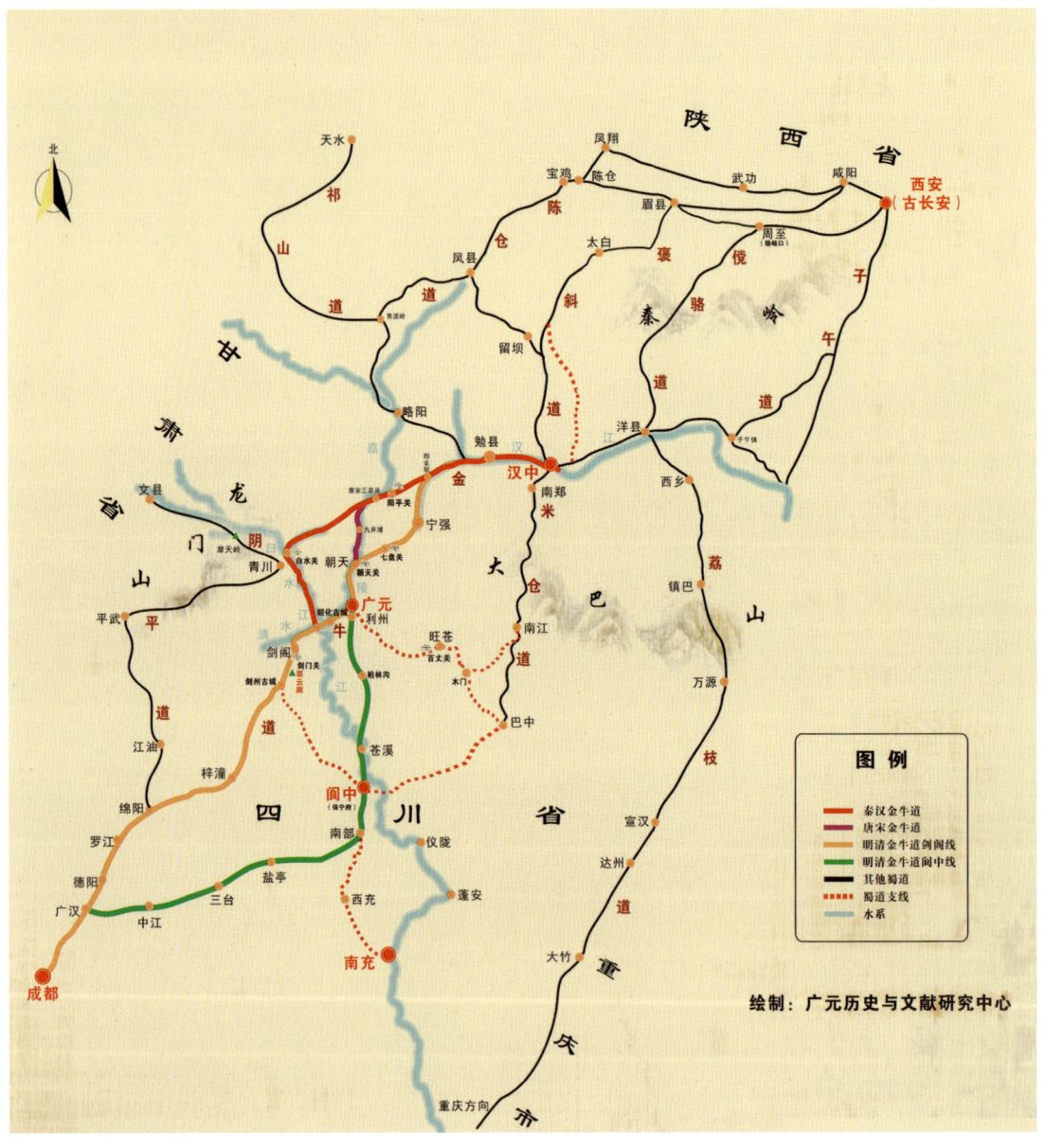

古蜀道示意图

| 一 |
先秦时期:"五丁开道"的真实历史

(一)开通时间

在诸条蜀道中,故道、褒斜道及金牛道见于历史记载的时间比较早。故道一名,最早见于司马迁《史记》。刘邦发动还定三秦之战时,是书卷八《高祖本纪》云,"汉王用韩信之计,从故道还袭雍王章邯"。卷五十四《曹相国世家》则记载作为先锋的曹参领兵"初攻下辩、故道"。褒斜道之名,同样始见于《史记》卷二十九《河渠书》,"发数万人作褒斜道五百余里"。金牛道则以石牛道之名最早见于西汉著名学者扬雄《蜀王本纪》所载的"石牛便金""五丁开道"故事。不过上述历史记载并不能说明这几条道路在秦汉之际才开通。他们的开辟与发现应该更早。先秦时期,故道、褒斜道、金牛道就已经开通。我们以金牛道为例进行说明,《太平御览》卷八百八十八引《蜀王本纪》"石牛便金"的故事:

> 秦惠王时,蜀王不降秦,秦亦无道出于蜀。蜀王从万余人东猎褒谷,卒见秦惠(文)王。惠(文)王以金一笥遗蜀王,蜀王报以礼物,物尽化为土。秦王大怒,臣下皆再拜贺曰:"土者土地,秦当得蜀矣。"秦王恐亡相见处,乃刻五石牛,置金其后,蜀王以为金,便令五丁拖牛成道,致三枚于成都。秦道乃得通,石牛之力也。

上述记载颇有些令人费解。其中明确指出秦惠文王与蜀王相遇于褒谷。斜谷在北，褒谷在南，说明关中与汉中、汉中与蜀地均已有道路相通，并且当时两条道路的交通状况不错，不然秦惠文王车驾无法到达褒谷，同样蜀王万余人亦无法于褒谷田猎，而上文开头却强调"秦亦无道出于蜀"。后续学者也发现这一矛盾之处，故常璩《华阳国志》载录此故事时，便没有"秦亦无道出于蜀"之语，并且说"此谷道之通久矣。而说者以为蜀王因石牛始通，不然也"。郦道元《水经注》在引述上面故事后，也明确指出"厥盖因而广之矣"，认为金牛道在"五丁开道"之前，早已存在，只是在秦灭蜀之前，金牛道在原有基础上得到修缮拓宽，变得更加通达。

再看考古发掘，自新石器晚期以来，特别是商周之际，陕南、关中与成都平原的重要遗址均表现出不少相似的文化面貌。如位于四川盆地北部距今6000—6700年的广元中子铺遗址出土的器物，与陕西前仰韶时期的同类器物颇为接近。文化面貌相似，必有文化交流，有交流就有道路可通。甲骨文中又有"周王伐蜀""克蜀"之语，说明自新石器晚期以来，三地确实有道路连通。金牛道、褒斜道及故道的开通应大体在同一时期，即商周之际。只不过此时的道路是人们长期反复踩踏出的崎岖小路，并没有经过专门的修治。这些道路形成后，便被积极利用，如蜀助周伐纣，周幽王伐褒，褒姒北上及郑国民众南迁至汉中等。同样，米仓道之名，虽很晚出现，但从巴文化的形成与发展可以看出，连接汉中和巴中两地的米仓道，至迟在新石器时代晚期已逐渐出现，并在其后的商周时期发展起来。据学者研究，战国时期，秦国为实现对汉水中上游地区长期有效的控制，便开通利用了子午道。

故道、褒斜道、子午道、金牛道及米仓道的修筑整治，构成了多条贯通关中、汉中及蜀中的完整交通路线，出现了"栈道千里，通于蜀汉"的景象。秦迁都咸阳后，秦蜀之间的主要交通线由故道转移到褒斜道，因褒斜道—金牛道是关中出入蜀中最为便捷的线路。秦军正是沿此条线路实现了灭蜀灭巴的计划，司马错等人亦沿此线路多次带兵入蜀平叛。故道、子午道及米仓道经过不断的经营后，也成为连通关中与巴蜀及陇右的大道，发挥着重要的交通作用。

蜀道的拓宽、修筑及连通并非易事，虽"五丁开道"故事中仅用简短的"五丁拖牛成道"六字来载录金牛道早期修凿的历史，但从中我们仍可读出此次修凿的艰难——能移山、举万钧的五丁力士，及秦所送的五位美女在摊蛇山崩之中全部被压杀，以至"蜀王痛伤"。

（二）各道名称及线路

1. 故道

故道的名称颇多，如陈仓道、散关道、青泥路、白水路、沮道、嘉陵道等。上述名字大抵是因故道沿线的要地、关隘、山岭及河流而来。如称呼"陈仓道"，是因该道北端的出口在陈仓县（今属陕西宝鸡）；称"散关道"则是因该路经秦岭北麓的重要关隘大散关；此道中有险峻泥泞的青泥岭，故又被称为"青泥路"；该路经行白水、沮水而被称为"白水路""沮道"；此道基本循嘉陵江上游（故道水）河谷而行而被称为"嘉陵道"。可见上述众多名字只代表了该路中的某个重要节点，而无法代表道路的全程，故一般情况下仍将此路称为故道。

故道从陈仓，沿汧水（今清姜河）西南行，至散关（大散关）。宋金发生多次大战，具有重要战略地位的和尚原便在散关附近。出散关上行越秦岭，至凤州（今陕西凤州）。凤州不仅是故道上的重要城镇，由此还可转行褒斜道。随后故道向西进入甘肃境内两当县、徽县。徽县在秦统一后属陇西郡，西汉武帝时改隶武都郡，唐宋时隶属于凤州河池县（今甘肃徽县），元明时改称徽州，清改为徽县。著名的仙人关即在徽县附近。徽县向南二十多里，就要翻越故道最难行的路段青泥岭。至北宋时，兴修的白水路逐渐取代了青泥岭。从徽县继续往南便回到今陕西境内的略阳县。由略阳县折向东南经勉县、褒城至汉中。

2. 褒斜道

褒斜道循汉江支流褒水与渭河支流斜水两条河谷而行，因其北口在眉县斜谷，南口在汉中褒谷，故称褒斜道，又称斜谷道。因在东汉石刻《石门颂》中，"斜谷"的"斜"字被简写成"余"，又称褒余道、余谷道。

从眉县向西南行三十二里，至斜谷关。入斜谷，沿石头河、桃川河及红岩河南行，至今太白县。其间需要翻越秦岭正脊的五里坡。随后折向西

明·《石门颂》拓本（局部）

南，经两河口、关山、白云，过二十四孔阁、经石垭子栈道，至三江交汇处的留坝江口镇。唐时在江口镇设青松驿，这里是褒斜道与唐文川道的分路口。出江口镇，沿褒水干流，穿石门出褒谷口，抵褒城，继续向东到达汉中。这是秦汉褒斜道的线路。唐文宗开成四年（839），山南西道节度使归融修散关、褒城道，形成后世所称的唐宋褒斜道。褒斜道是公认地便捷易行，这是由于故道、傥骆道及子午道均需要翻越两处秦岭山脉，而褒斜道仅需翻越一处，并且道路相对平缓，这就使褒斜道在蜀道众多线路中颇具优势。

3. 子午道

子午道是由古代长安穿越秦岭到达汉中的四条主干路中最东边的一条。汉平帝元始五年（5），正式将此道命名为子午道，"其秋，莽以皇后有子孙瑞，通子午道。子午道从杜陵直绝南山，径汉中"。子午道是因其道路走向方位得名的，颜师古解释说："子，北方也。午，南方也。言通南北道相当，故谓之'子午'耳。"

子午道虽以代表南北的子午命名，但整个道路保持正南北方向的线路所占比例较少，大多数线路是由东北而西南，甚至有由东南而向西北者。子午道自今西安市长安区子午镇，向西南入子午谷北口，越岭进入沣水河谷，沿河谷南行二十里至子午关，出子午关，越秦岭正脊大梁，经宁陕县界沙沟街，至宁陕县江口镇。子午道汉魏晋时期与隋唐时期的线路，便自此分途。

汉魏晋时期的线路，是从江口镇顺旬河、池河河谷进入石泉县境内，至池河镇，折西北至石泉。向西北过饶风关，至西乡县南子午镇，经洋县、城固而达汉中。隋唐时期，子午道从江口镇起，折向西南，沿月河至旬阳坝，经西腰岭关至宁陕县，入石泉，至西乡县南子午镇，与旧道合。

4. 金牛道

金牛道是汉中通往四川成都平原的最大动脉，从故道、褒斜道等道路出发，均须转入金牛道才能到达成都平原。金牛道，又名石牛道、南栈、蜀栈。秦汉之际，因"五丁开道""石牛便金"的故事而有石牛道之名。不过严耕望先生认为唐初于今宁强大安镇置金牛县，至肃宗时，有金牛道之称，即云"此道北以金牛县为道口咽喉，故称金牛道"。元明清时，由于关中经连云栈至汉中的道路称为北栈或秦栈，金牛道相应地被称为南栈或蜀栈。

金牛道的行经路线是自汉中出发，经勉县西南烈金坝，再经五丁关至宁强县，折向西南进入四川广元境内，沿嘉陵江东岸，经昭化、剑门关、剑阁，入梓潼，经绵阳，抵成都。

5. 米仓道

米仓道是蜀道南段的一条重要入蜀道路。学者认为唐以前这条古道并没有明确的名字。唐代始称其为"巴岭路"，概因此道经过在南北朝至唐代被称为巴岭的大巴山。在五代王仁裕《玉堂闲话》中，这条道路又有了"大竹路""大巴路"和"小巴路"的名称。据蓝勇先生考证，米仓道之所以又称大竹路，是因为巴山竹多，古道两旁竹林丛生，阴森如竹洞。又因该道会经过当时的大巴岭和小巴岭而得名大巴路和小巴路。胡三省注《资治通鉴》，则将该路称作"大行路"。清代开始称此道为米仓道，概因其需翻越大巴山脉的米仓山。

米仓道是多线复合的南北交通网络，而非一条孤线。这里仅介绍道路的主要节点，米仓道自陕西南郑，翻越大小巴岭、米仓山，至南江县，抵巴中。由巴中向西，可达成都；继续向南，可至重庆。

| 二 |
秦汉六朝：新道开通与"北四南三"格局

秦汉六朝是蜀道的开拓期，这一时期，新道路的开通，已有线路不同程度的修缮，使蜀道的通行能力大幅度提高，"北四南三"的格局正式形成。

（一）新路线的开通

秦汉时又开通了两条道路：傥骆道与荔枝道。傥骆道是从今西安穿越秦岭到达汉中的四条主路中最为近便的道路，因要通过汉水支流傥水河谷与渭水支流西骆峪水河谷而得名。傥骆道最早在东汉的摩崖石刻中被称为堂光、围谷，又被称为骆谷道、骆谷路、骆谷。傥骆道以"骆谷"之名最早见于史籍《三国志》所载的骆谷之役，正始五年（244）曹爽由傥骆道攻蜀。不过据摩崖石刻及相关史料的印证，傥骆道至迟在汉初就已经开通了，只是由于此道难行多阻，并不是当时的主要干道。

荔枝道是唯一一条以植物命名的蜀道，也是最富浪漫传奇色彩的道路。荔枝道的得名源于杨贵妃喜食新鲜荔枝，唐玄宗特开辟整修驿路，快马运送荔枝的典故。杜牧

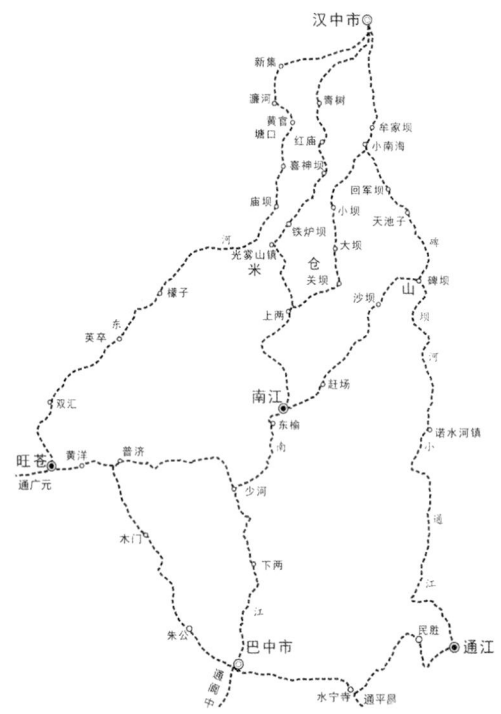

米仓道示意图

有《过华清宫绝句三首》其一："长安回望绣成堆，山顶千门次第开。一骑红尘妃子笑，无人知是荔枝来。"南宋王象之《舆地纪胜》始称此路为"荔枝之路"。荔枝道还有洋巴道之名，又因穿越巴山被称为小巴间道。荔枝道，先是取道子午道，进入西乡县，经镇巴县，至四川万源，最后抵达涪陵。荔枝道并非唐代新辟。《晋书·宣帝纪》记载魏太和四年（230）司马懿自西城（今陕西安康）伐蜀，到达长江之滨的朐䏰（今重庆云阳）。据蓝勇先生考证，司马懿的陆军先是循子午道南段至西乡，再南下入开州、万州、云阳，即是沿荔枝道行进。可见，三国初期司

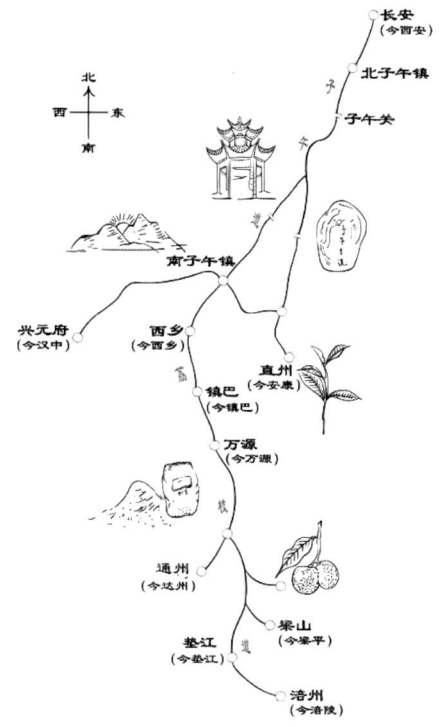

荔枝道示意图

马懿能沿荔枝道进军，这条道路的开通时间无疑在三国以前。

有学者根据考古发掘，参照文献资料，提出上述两条道路的开通时间其实是早于秦汉的，但因为战国时期川陕之间其他蜀道路线的开通发展，以及长江水路交通的畅通，王朝政府对这两条道路的重视程度下降，傥、荔两道逐渐为人们所忽视，也就逐渐荒废，所以直到秦汉时期才算真正意义上进入大众视野，被开发使用。

（二）"北四南三"的格局形成

关中与巴蜀相距两千多里，其间没有一条贯通全程的道路，只有由众多道路连缀而成的多线路入蜀交通网络。秦汉时期，蜀道的主要七条道路全部开通，基本形成了蜀道"北四南三"的格局。这一格局是以秦岭与巴山之间的汉中盆地为界，将蜀道划分为南北两段。北段是穿越秦岭的四条道路，从西到东分别为故道、褒斜道、傥骆道、子午道；南段是穿越巴山的三条道路，从西到东分别是金牛道、米仓道、荔枝道。这些道路形成与开通的时间不同，路途的险阻程度不同。不过正因入蜀路线有多条，在自然环境或社会条件变化，某条或某几条道路阻塞时，其他线路仍能发挥作用，从而保证了进出蜀地的畅顺通达。唐以前，历代王朝一般会择取一条线路，作为转输军用粮草物资、传递政令军情的官驿大道。据王子今先生考证，汉制规定，官道一般由中央政府主持开凿，地方官吏负责整治，邮亭驿置承担维修养护责任。

秦汉时，南段的官驿比较稳定，一直固定在金牛道上；北段的官道，因各王朝根据自己的需要及现实情况进行了多次调整，进而发生了多次转移。

王国维先生指出故道是"周道"。说明商周之际，故道是周道的组成或延伸线路，是川陕交往的官方道路。其后秦国不断向东发展，与蜀地的联系加强，故道利用率大大提升。公元前350年，秦都城由雍城迁至咸阳。由咸阳入汉中，褒斜道更近便，故其逐渐取代了故道的交通地位。公元前206年，刘邦被项羽封为汉中王。刘邦入汉中时，一方面为向项羽表明自己没有争天下之心，另一方面也为防止其他势力来犯,"去辄烧绝栈道"——据《元和郡县图志》和《蜀鉴》等史料,被烧毁的是褒斜道。褒斜道被刘邦毁后,秦蜀主要的交通又转移到故道上。至汉武帝时,为能更高效地将巴蜀的粮食转运至关中,修整褒斜道,并试图开通褒斜道的漕运。褒斜道又重新恢复了驿路地位。东汉安帝永初元年(107),"先零种羌叛,断陇道,大为寇略",之后羌人叛乱持续六十多年。叛乱中,褒斜道遭受破坏,行旅不得不改行子午道,正如《石门颂》所说:"中遭元二,西夷虐残,桥梁断绝,子午复循。"不过子午道路远难行。后傥骆道受到重视并得到整治,重新进入人们的视野。《石门颂》载:"后以子午,途路涩难,更随围谷,复通堂光。"延光四年(125),羌人叛乱暂被平定,顺帝便下诏整修褒斜道,使褒斜道重新成为入蜀的主要交通干路。

(三)蜀道的修缮

秦汉时期,巴蜀地区不仅是王朝的重要经济基地,还是经略西南夷的前线战略要地。因而王朝政府对出入蜀地的要道十分看重,对蜀道各线路均有不同程度的修缮,尤其表现在对褒斜道的整治上。同为驿道的金牛道在汉代未见有大规模的整修,仅有地方政府对境内路段的多次维修养护。这并不代表金牛道不受重视,而是因为它通行情况良好,不需要大规模修治。

元朔年间(前128—前123),汉武帝认为"故道多阪,回远",子午道又"途路涩难",都不能便捷地转运巴蜀的粮食物资至关中。《史记》卷二十九载,武帝"发数万人作褒斜道五百余里"，期望能沟通汉水与渭水两大水系，发展褒斜道的漕运。可惜因为河流比降大及水湍石多等自然条件的限制，褒斜漕运未能开通，不过褒斜道的交通状况得到极大的改善，再次成为官方驿路。《华阳国志》卷三《蜀志》云："玺书交驰于斜谷之南，玉帛践乎梁、益之乡。"

东汉一朝，对褒斜道的修治见于历史记载的就有五次之多。尤其值得注意的是汉明帝永平年间对褒斜道的整修。此次褒斜道的修治工程，从永平六年（63）汉中太守鄐君奉旨开工，至永平九年竣工，历时四年。工程浩大，不仅整修了道路，还建设了沿途的驿站设施。据《鄐君开通褒斜道碑》（又称《大开通》）可知，整修道路258里，搭建桥阁栈道623间，修筑大桥5座，建设沿途邮亭、驿置及褒中县官舍等设施64处。工程征调了邻近广汉、蜀、巴三郡的人力、物力，用工达766800余人，瓦369804器，共用钱1499400余斛粟。由此可知，褒斜道栈阁密集，因地制宜，形式多样。

此次工程的重点之一是凿通石门。距褒谷口不远，有一座高险的山峰，被称为七盘山。在石门隧道凿通之前，行人车马只能循陡峭而漫长的盘山道路行进，"经途巨碍，行者苦之"。凿通石门后，行旅可沿石门隧道及栈道轻松穿越七盘山。石门隧道东壁长约16.5米，西壁长约15米；南口高约3.45米，宽4.4米；北口高约3.75米，宽约4.1米。如若在现代，凿通石门就是一个不值一提的小工程，而汉代没有火药、挖掘机，其开凿之艰难可想而知。《鄐阁颂》称，汉高祖刘邦就期望开凿石门，可惜未能成功。鄐君在"石坚不受斧凿"的情况下，以火烧水激岩石

五代·关仝《蜀山栈道图》

之法，成功凿通石门，这是人类工程技术史上的重要里程碑。石门隧道成为我国历史上最早可容两辆马车并行的人工穿山隧道。

历代文人在石门内和南北的山崖上勒石纪事，题字留名，使之成为著名的古代摩崖石刻群。这里有汉魏至明清的摩崖石刻百余方，其中最为世人推崇的是被誉为国之瑰宝的"石门十三品"。

| 三 |
隋唐两宋：驿道维护与路线优化

隋唐两宋时期，汉中与巴蜀成为王朝的大后方和战略基地，蜀道被视为维护王朝统治的生命线。这一时期，蜀道全面繁荣，在传达政令、运输货物及出行经商上发挥着重要作用。

（一）蜀道各线路的全面发展

唐代，蜀道发展进入历史上最繁盛的时期。唐以前，历代王朝基本是选择一条出入蜀地的主干道路作为驿路。唐时，蜀道的七条线路都曾做过驿路，甚至还出现几条道路同为驿路的情况。在各线路的修筑养护、往来人员的安全性和供应方面均有显著的改进，蜀道出现繁荣景象。

入唐，故道就被作为川陕正驿。唐高宗总章年间（668—670）、唐玄宗天宝年间（742—756），子午道也被定为国家驿道。天宝八载，王珙整修傥骆道，傥骆道也成为官驿大道。唐宪宗时（806—820），又辟褒斜道为驿路。唐文宗开成四年，石文颖等整修金牛道北段后，新修的金牛道北段被辟为正驿。自唐高宗、武后时始，唐王朝与西南的吐蕃战争不断，吐蕃常闯入川西、河西一带，致使金牛道不太安全。到开元末，入蜀的主要通道不得不从金牛道转移到米仓道，米仓道由此成为驿路。唐天宝年间，荔枝道进入历史上最繁盛的时期，被定为驿路。

驿道上普遍设立驿站，负责官员接待、信息传递及道路管理等，驿传设施的日臻完备无疑对道路的日常维护、行旅的安全和供应都具有很大的助益。刘禹锡《传信方》记载陕州人王及在骆谷驿治愈痔疮之事，便可以说明傥骆道上的驿站可提供较好的服务。

> 及早充西川安抚使判官，乘骤入骆谷。及宿，有痔疾，因此大作，其状如胡瓜，贯于肠头，热如煻灰火，至驿僵仆。主邮吏云："此病某曾患来，须灸即差。"及命所使作槐汤洗热瓜上，令用艾灸，至三、五壮，忽觉一道热气入肠中，因大转泻，先血后秽，一时至痛楚。泻后遂失胡瓜所在。登骤而驰。

（二）改移优化蜀道线路

蜀道的繁盛，不仅表现在王朝对蜀道的日常维护修缮上，还表现在兴修新路、改移优化蜀道线路上。这在褒斜道、故道及荔枝道上均有体现。

开成四年，山南西道节度使归融修筑褒斜道，使褒斜道线路发生了重大改变。在此之前，褒斜道被称为秦汉褒斜道，改道之后，称为唐宋褒斜道。归融修筑的是从散关至剑门关的川陕驿路。施工采取分工负责制，以褒城为界分南北两段同时进行，南段修治金牛道，北段则修筑"自散关抵褒城"段。主要的变化在北段：归融将故道北段与秦汉褒斜道南段连接起来，即故道从凤州折向东南，入留坝至武休关，与秦汉褒斜道相接。从而唐宋褒斜道分为三段，一是宝鸡至凤州，沿用故道线路；二是凤州向东南到武休关，为归融新筑；三是从武休关至褒口以达汉中，为秦汉褒斜道。南段上金牛道北段的整修规模也相当大，有效提高了金牛道的通行效率。金牛道也被辟为正驿。相应地，唐文宗以后至五代后唐时期，对故道进行了五次整修，主要涉及故道北段散关、凤州间的部分线路，这都是因褒斜道改线。唐宋褒斜道最终发展为最重要的入蜀通道。蜀道由原来的南北延伸的平行关系，转变成东西也有沟通的网络格局。

北宋故道最大的变化是兴修了白水路取代青泥路，此次改道经历了犹豫与反复，历时七十多年之久，反映了宋王朝对蜀道线路改变的审慎态度。青泥路是从河池经青泥岭至兴州（治今陕西略阳）长举县。此路相对于故道由东北向西南的走向而言，稍偏西北向东南的走向，增加了故道里程，还要翻越特别泥泞盘折的青泥岭。景德元年（1004），有人沿白水江侧，开通了白水路，此路不仅避开了青泥岭的泥泞盘道，还缩短了道路里程。此道开通后，行旅便放弃青泥道而改行白水路，以致青泥道荒废。这损害了青泥土豪的利益，青泥土豪上书朝廷，要求保持青泥道的驿路地位。景德二年，宋真宗下旨，令青泥道与白水路并存。不过青泥道仍是驿道，从而两路并存五十年。至和元年（1054），利州路转运使李虞卿因青泥道艰险迂远，上奏要求兴修白水路。未及宋仁宗下诏，至和二年，李虞卿便着手整修白水路，并于当年十二月完成，缩减旧路三十三里。为褒扬修路之功，宋仁宗特许著名书法家雷简夫撰书《新修白水路记》，此碑现存徽白公路北侧石崖上。不过白水路为避免绕道，建阁道2309间，要维持这些阁道并非易事。熙宁九年（1076），利州路提刑范百禄建议废除白水路，将凤州经兴州至金牛镇的故道驿路，移至凤州经褒城、西县而至金牛镇的唐宋褒斜道上。宋神宗派出大臣刘忱、李稷对道路进行考察。元丰元年（1078），考察大臣上奏，认为范百禄建议的新路崎岖陡峭，仅能缩短里程八里，并且驿路的东移，不利于与西北的成州（治今甘肃成县）、秦州（今甘肃天水）的交通及茶马贸易。因而宋神宗仍以白水路为驿路。

唐代荔枝道与子午道也获得不同程度的开凿与修治。荔枝味美却不易保鲜，为保证其味道鲜美的送达长安，需要加快荔枝的运送速度。唐政府以取直道而行的想法，开凿与修复了荔枝道，并在沿途修筑了驿站等交通设施。子午道在长安南边，与荔枝道相接，为保证通过子午道直达长安，唐政府自然也修治了子午道。另外，李之勤先生认为唐后期还兴修了兴道（今陕西洋县）与西乡两县间百余里的驿道新线，以联系蜀道北段的傥骆道和南段的荔枝道，建成蜀道的交通网络。

（三）行走于蜀道上的唐代帝王

唐代蜀道上车马行人络绎不绝，行走于蜀道上的有官员、使者、僧人、文人、商人及平民。不过最为有名的是三位唐代帝王，他们利用蜀道南下避乱，并安然返京。从756年至888年，唐玄宗、唐德宗及唐僖宗共利用了蜀道四次。

第一次，安史之乱，唐玄宗经故道、褒斜道、金牛道入蜀，后又经金牛道、故道返回。

天宝十五载，六月十三日，因安史之乱，唐玄宗携太子、杨贵妃、杨国忠等仓皇出逃。两日后至马嵬驿（今陕西兴平），禁军兵变，杀死杨国忠，迫使玄宗下诏缢死杨贵妃。玄宗与太子李亨分道扬镳后，继续奔蜀。七日后，至散关，入故道。再经褒斜道、金牛道，七月二十八日抵达成都。白居易《长恨歌》中对这次玄宗入蜀有细致描写："黄埃散漫风萧索，云栈萦纡登剑阁。峨嵋山下少人行，旌旗无光日色薄。蜀江水碧蜀山青，圣主朝朝暮暮情。"

玄宗的臣子们为赶上玄宗，则选择了更为近便的傥骆道，史载"朝官多出骆谷至兴道。房琯、李煜、高适等数十人尽在"。至德二载（757）十月，郭子仪等收复两京，唐玄宗自成都启程，由金牛道、故道返回，十二月初四回到长安。可见，玄宗出入蜀地两次经行故道与金牛道。

第二次，泾原兵变，唐德宗经傥骆道至汉中，事平，沿故道回到长安。

建中四年（783）十月，泾原兵哗变，攻入长安。唐德宗与太子、诸王、皇妃等，经咸阳逃至奉天（今陕西乾县）。兴元元年（784）二月，德宗又由奉天城西出城，经傥骆道出奔梁州（治今陕西汉中），途中德宗一行备受艰辛。元稹有《望云骓马歌》："忆昔先皇幸蜀时，八马

唐·(传)李昭道《明皇幸蜀图》

入谷七马疲。肉绽筋挛四蹄脱，七马死尽无马骑。天子蒙尘天雨泣，巉岩道路淋漓湿。峥嵘白草眇难期，豁洞黄泉安可入。"随行的长女唐安公主不幸途中病死在城固，并就地安葬，其墓被称为"安冢"。五月，李晟收复长安。六月，德宗起程，经褒斜道、故道回到长安。

第三次，黄巢起义，唐僖宗经傥骆道、金牛道出逃蜀地。后循金牛道、故道回长安。

广明元年（880）十二月，黄巢起义军攻占潼关，进围长安。十二月初五，宦官田令孜奉僖宗，四王及妃嫔数人随行，出长安，经傥骆道，幸汉中。僖宗的出逃路线与德宗的相同，只是一路更为艰苦狼狈。随行诸王都只能步行。寿王，即后来即位的唐昭宗，行至山谷中，疲累不已，瘫倒在石头上休息。田令孜催促其继续前行，寿王希望能有马代步，田令孜拒绝说："此深山，安得马！"并用鞭子抽打寿王，迫其继续前行。广明二年春正月，僖宗离开汉中，经金牛道入蜀，月底抵达成都。光启元年（885）正月，僖宗离开成都，再次经行金牛道，循故道返回长安。

第四次，唐僖宗经故道至汉中，再经故道返回。

光启二年，李克用兵变，进逼长安，唐僖宗再次逃离长安，经故道抵兴元（今陕西汉中）。光启三年三月，唐僖宗仍经故道，还至凤翔，于次年回到长安。

唐代蜀地社会相对稳定，经济繁荣，是军事地理位置上的天然屏障，在动乱之际，蜀地自然就成了帝王避难的首选。因而，唐代帝王十分重视蜀道的修筑与维护，及蜀道沿线经济文化的发展。唐代整治蜀道的频率高，规模

明·吴彬《明皇幸蜀图》

大，效果也相当显著。随着唐代帝王入蜀，各界精英携唐代的文化菁华也进入蜀地，进一步推动了蜀地经济文化的发展，促进了南北文化的交融。

|四|
元明清：驿站完备与栈道改碥路

随着唐王朝的灭亡，国家政治经济中心东迁、北移，除连云栈与金牛道外，其他线路再未被辟为驿路。虽然这些线路原有的政治军事功能减退，但区域经贸往来的交通功能逐渐加强，它们渐渐成为官民并用和民间行旅交通的重要线路。

（一）连云栈的兴起

连云栈是连接故道北段和褒斜道南段的线路，是在唐宋褒斜道的基础上发展而来的。连云栈又称北栈、秦栈。

蒙古统治者早在灭亡金朝、与南宋的战争中就认识到道路的重要性。元朝统一后，为实现对广袤疆土的有效统治，统治者整顿了全国道路交通，建立了以大都为中心的驿路交通网。连云栈与金牛道是连接大都与云贵藏等西南地区交通驿道的重要一段，所以连云栈地位显赫，成为川陕道路中唯一的驿路，凌驾于其他川陕交通线路之上。

明清时期，连云栈仍被辟为驿道。明成祖永乐年间（1403—1424），为有效管理西藏，确保政令的畅通，朝廷组织修通了从今西藏拉萨到四川雅安的驿路。这条驿路通过四川邛崃、成都，经陕西直达北京，这是明朝都城与西藏联系的大驿路。连云栈在此条驿路中发挥了重要作用。入清,连云栈不仅是川陕经济文化交流的重要道路,而且变成了通往今云南与贵州两省的重要道路。

元明清三代重视对连云栈的整修,主要表现在两个方面,一是调整、增置了沿线的驿站,建立起了日渐完备的驿站系统。明代规定驿传的基本任务是递送使客,飞报军务,转运军需等物。二是改栈道为碥路。褒斜道上有数量众多、形式多样的栈道,但木质栈道易于腐朽损坏,经常出现一处毁坏则全路不通的情况。元明清三朝便进行了栈道改碥路的工程。据清代顾祖禹《读史方舆纪要》卷五十六记载,褒城至凤县接界处,"宋时有栈阁二千九百八十九间,元时有板阁二千八百九十二间",明代"栈阁约为二千二百七十五间"。可见这段道路的栈阁,元代比宋代减少近百间,明代比元代又减少六百余间。到明末清初,连云栈之名虽然存在,但原来的栈道实际已所剩无几了。

(二)栈道改碥路

元明清时,蜀道上绵延不绝、形式多样的栈道发生了重大改变。很少一部分由木栈变为石栈,大部分栈道——以连云栈为代表——被改为碥路。清代对金牛道的改线整修方式,也多是以碥道来取代栈道。约自唐代始,蜀道各线路就在进行栈道改碥路的工程,入元,这个趋势逐渐增强。明清时期,栈道快速减少;土石路面的碥道日益增多,最后几乎取代栈道。

碥路是利用铲石削坡铲削下来的土石,或以开山石块砌成的道路。自宋代发明火药以来，元明清三朝将火药广泛运用到碥道修筑中。这是碥路能大规模取代栈道的技术基础。碥路或在水流湍急的山谷之中，一面靠崖，一面临河；或在险峻的山头，一半靠山，一半临沟。碥路同栈道一样，也有保护车马行人的安全设施。在靠崖靠山一侧垒石，形成护坡堤，以防山体滑塌；在临水临沟的一侧，以石镶砌，形成类似栈道栏杆的拦马墙，以防人马坠落。

与栈道相比，碥路的优点是以土石为路基，比较牢固，承载能力大，离河床较远，不易被夏秋洪水冲毁。缺点是碥路顺着山坡自然地随高就低，曲折环绕而行，路线迂回，不如栈道平直近便；阴雨季节，由于碥路是土石路面而有泥泞之苦。

在连云栈改栈道为碥路的过程中，清政府还形成了一套详细而具体的维修管理制度，乾隆二十二年（1757）皇帝西巡华阴，特拨西巡经费余息一万两，平时这笔经费由商人营运生息。如道路仅有些小残缺，修理用料与工费不超过十两，州县捐资，自行处理修缮。如遇道路倾圮残缺，花费又在十两以上者，便动用特拨款进行维修。这一制度在道光与咸丰时期得到了较好的落实，从道光八年（1828）到咸丰十年（1860），三十余年间沿线各县厅栈道几乎每隔五六年就维修一次。这样清政府从制度层面确保了连云栈维修工作的经常化。

自从栈道变为碥路后，蜀道的交通面貌大为改观，明人王士性《广志绎》卷五云："今之栈道非昔也，联舆并马，足当通衢。"

第二讲

战略交通

蜀道与国家统一、长治久安

屡次成为国家的大后方和坚强后盾。可以说，巴蜀地区的兴衰治乱自古便与国家统一和长治久安息息相关，而连接二者的关键纽带，便是蜀道。

四川盆地偏居我国西南腹地，四围高山环列，北有秦、巴山脉阻隔，南靠云贵高原，西倚青藏，东据夔峡，是一个相对独立且封闭的自然地理单元。这里水源丰沛、土壤肥沃、资源富足，自然条件极为优越。长期以来，巴蜀地区都是一个相对独立的文化区，远古先民们在这片土地上繁衍生息，创造出了与中原文明交相辉映的灿烂辉煌的巴蜀文明，成为中华文明多元一体格局中的一颗闪耀明星。相对封闭的地理环境、易守难攻的险要地势、险远难行的交通条件，再加上丰富充足的物产资源，使得巴蜀地区自古以来便是兵家必争之地。每逢王朝更替的混乱时期，巴蜀地区易生割据，也往往是国家统一的最后一块拼图，因此有『天下未乱蜀先乱，天下已治蜀未治』的说法。政局稳定的时期，巴蜀地区则成为国家经济、财富的重要贡献地，是国家长治久安的稳定支撑。在民族危亡的关键时刻，巴蜀大地又与国休戚，

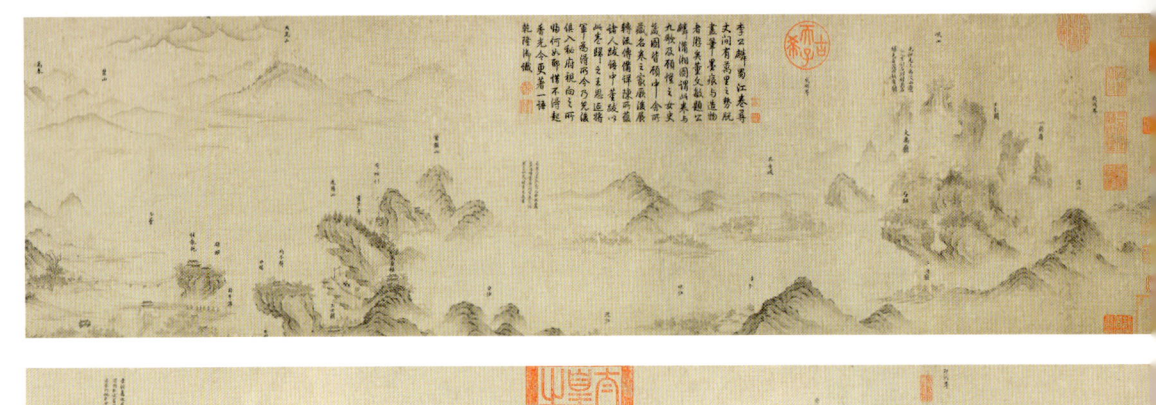

北宋·（传）李公麟《蜀川胜概图》

蜀川勝槩

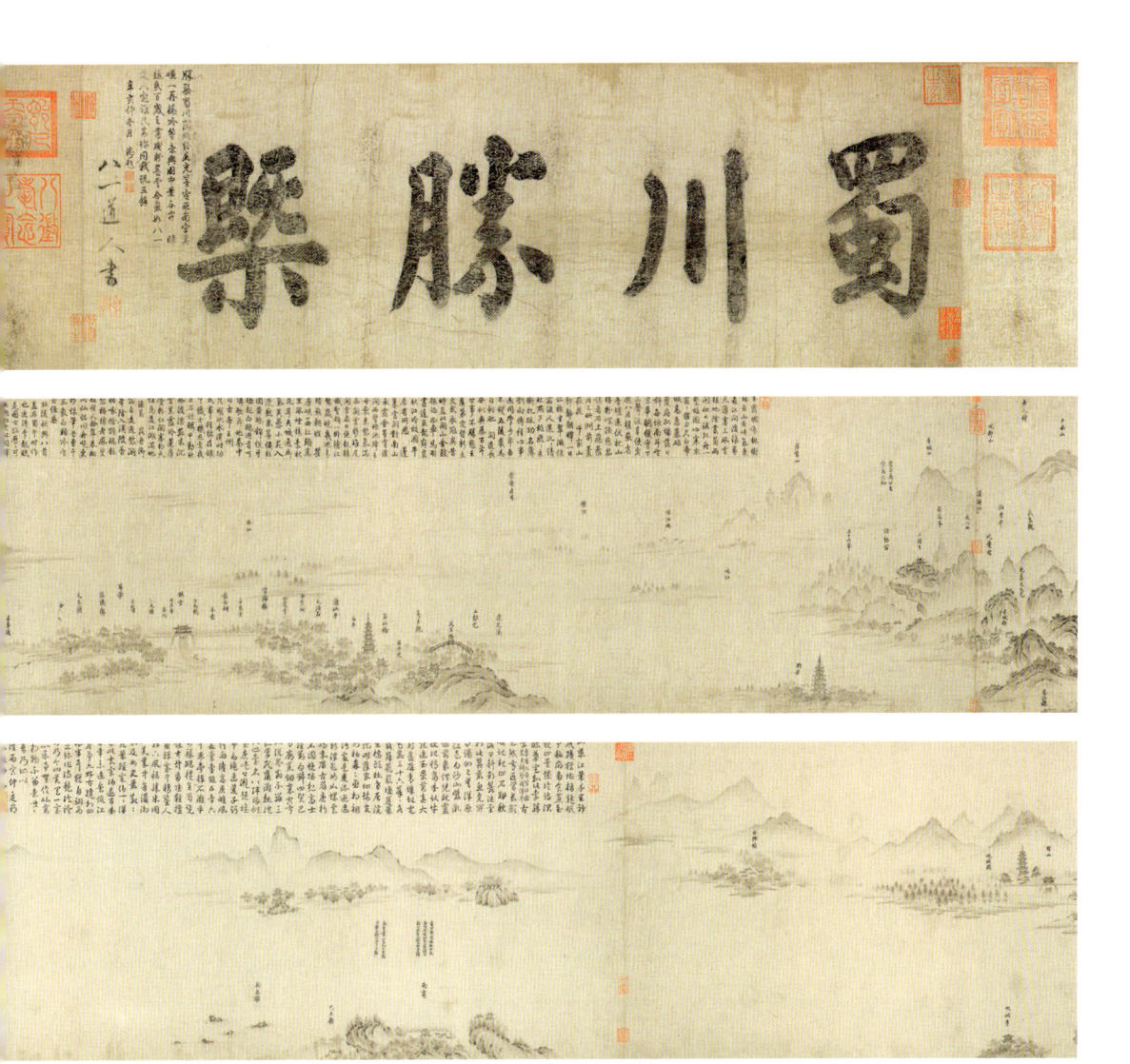

蜀道，不仅仅是一条交通要道，更是一条统一之路、治理之路、开发之路。蜀道的开通，打破了秦岭、巴山的天然阻隔，终结了巴蜀与关中之间"尔来四万八千岁，不与秦塞通人烟"的封闭局面。蜀道的开通，使得巴蜀这块神秘的土地被纳入了历代中原王朝的统一管理之下，成为我国统一多民族国家不可分割的重要组成部分，是国家统一和国防安全的重要保障。蜀道的开通，加强了历代中央政府对巴蜀乃至整个西南地区的掌控和治理，加速了长江、黄河两大流域文明的交流与融合，加快了西南地区的开发和发展。历史上多次深刻影响全国统一大局的军事战争在穿行秦岭、巴山的蜀道沿线展开，谁掌控了蜀道，便有机会将关中和巴蜀两处"天府"之地尽数掌握在手，从此拥有逐鹿天下的雄厚资本。因此，蜀道之争在一定程度上便代表着天下之争。

| 一 |

先秦时期：从早期接触到巴蜀归秦

考古资料显示，巴蜀与中原地区很早以前就有着交往。川西岷江上游的理县箭山寨和汶川姜维城曾出土过与青海马家窑文化极为相似的石斧、石凿和彩陶片，表明至少在新石器时代，川西北和黄河中上游甘青地区已有较为密切的文化联系。三星堆文化中的不少发现也说明了其在夏商时期与二里头文化和商文化存在文化交往的证据。殷商甲骨卜辞中，也有不少反映蜀与商关系的记载，这种关系也得到了出土文物的证实。如1957年在新繁水观音发掘的相当于殷商时代的蜀族墓葬，出土的铜镞、铜矛、铜戈、铜斧、铜削等，其器型均与中原出土的殷商兵器相类，证明两地之间有着密切的文化交流。1959年和1980年，在彭县竹瓦街先后发现了两处青铜器窖藏，出土了40余件青铜器，其中两件铭为"覃父癸"和"牧正父己"的铜觯形制、纹饰完全同于殷器。有学者研究后认为这两件青铜器很可能是蜀人通过战争或交换而得到的殷器。

在古代文献中，也有不少关于巴蜀两国参与中原政治活动的记载。例如《华阳国志·蜀志》中记载，大禹在会稽大会诸侯时，巴、蜀也参与了此次盛会。《竹书纪年》中也有夏桀娶岷山氏女的记载。尽管这些文献所载的真实性和准确性还有待考证，但巴蜀与中原之间很早就存在联

西周·牛首耳大铜罍

战国·水陆攻战纹铜壶

战国·铜削

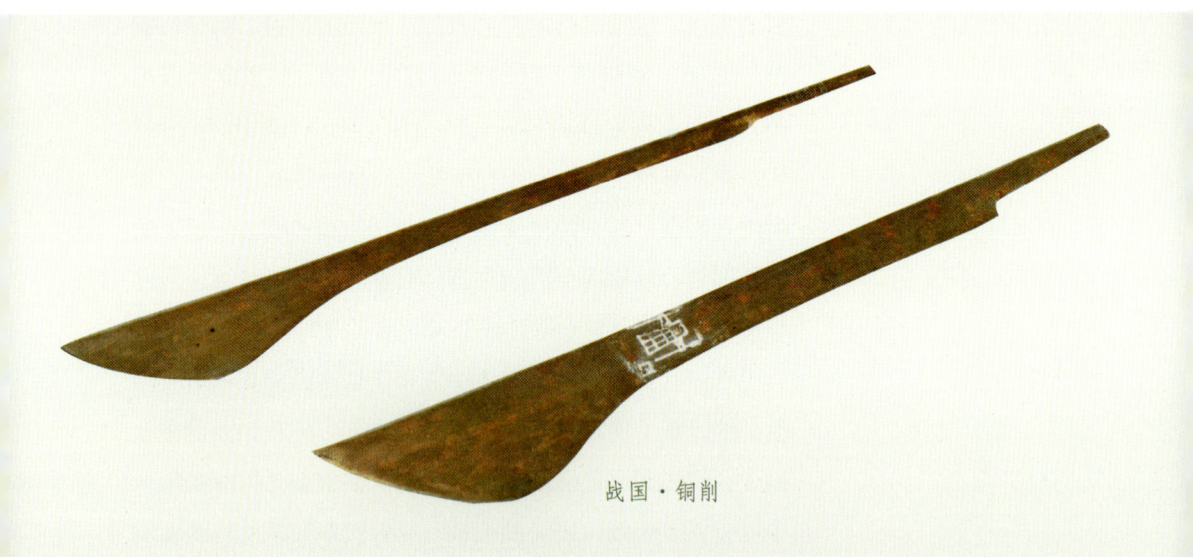

商·"覃父癸"觯

系是毋庸置疑的。商周之际，巴蜀与中原王朝的交往更为密切。《尚书·牧誓》中明确记载蜀人曾经参加了周武王伐纣灭商的战争。此外，《华阳国志·巴志》记载巴人也参加了这一战事，为周王朝的建立做出了贡献。巴、蜀对武王伐纣的支援，便是通过早期蜀道交通实现的。到了东周时期，巴、蜀两国之间，以及巴与楚、蜀与秦等邻国之间产生了密切关系，这些史事屡见于《左传》《战国策》等史书。尤其是位于蜀道两端的秦国和蜀国，更是围绕汉中平原展开了多年的争夺拉锯战。《华阳国志·蜀志》中记载，开明王朝的第二代蜀王卢帝曾率军进攻秦国，一直打到雍（今陕西凤翔）这个地方。其后，蜀国更是趁秦国注意力转向东方六国，无暇南顾之际，一举将汉中地区纳入了自己的领域，形成了"东接于巴，南接于越，北与秦分，西奄峨嶓"的广阔疆域。

战国时期，诸侯并起，天下分裂，其中七国争雄，时而合纵，时而连横，伐交频频，战乱不休。地处关中的秦国通过数代君王的积累和商君变法等措施，逐渐强盛起来，成为七国中最强大的国家。秦国强大之后，有一统天下之心，除了积极向东方进取之外，还不断越秦岭南下与蜀国交战，最终一举将富庶的巴、蜀大地都纳入了秦国的国土疆域。关于秦国灭亡巴、蜀两国的历史事件，历史文献中有诸多有趣的故事流传至今，如《华阳国志·蜀志》中记载，周显王时期，蜀国已占据褒、汉之地（今陕西汉中地区）。一日，蜀王狩猎于褒谷之中，与秦惠文王相遇，惠文王赠送蜀王许多金银财宝，蜀王则回报以珍玩之物。谁知这些珍玩之物后来都化为泥土，秦惠文王大怒，但群臣却庆贺道这是上天赐予秦国的机会，大王将得到蜀国的土地。惠文王听后非常高兴，于是雕凿了五头石牛，并将黄金置于牛身之后，号称石牛能粪金，还专门派遣了百名士卒负责"养牛"。贪婪的蜀王听说此事后，非常惊奇，派遣使者向秦国索求石牛，秦惠文王欣然应许。于是蜀王派遣五丁力士（以往多认为"五丁"是五位大力士，但近年来一些学者推测"五丁"应该是指蜀王麾下一支非常精锐的军队）去迎接石牛，谁知迎回的石牛并不能粪金，蜀王大为恼怒，又派人将石牛还给了秦国，并且嘲笑秦国人为放牛娃。秦国人笑答道，我们虽然是放牛娃，但是即将得到蜀国的土地了。后来秦惠文王知蜀王好色，允诺嫁五个美女给蜀王，蜀王又遣五丁力士前去迎接，返经梓潼时，见一条大蛇入穴中，五丁中的一人拖拽蛇尾，但力有不逮，后来五人一起大喊着拽蛇，不料大山崩塌，五丁力士及五位秦女皆被压死，山分为五岭，入蜀之路遂通。李白《蜀道难》中"地崩山摧壮士死，然后天梯石栈相钩连"一句所描写的就是这一传说。这便是历史上著名的"石牛粪金"和"五丁开山"的故事，也是蜀道中金牛道（石牛道）得名之由来。上述故事充满神话色彩，其真实性难以考证，但从中我们可以发现，蜀王与秦王可以在褒谷中相遇，证明当时秦、蜀两国之间，跨越秦岭和巴山的区域已经有通行条件较好的道路相联系了。蜀王遣五丁力士迎石牛及秦国五女，正是蜀道开通及秦蜀交往密切的反映。

北魏郦道元《水经注》引来敏《本蜀论》也记载了这件事情，其文曰："秦惠（文）王欲伐蜀而不知道，作五石牛，以金置尾下，言能屎金。蜀王负力，令五丁引之，成道。秦使张仪、司马错寻路灭蜀，因曰'石牛道'。"这则文献少了些许神话色彩，但却基本指明了金牛道开通的前因后果。秦惠文王欲伐蜀是前因，石牛粪金、许嫁五女皆是计谋，蜀王令五丁开道是过程，张仪、司马错循道南下灭蜀则是最终结果。从上述文献可以看出，早期蜀道特别是金牛道的开通是秦人与蜀人共同努力的结果，秦对蜀道的经营一开始便带有明确的政治军事目的，那就是灭蜀。

蜀国地理环境易守难攻，蜀道险狭难至，蜀王之弟苴侯又控守着陈仓道、嘉陵故道及金牛道要隘之地，因此秦惠文王虽然早有攻蜀的打算，但一直犹豫未决。周慎靓王五年（前316），蜀王因苴侯亲巴背蜀而怒，发兵伐苴，苴侯不敌，出奔到巴，并向秦国求援。适逢韩来攻秦，秦国君臣曾就先攻韩还是先伐蜀的问题进行过激烈争论。最终秦惠文王采取了司马错先伐蜀的建议，趁蜀与巴、苴不和的有利良机，命大夫张仪、司马错、都尉墨率军沿石牛道南下伐蜀。蜀王率军在葭萌（今四川昭化一带）与秦军决战，兵败后逃至武阳（今四川彭山东）为秦军所杀，蜀国灭亡。灭蜀之后，张仪、司马错又一鼓作气灭掉了苴国和巴国，从此巴蜀大地尽归秦国。

| 二 |
秦汉六朝：蜀道的"大一统"作用显现

巴蜀归秦，对于秦国及当时的天下大势而言都具有重要的战略意义。自此之后，关中和巴蜀两大"天府"之地通过蜀道有机地连接在一起，中国西部成为一个雄厚的整体，秦国不但疆域大为增加，且再无蜀国北上的后顾之忧，从此可以专心攻略东方六国，大大加快了全国大一统的历史进程。秦人灭巴、蜀之后，通过修筑城池、设置郡县、移民驻兵、兴修水利等措施迅速加强了对巴蜀地区的统辖，促进了巴蜀文化与中原文化的交流融合，加快了巴蜀地区的开发和经济繁荣，从而为秦统一天下提供了充裕的人力资源、丰厚的物质基础，形成了独特的战略优势。正如宋人郭允蹈《蜀鉴》中所说："秦并六国，自得蜀始。"

秦统一后，随即在全国范围内进行了大规模的交通建设，如修驰道、开直道、开灵渠等。虽然文献中没有直接反映秦朝经营蜀道的记载，但对于在统一大业中曾发挥过重要作用的蜀道交通，必然不会被秦朝执政者忽视。有学者通过细致梳理历史文献后认为，秦代蜀道应具备较好的通行条件，部分路段可能还可以通行车辆；后来因工商业称富的蜀中卓氏家族（邛州卓王孙家族）、程郑家族等，可能均经由蜀道南迁入蜀。

秦朝的大一统局面并未延续多久，楚汉相争时期，刘邦集团率先由武关道进入关中，灭亡了秦朝。此举使项羽满怀猜忌，于是入关之后与刘邦相会于鸿门，并欲除掉刘邦，这便是历史上著名的"鸿门宴"故事。项羽平定关中后，尊楚怀王为义帝，自号"西楚霸王"，定都彭城，封十八诸侯，刘邦被封为汉王。为了防止刘邦势力扩张，项羽又三分关中，封秦朝降将章邯、司马欣、董翳为雍王、塞王、翟王，镇守三秦，欲将刘邦彻底封锁在巴、蜀、汉中之地。在项羽的军事压迫下，刘邦不得不接受汉王封号，沿蜀道南下汉中。为了防备诸侯偷袭，同时麻痹项羽，刘邦在南下途中将沿途经过的栈道设施全部烧毁，以表示再无东向之意。

刘邦南下汉中的路线，学界有争议，认为经由的是褒斜道或子午道。刘邦就封汉中之后，在萧何、韩信等人的辅佐下，招贤纳士，收用巴、蜀，屯粮秣兵，时刻准备着还定三秦，东争天下。韩信最初追随过项羽，但不被重视。刘邦南下汉中时，韩信"亡楚归汉"，官拜治粟都尉，仍不受重用。加之远迁汉中，刘邦部众多思乡心切，人心浮动，部队陆续出现逃亡现象。韩信也欲离去，但被萧何追回，再次举荐给刘邦，终拜大将军，这便是著名的"萧何月下追韩信"的故事。蜀道沿线因萧何追韩信而得名的地方较多，如在汉中以北的褒斜道和汉中以南的米仓道上，各有一处"韩溪"，均传说为萧何追韩信处。韩信的归汉对西汉的统一大业具有重要的意义。经过一段时间的发展，刘邦决定趁有人起兵反对项羽的机会，出兵入关。他采用大将韩信的建议，一方面派少数兵士修复南下汉中时烧毁的栈道，做出要经栈道出兵关中的假象，误导章邯等人；一方面命韩信率大军经由故道直击陈仓（今陕西宝鸡），一举攻取关中，这便是历史上著名的"明修栈道，暗度陈仓"的故事。对蜀道的掌控以及关中地区的重新占领，打开了刘邦东进的大门，为战胜项羽，建立统一的汉王朝奠定了坚实基础。

大一统的西汉王朝建立以后，蜀道的军事功能有所弱化，但在西汉王朝稳固和治理西南边疆的过程中仍发挥着

两汉之际·公孙述铸造的偏将军印章

重要的作用。首先,蜀道是当时文化传播的重要通道。秦汉之际,蜀地虽被纳入中原王朝统一管理,但其地僻远,民族众多,有"蛮夷之风",整体文化发展水平不及中原地区。西汉景帝末年,有循吏文翁为蜀郡郡守,他在蜀地大力兴办教育,倡行儒学,并选拔可造之才赴京师学习深造,大大促进了蜀地的文化进步,这一进步便是通过蜀道实现的。文翁很可能自长安经由蜀道赴任蜀郡守;经他选拔赴京师深造者,数年后皆"成就还归",必然也是经行蜀道的。自此之后,蜀郡文风大盛、人才辈出。如司马相如、王褒、严遵、扬雄等当世文豪,均出自蜀郡,他们通过蜀道往返于京师与蜀郡之间,书写了一篇篇引领风骚的锦绣文章,谱写了一段段流芳千古的文坛佳话。文翁兴学的影响不止于西汉一时,其后历代沿蜀道出川负笈求学者数不胜数,于后世乃至今日仍有重要影响。首先,文化的认同对于国家统一和安定团结具有重要意义,由此观之,蜀道在文化传播方面的重要作用对于西汉王朝的稳定亦具有极为重要的意义。其次，蜀道是西汉王朝开通西南夷的重要通道。经略西南夷是汉武帝时期重要的政治活动。为了开拓西南夷地区，汉武帝先后派唐蒙、司马相如扩建秦五尺道，开南夷道和西夷道，并配合军事进攻，加强了对西南夷地区的掌控。唐蒙、司马相如等人应当都是经由蜀道南下。甚至有学者指出，司马相如等人在西南夷地区进行的交通建设，从技术层面上来讲，很可能是对蜀道交通成就的模仿和复制。此外，《史记》卷二十九《河渠书》中还记载了汉武帝亲自规划，"发数万人作褒斜道五百余里"，通褒斜道及漕事，尽管此计划最终失败，但足见西汉王朝对蜀道建设之重视。

西汉末年，王莽篡汉，致使天下纷争，群雄竞起。时任导江卒正（即蜀郡太守）之职的扶风（今陕西兴平）

两汉之际·公孙述铸造的朔宁王太后玺

人公孙述乘机据蜀称帝，号"成家"。公孙述据蜀之后，随即命部将侯丹开白水关，北守南郑，加强了对蜀道的控制。凭借着对蜀地和蜀道的军事控制，公孙述还曾数次出兵汉中，北上欲争占关中，并通过蜀道与西北的隗嚣彼此策应和支援，成为两汉之际阻碍国家统一的一个割据政权。建武八年（32），汉光武帝刘秀进攻割据天水的隗嚣，公孙述遣部将李育率万余人救嚣，均被刘秀打败。建武十年，公孙述部将赵匡又在天水被汉征西大将军冯异打败。尽管最终刘秀灭蜀的军事行动并非完全通过蜀道实现，而是以水路进军为主，但汉军在蜀道沿线接连打败隗嚣和公孙述联军，占据关陇之地，得陇望蜀，实际上大大减弱了公孙述对蜀道的控制权，进而加速推进了刘秀攻取蜀地，统一全国的历史进程。

东汉自建立后，对蜀道的经营亦颇为用心。据"石门十三品"中的《故司隶校尉楗为杨君颂》（又称《石门颂》）记载，东汉永平四年（61），汉明帝曾下诏"凿通石门"，造就了世界上第一条纯人工开凿的穿山隧道。元初二年（115），武都太守虞诩曾亲自主持疏凿嘉陵江航道。《后汉书·顺帝纪》中记载，延光四年（125），汉安帝曾下诏益州刺史罢子午道，通褒斜路。据相关碑刻记载，至少在汉桓帝建和二年（148）、永寿元年（155），王朝政府又对褒斜道进行过局部的改建或维修。和平时期对蜀道的经营，使得蜀道交通更为畅达，保障了东汉帝国西部边疆地区经济文化的顺畅交流以及政令的传递，无疑有利于稳固国家对西南边疆的统治。

东汉末年，黄巾、董卓之乱接踵而起，致使天下战乱不断，割据林立。时张鲁占据汉中，控制着蜀道交通，形成了"雄于巴汉"的割据势力。曹、刘、孙三大军事集团鼎立时期，占据关中之地的曹魏和占据巴蜀的蜀汉集团在蜀道沿线进行了长期的军事拉锯战。以总体实力而言，曹魏强于蜀汉，但蜀汉集团多次在对曹魏集团的战争中占据优势。尤其在占据汉中之后，蜀汉集团更是多次沿蜀道主动出兵北伐曹魏，演绎出众多惊心动魄的动人故事，如定军山、空城计、六出祁山、秋风五丈原等。这些军事行动固然有以攻代守的考虑，但恐怕也与蜀汉控制着秦岭、巴山之间的大部分蜀道交通有关。刘备伐吴失败后，曹魏与蜀汉的交战几乎全部围绕着蜀道的争夺而展开。曹魏最终灭亡蜀汉集团，也是通过蜀道实现的。蜀汉炎兴元年

三国蜀汉·铜弩机

东汉·辎车画像砖

（263），魏将钟会、邓艾率军自秦陇伐蜀。钟会进攻姜维镇守的剑阁，没有攻破；邓艾出奇兵自阴平道翻越摩天岭取江油，进逼成都，蜀汉灭亡。虽然曹魏灭亡蜀汉集团后并未统一全国，但其对巴蜀地区和蜀道的控制，在一定程度上形成了对孙吴集团的包围之势。其后，晋武帝司马炎任王濬为益州刺史，命其在巴蜀地区修造战船，训练水军，为最终水陆并进攻灭孙吴、统一全国贡献了巨大力量。

西晋末年，天下大乱，关陇地区连年荒旱，爆发了氐羌大起义，导致北方六郡百姓流徙于各地，其中流徙于巴蜀地区的就有十余万人，李特家族便在这部分六郡流民之中。元康七年（297），李特率领关中流民南下汉中。太安二年（303），李特率军攻打成都时为罗尚所杀。次年其子李雄攻下成都，自封为成都王，永兴三年（306）称帝建立成汉政权。李特本巴西宕渠（今达州渠县）人，其家族曾沿蜀道北迁，西晋末年李特父子自关中南下汉中，再攻成都，显然也是沿蜀道南下的。永和三年（347），成汉政权为东晋大将桓温所灭。南北朝时期，蜀道成为南北割据政权对峙争夺的重要对象。西魏废帝二年（553），西魏趁萧梁发生侯景之乱，政局动荡的有利时机，出兵沿蜀道南下，攻占了巴蜀地区。西魏取蜀之后，对蜀地政区进行了调整，并建立官制，不断强化对巴蜀地区的控制。后北周取代西魏，继续占有蜀道及巴蜀地区的控制权，一直到杨坚受禅建立隋朝。这一时期的蜀道亦成为南北文化交流的重要孔道，发源于巴蜀的道教文化经过蜀道北传，而南北方的佛教石窟艺术亦沿蜀道交流融合，巴蜀地区开窟造像之风潮便始于此时。据考古调查，蜀道沿线的广元千佛崖和皇泽寺、剑阁下寺、绵阳平阳府君阙以及成都地区都发现了数量众多的南北朝佛道石刻造像，这正是这一时期文化交流繁荣的实证。

北周大象二年（580），宣帝病死，杨坚入朝辅政，总揽北周军政大权，引发北周地方军政大员的不满。同年七月，成都爆发了反对杨坚揽权的王谦之乱。时任益州总管的王谦起兵声讨，杨坚发凤、利、文、秦、成诸州之兵力二十万人，沿蜀道南下讨伐王谦，大军自剑阁入蜀，进围成都，最终平定了王谦之乱。王谦之乱的平定，稳固了北周的西南边疆。就在平定王谦之乱的第二年，杨坚受禅取代北周，继承了北周对蜀道和巴蜀地区的控制权，为隋朝攻灭南陈、统一全国免除了后顾之忧。

| 三 |

隋唐两宋：掌控蜀道与南北争夺

隋朝自建立之后，非常重视对蜀道和蜀地的掌控。早在平定北周的王谦之乱时，杨坚即意识到"巴蜀险阻，人好为乱"，于是下令"更开平道，毁剑阁之路"，以便去蜀之险，加强控制。其后，又采纳于宣敏之建议，以第四子杨秀为蜀王，镇守蜀地。隋末天下大乱，割据四起，李渊占领长安之后，关中和巴蜀地区面临陇西薛举、荆湖萧铣、山南朱粲等割据势力的威胁，因此迫切需要占领巴蜀地区。适逢汉中的李袭誉归附李渊，使长安经由汉中进入今四川的蜀道得以畅通，李渊于是一方面遣使招谕巴蜀，一方面出兵沿蜀道

广元千佛崖大云古洞

南下，迫使巴蜀就范，最终将巴蜀地区纳入李唐王朝统治之下。

李渊占领巴蜀地区之后，非常重视对其的控制和利用，一方面设益州总管府、夔州总管府加强对巴蜀的控制；另一方面利用巴蜀地区丰富的人力和物资，为李唐王朝攻灭薛举、肖铣等割据势力，统一全国打下坚实基础。盛唐时期，吐蕃、南诏势力发展壮大，屡次出兵侵扰唐朝西南边疆，严重威胁西南边防安全。天宝年间，唐玄宗加强了剑南道的军事力量，唐朝军队在西南地区与吐蕃、南诏展开了长达百余年的拉锯战，互有胜负。当时被派往前线的士兵，除了巴蜀本地士兵外，还有部分军士是由关中经蜀道南下，奔赴前线的。正是因为对蜀道的掌控，唐王朝才可以不断征调后续兵力支援剑南西川。所以尽管吐蕃、南诏多次获胜，甚至短暂攻破过成都，但始终未能完全占领巴蜀地区。因此，这一时期蜀道对于稳固唐王朝的西南边疆起到了较为重要的作用。

天宝十四载（755），安史之乱爆发，中原北方地区陷入长期战乱，而巴蜀地区则相对安定。叛军攻破潼关之后，长安震动，玄宗仓皇出逃，由故

第二讲　战略交通　蜀道与国家统一、长治久安　　049

道、褒斜道、金牛道入蜀，今金牛道沿途仍保留了众多与玄宗幸蜀相关的地名和传说故事。唐兴元元年（784），因朱泚和李怀光之乱，唐德宗也曾经由傥骆道南下梁州。德宗返京的路线，则是经褒斜道而还。唐僖宗广明元年（880），黄巢起义军攻破长安，唐王朝皇室再次沿蜀道仓皇南奔入蜀。可以说，唐朝中后期，蜀道多次在危急时刻成为皇帝、百官、军士、僧侣及百姓逃离战火兵灾的生命通道，成为唐王朝续命的退路。

值得一提的是，隋唐时期的蜀道除了在军事、政治等方面发挥重要作用外，在文化交流等方面的作用也非常重要。隋唐时期是我国佛教文化和石窟艺术传播、发展的重要时期，蜀道在南北佛教文化的传播与交流过程中起着非常重要的纽带作用。前面提到的隋文帝第四子蜀王杨秀非常推崇佛法，他入蜀就藩时，就携京师净影寺高僧善胄同行。到了蜀地又积极修建寺院，广延高僧。在杨秀的招揽下，当时蜀中高僧云集，被收入《续高僧传》的就多达三十余人。隋末唐初，为避中原北方战乱，大批义学高僧沿蜀道南下入蜀，如玄奘即从长安沿子午道南下。大量蜀地高僧也不断前往域外求法问道，学成之后又返回蜀地弘扬佛法，使得巴蜀地区逐渐成了全国佛教义学的中心，客观上又吸引了更多中原高僧南下入蜀，促进了巴蜀地区佛教文化的繁荣和造像活动的发展。尤其在唐玄宗和唐僖宗入蜀的过程中，除了随行的宗室、百官、军士等外，大批来自北方的僧侣、画家和工匠艺人等也随之沿蜀道南下，带来了两京地区的佛教文化、造像粉本、图像样式等。他们在蜀道沿线开凿造像，在成都寺院中绘制壁画，极大地

唐·菩萨头像

促进了蜀地佛教文化的传播和石窟艺术的发展。此外，唐朝以开放、包容的心态闻名于世，有唐一代，以李白、杜甫、高适等为代表的无数文人墨客往来活跃于蜀道之上，创造出众多流芳百世的千古名篇，既极大地丰富了蜀道的文化内涵，又为中国古代文学史增添了浓墨重彩的一笔。

唐末五代，藩镇割据，前蜀、后蜀的政权皆是因掌控蜀道和嘉陵江而建立的。北宋乾德二年（964），赵匡胤兵分两路攻蜀，其中北路军由王全斌、崔彦进率领，自凤州（今陕西凤州）沿嘉陵江及蜀道南下；东路军由刘光义、曹彬统率，自归州（今湖北秭归）溯江而上，两路大军合围成都，后蜀灭亡，为北宋统一奠定了坚实基础。根据文献记载，赵匡胤在实施灭后蜀的军事行动之前，曾有修复蜀道、进行交通建设的前期准备。如《宋史·张晖传》记载，乾德二年，大军西下，赵匡胤以张晖为西川行营先锋都指挥使，命其督兵开大散关路。北宋淳化年间，四川地区爆发了王小波、李顺起义，震动巴蜀。李顺军曾北上进攻剑阁，争夺蜀道控制权，但被宋军击败。此后"阁道无壅，王师得以长驱而入"。由此看来，蜀道对于宋军平定这次动乱起到了非常重要的作用，在一定程度上保障了北宋西南边疆的稳定。

宋朝北部先后有辽、金、蒙（元）三个少数民族政权，西北则有党项人建立的西夏政权，因此终赵宋一代，均未实现全国统一。在北宋与辽、夏、金对峙时期，作为西北边境的陕西六路及川峡四路始终是关系北宋政权安危的前沿阵地。而蜀道则是沟通川陕十路的关键纽带，关系着北宋西部边疆的安危。南宋时期，在中原沦陷的情况

前蜀·王建谥宝

下，川陕地区的战略地位更加凸显，成为捍蔽东南的重要屏障，川陕一旦失守，则南宋朝廷危矣，这就是所谓的"无蜀是无东南也"。当时宗泽、李纲、汪若海、唐重等主战官员纷纷上书宋高宗，希望朝廷镇抚川陕，以固天下根本，然后徐图恢复中原，收复两京。这其中，对蜀道的控制又是重中之重。

另一方面，金朝在中原和江淮战场屡次失利之后，也逐渐调整了其攻宋的战略计划，转而开始调集重兵，沿蜀道重点进攻川陕地区，企图先攻占川陕，控制长江，然后顺江东下，以达到迂回灭宋的目标。因此，在宋金对峙后期，蜀道之争成了双方交战的焦点。为了控制蜀道，防御金军南下，南宋在蜀道北端设置了皂郊堡、黄牛堡、大散关三座关隘，作为第一道防线，史称"外三关"；外三关以南，又设阶州、成州、西和州、凤州、天水军，作为第二道防线，是为"五州"；五州东南褒斜道等蜀道要隘之处，设置仙人关、武休关、七方关，作为纵深的第三道防线，此即"内三关"。此外，南宋朝廷还在川陕前线布置了四支御前诸军，合计数万人。此后，镇守在川陕地区的宋军大将吴玠、吴璘兄弟凭借"三关五州"防线，将蜀道牢牢掌控在手中，并在仙人关及和尚原等地多次大败金军，使金军始终未能突破蜀道防线进入四川内郡，有力地保障了南宋西部边疆和国家的安全。但到了开禧二年（1206），镇守川陕的宋军大将吴曦（吴璘之孙）为了让金国支持其成为蜀王，发动叛乱，并以仙人关北侧的铁山为界，将凤、成、西和、阶四州割让给了金国，史称"武兴之变"。自此以后，金军在关外四州肆虐，大规模破坏宋军防御设施。南宋虽然迅速平定了吴曦之乱，但掌控蜀道的军事力量被极大地损耗了，在蜀道沿线苦心经营的军事设施亦被损毁殆尽。宋军刚刚收复失地，还未来得及修复这些军事设施，蒙古大军就已兵临城下。

  宋蒙战争全面爆发之前，蒙古军就已意识到蜀道的重要性。据《元史·木华黎传》等文献记载，早在宋宁宗嘉定十五年（1222）冬，蒙古军就已在蜀道沿线的凤州等地抄掠。宋理宗宝庆三年（1227），蒙古骑兵再次沿蜀道南下突袭关外五州。面对蒙古军的突袭，当时任南宋四川制置使的郑损轻率地做出了放弃关外五州、退守内三关的错误决定，导致南宋苦心经营的蜀道防线完全崩溃，关外五州一片混乱。历史上将此次事件称为"丁亥之变"。后来，南宋将郑损革职，另派桂如渊出任四川制置使。桂如渊在洮州通判高稼等人的建议下，派兵收复了关外五州，并建立八十四座山寨，坚壁清野，初步重建起蜀道防线。当时利州路安抚使郭正孙还向桂如渊建议修复外三关，以屏蔽五州，但没有被桂如渊采纳。绍定四年（1231），蒙古军兵分三路，强行"假道伐金"，大举南侵，桂如渊再次放弃关外五州，命令蜀道沿线的宋军部队全部退守三关，以避免与蒙古军冲突。蒙古军此次强行假道的军事行动，使"三关五州"全部陷落，他们沿蜀道和嘉陵江奔袭到了四川盆地，大肆劫掠，如入无人之境。历史上将这次事件称为"辛卯之变"。自此以后，南宋在蜀道沿线的军事部署全部被打破，四川北部藩篱尽撤，宋军基本丧失了对蜀道的控制权，再也无法抵御蒙古军的南侵了。

宋蒙战争初期，蒙古军对四川地区的进攻主要以物资抄掠为主，秋来春去，并未占领地盘。宋理宗淳祐二年（1242），南宋朝廷任命在江淮战场屡立战功的余玠出任四川安抚制置使，重建四川防务。余玠到任后，在四川盆地内水陆交通要隘修建山城，屯兵聚粮为诸郡治所，又将原本布置在蜀道沿线的四支御前诸军全部迁入四川内地，实行坚壁清野的政策。通过数年的努力，四川地区防务得到了改善，宋军依靠山城寨堡与蒙古军对峙，取得了一些战果。但山城寨堡的修建，只能在短时间内防御蒙古军的奔袭，并不能消除丧失蜀道控制权带来的对四川地区和南宋国家安全的巨大威胁。尤其是蒙古军占领兴元（今陕西汉中）和利州（今四川广元）之后，可以随时以这两座城市为基地，从金牛道和米仓道进攻四川。因此从淳祐五年开始，余玠命都统制张实先后在米仓道沿线修筑小宁、得汉、平梁三座山城，作为反攻兴元、夺回米仓道控制权的前沿基地。淳祐十二年，余玠以此三座山城为基地，正式提兵北伐汉中，虽然最终并未成功，但这件事却反映了南宋对于重新夺回蜀道控制权的渴望。

南宋宝祐六年（1258），蒙哥大汗亲率大军沿金牛道入蜀，进攻四川地区。宋军凭借苦竹隘天险死守不降，最终城破被屠。苦竹隘之战实际上是宋蒙双方对金牛道控制权的最后争夺之战，最终蒙军取胜，沿嘉陵江而下，大获、运山、青居等宋军山城相继降蒙。其后，宋军在米仓

得汉城题刻

得汉城南城门

道沿线的平梁、小宁、得汉等山城也在南宋降将杨大渊、杨文安叔侄的进攻下悉数陷落。从此以后，南宋彻底丧失了对蜀道的控制权，其战略要地最终被蒙古军逐个击破。虽然蜀道对于南宋而言，没有起到防御蒙古军南下的重要作用，这也最终导致了南宋四川战区陷落，南宋灭亡。

| 四 |
元明清：蜀道使国家统一和疆域稳定的功能凸显

元朝统一全国后，鉴于蜀道的重要性和四川地区独特的战略位置，对蜀道沿线的政区归属进行了调整。原本归属于四川地区的汉中平原被划归陕西管辖。此调整打破了自战国时期秦蜀争夺汉中以来，汉中归属巴蜀地区的政治传统。这一做法有效杜绝了四川地区通过掌控蜀道而形成割据的情况，其成效一直延续至今；充分体现了元代统治者在地方治理方面的变通思想，也从侧面反映了蜀道在维护国家统一和长治久安方面的重要性。

元末明初，蜀道再次因军事行动而发挥作用。据《元史》记载，元顺帝至正十七年（1357），就有红巾军部众从巴蜀地区出发，沿蜀道北上，攻陷秦、陇。明朝初年，明玉珍政权控制巴蜀，明朝大将徐达曾率军入蜀道连云栈，攻取了蜀道枢纽兴元。其后傅友德率军自秦、陇而出，讨伐明夏政权，一路沿蜀道和嘉陵江而下，直驱成都，连破阶州（今甘肃武都）、文州（今甘肃文县），渡青川、果阳、白水江，攻克隆州、江油、彰明、绵州、汉州后兵围成都。破成都后，又与周德兴等攻克保宁（今四川阆中），最终灭亡明夏政权，大大推进了明朝统一全国的步伐。

明朝统一全国后，在全国范围内建立了较为完善的邮驿系统，并不断开拓边疆邮驿，加强中央与地方的联系；对蜀道的利用也极为普遍。当时除了关中通往四川的蜀道得以广为利用外，中央还在四川内郡修建了大量的官修驿路，使四川各州县之间的交通状况大为改善，极大地方便了各地的经济文化交流，提高了政令通达效率，对于巩固明朝对地方的管治具有重要意义。

明末清初，社会动荡，蜀道沿线山林密布，成为农民军、流民和悍匪盘踞之地。明末农民军首领高迎祥、李自成、张献忠等均在蜀道沿线与明军交战周旋。后来张献忠经蜀道南下，进入成都，建立了大西政权。清朝入关后，肃亲王豪格率领清军也是沿蜀道和嘉陵江南下占领了四川北部，然后逐渐剿灭了张献忠、残明和摇黄军队，掌控了巴蜀地区。乾隆年间，清王朝与大小金川之间进行了艰苦的战争。金川地区地势险要，道路不通，当地的民族军事力量"据险设碉，恃以自固"，成为清王朝边疆安全

明·"西王赏功"金币

明·"蜀世子宝"金印部件

的巨大威胁。清朝平定大小金川所需的兵马及钱粮全部依靠蜀道才得以筹集和运送。最终清王朝顺利维护了西南边疆的安全。今广元昭化古城南侧牛头山腰的天雄关内，还保留着当地百姓为平定大小金川之役的清军将领傅恒、福康安、阿桂等人所立的万民感戴碑。清代中后期，川东北地区爆发了规模宏大的白莲教起义，其后陆续沿蜀道波及川、陕、楚、豫、甘五省的广大区域，蜀道沿线的宋元城寨等军事设施又被重新利用起来。

| 五 |
近代：蜀道对川陕苏区与解放大西南的价值

1932年，中国工农红军第四方面军战略转移到川、陕交界地带，创建了中华苏维埃共和国的第二个大区域——川陕革命根据地。在李先念、徐向前、廖承志、许世友等老一辈无产阶级革命家的带领下，川陕苏区军民凭借蜀道与国民党反动派抗争周旋，取得了一系列的战斗胜利。川陕苏区的建立在打破国民党反动派"围剿"、策应中央红军长征、中国革命战略转移的实现，以及争取苏维埃新中国的伟大战斗中具有非常巨大的作用和意义。

1937年2月，川陕公路全线贯通，蜀道作为连接中国西部的交通要道的历史彻底成为过去。然而千年蜀道之精神却在川陕交通的新生中不断蜕变并传承不息。七七事变爆发后，中华民族面临生死存亡的危急关头，四川军民同全国人民一道掀起了抗日救亡运动的高潮。为了挽救民族危亡，在中国共产党抗日民族统一战线方针的感召下，大批川军爱国官兵纷纷请缨出川抗日，誓死保家卫国。1937年9月1日，川军主力先头部队共计15个师正式出川抗日，其中第一纵队由邓锡侯、孙震率领，队伍正是沿着新生的川陕公路北上，翻越秦岭后，经西安至许昌集结，奔赴抗日前线的。在其后八年艰苦卓绝的抗战岁月中，四川担负起了抗战大后方的历史重任，在人、财、物等各个方面竭力支援全国抗战。先后有40余万川军将士和300万壮丁经由川陕公路等出川道路走出四川，开赴抗日前线，伤亡达64万余人，为抗日战争的伟大胜利和挽救民族危亡做出了重大牺牲和杰出贡献。

解放战争后期，国民党残余军队退守西南，企图以四川为核心，构筑所谓"大西南防线"，做垂死挣扎。蒋介石命胡宗南等部在川北边境沿秦岭、大巴山、米仓山布防，企图控制川陕交通，拒解放军"于川境之外，即以陇南与陕南为决战地带"。针对国民党军队的兵力部署以及综合考虑了西南地区的地理条件之后，中共中央军委一反常规，决定采取大迂回大包围的战略方针和部署，进军西南。其中贺龙、李井泉等指挥的第一野战军第十八兵团等部在蜀道沿线积极与胡宗南等部周旋，将其吸引、抑留于秦岭地区，有效地策应和配合了解放军第二野战军主力的迂回包围行动，一举解放了大西南，拔除了国民党军队在大陆的最后据点，彻底粉碎了国民党企图盘踞西南、伺机卷土重来的妄想，极大地推动了全国的解放进程，维护了国家的统一。

纵观蜀道千年兴衰史，回望历史长河中渐渐远去的一个个动人故事，可以说，蜀道从诞生之始，便承载着中华先民勇于打破封闭、开拓创新的精神内涵。蜀道的开创，打破了黄河、长江两大文明之间的空间屏障，使江河文明交流共生，使各民族文化交融互鉴，美美与共，共同构成了中华文明多元一体的格局。蜀道的发展，加强了中原王朝与西南边疆的有机联系，加快了中国西部地区的开发和治理，促进了中国统一多民族国家的形成、发展和长治久安。时至今日，蜀道的社会功能已经消失在历史长河中，但千年蜀道所蕴含的精神，必将激励我们继续开拓创新，实现中华民族的伟大复兴。

第三讲

古路寻踪

蜀道的历史遗存

在四川盆地的北部，横亘着秦岭和巴山两条东西向的大山脉，这里山高林密，谷涧纵横，不但成为我国南北自然地理的天然分界线，也造就了巴蜀地区"尔来四万八千岁，不与秦塞通人烟"的封闭局面，阻隔了中原文明与巴蜀文明的交流融合。

但是，自然条件的闭塞从来难不倒敢为人先、勇于开拓的中华先民，他们在秦巴山地间穿行开路，在沟谷深涧中架栈搭桥，开辟出了多条通道，打破了中原大地与巴蜀地区长期以来的空间阻隔，这些通道就是我们通常所说的蜀道。

千百年来，中华先民们在蜀道上沟通交流、往来不绝，创造了灿烂多姿的蜀道文化，也留下了数量众多的历代遗存。这些遗存见证了蜀道千年的兴衰变迁，更承载了中华先民开拓创新、敢于打破封闭的精神内涵。

| 一 |
道通南北：蜀道之道路

作为陆上通道，道路本体及相关的设施自然是蜀道最重要的历史遗存。秦岭、巴山沟谷纵横、崎岖难行，历代通行于此的先民们充分发挥了他们丰富的想象力和创造力，在高山深谷之中因形就势、因地制宜地修筑了多种类型的道路设施，以满足人们通行往来和物资运输的需求。历史上许多朝代的中央和地方政府出于政治、军事、经济、文化等种种原因，也采取了多种措施来保护和修葺这些道路设施，保障了蜀道的通畅。根据文献记载和考古调查的情况来看，蜀道的道路本体及相关设施主要包括栈道、隧道、碥路等多种类型，各具特色。

（一）栈道

栈道，是一种在山间崖壁上开凿石孔，而后使用木、石等材料通过依崖架空等形式修筑起来的道路交通设施，又有栈阁、阁道、复道等名称。栈道的出现，一方面使得山间崖壁等险要之地更容易通行，另一方面也在一定程度上减少了翻山越岭的迂回和难度。因此，栈道被各条蜀道，尤其是穿行秦岭深山和沿江而行的地区广泛采用，成为蜀道上最常见，并且最具代表性的道路设施之一。根据修筑材料的不同，栈道大致可以分为木栈道、石栈道、木石混合栈道三种类型。木构建筑在我国起源很早，构筑技术也很先进，而且木构建筑非常符合中国传统的审美旨趣；更重要的是秦岭巴山之间森林密布，木材容易获取和加工，因此木栈是早期蜀道栈道中最常见的一种交通设施。和木栈相比，石栈的修筑更为费时费力，石材开凿、加工、运输的技术难度和成本也更高；但是相较于木栈容易腐朽、需要经常维护的缺点，石栈通常坚固耐用，一经建成，相当长的一段时间内基本不需要特别的维护，因此后期养护成本低于木栈。木石混合结构的栈道，通常是以石材作为栈道的受力支撑材料，将木材作为辅助构件架设于石材之上，如此一来，既能减轻栈道结构的自重，保证栈道的稳定性，又可以随时替换损坏的木板，可以说在一定程度上结合了木栈和石栈的优点。具体修建何种类型的栈道，往往和各条蜀道经过路段的地质地形条件、当时的施工技术水平以及修建材料的获取情况有所关联。至于栈道修筑的具体形式就更多了，有学者根据栈道建造的位

柏元村栈道柱孔遗迹

何家坝栈道柱孔遗迹

置、结构做法和附属设施等方面的差异，将前面所说的三种栈道又进一步细分为了十六种不同的形式。

从文献和考古调查的情况来看，各条蜀道都曾建有数量不等的栈道设施，其中较知名者，包括褒斜栈道、朝天峡栈道等。

1. 褒斜栈道

褒斜栈道以木栈道为主，其线路北起陕西眉县斜谷口，南至汉中褒谷口，沿褒斜二水延伸，贯穿褒斜二谷口，全长近250公里，是古代关中平原翻越秦岭山脉进入汉中平原的交通大动脉。褒斜栈道开凿时间早，持续使用时间长，栈道设施完善，堪称"蜀道之冠"。早在战国时期，就有先民在褒斜谷内凿石架木，修筑栈道。公元前316年，秦惠文王派司马错、张仪伐蜀，就途经此道。证明至少在这一时期，褒斜道已发展成为可供大军和辎重通行的大道了。到了秦昭王统治时期，为了巩固秦国对巴蜀地区的控制，秦昭王又命丞相范雎在原褒斜道的基础上拓宽整平，截弯取直，并进行了大规模的栈道修筑工程，使得褒斜栈道大为完善。《史记》中记载的"栈道千里，通于蜀汉，使天下皆畏秦"，描述的就是这一时期褒斜栈道的盛况。其后历朝历代，褒斜栈道在政治、经济、军事等方面长期发挥着重要作用。可能因为使用频率高，又经过多次战乱和自然灾害，褒斜栈道常有损毁，又不断得到重修。据乐史所撰《太平寰宇记》等文献记载，北宋时期褒斜道入斜谷到凤州（今陕西凤州）一百五十里的范围内，就有"桥阁二千九百八十九间，险板阁二千八百九十二间"，可见当时褒斜栈道的规模宏大和设施完备。

然而，经过两千多年的历史变迁，特别是川陕公路和宝成铁路开通之后，蜀道渐渐退出历史舞台，废弃不用，褒斜栈道也早已不复昔日之盛景。根据最新的褒斜道考古调查报告，在褒斜道主干线上的铁炉沟口栈道、西坝栈道（均在今宝鸡王家堎附近），支线上的鲁班桥栈道（今宝鸡鹦鸽附近）等区域还保留了部分石栈桩，这些应该是当时修筑的石栈或木石混合栈道垮塌后的遗迹。而木栈的情况就更糟糕了，褒斜道沿线除了石门等部分旅游景区的木栈得到了局部复原外，其余木栈道设施都已完全消失在历史长河中，只有崖壁上遗留的一个个栈道石孔，仍向我们诉说着往日的繁华。

2. 朝天峡栈道

朝天峡，又名明月峡，是广元市北部约30公里嘉陵江上的一处险要峡谷。唐代以前，此峡原名漫天寨，天宝年间，唐玄宗避安史之乱西奔入蜀，曾驻跸飞霞镇，百官在此接驾，朝拜天子。其后飞霞镇便改名为朝天镇，漫天寨也更名为朝天峡。朝天峡总长约4000米，宽约100米，地处川、陕、甘三省交界之地，峡谷东侧为朝天岭，西侧为火焰山，朝天峡控扼着蜀道的咽喉之地。嘉陵江在此处切断大巴山余脉，由北向南流淌，水流湍急，多有漩涡。两岸峭壁高约300米，如斧劈刀削，山势极为险峻。有学者认为，诗仙李白名篇《蜀道难》中"上有六龙回日之高标，下有冲波逆折之回川。黄鹤之飞尚不得过，猿猱欲度愁攀援"四句诗，便是朝天峡这一险要之地的真实写照。

朝天峡古栈道分布在嘉陵江东岸长达3000米的崖壁之上，从北向南可以分为四段，其中南段和中段地势最为险峻。刘庆柱、王子今主编的《中国蜀道》一书中，将朝天峡古栈道誉为"迄今全国地理位置最险要、形制结构最科学、保存最完好、最具古栈道风貌的一处栈道遗址"。早在先秦时期，巴蜀先民就在朝天峡崖壁之上开凿羊肠小道，用于通行。秦汉时期，朝天峡内开始修筑栈道，但因当时技术水平有限，栈道的形制和规模都较小，通行依旧困难。到了唐宋时期，在官方的主导下，金牛道的主路线改道于此，朝天峡开始大规模修筑栈道，朝天峡栈道成为金牛道入蜀的重要交通线。如今所见朝天峡栈道遗址大多便是这一时期的遗存。南宋后期，在朝天岭上另修碥道，峡内栈道便逐渐废弃。南宋王象之《舆地纪胜》中记载道："朝天岭在州北五十里。路径绝险，其后即朝天程，旧路在朝天峡栈道，遂开此道，人甚便之。"至1935年川陕公路修建前，朝天岭碥道一直作为金牛道上的主要路线

朝天峡形势　　　　　　　　　朝天峡栈道

而存在。

最新的考古调查报告显示，朝天峡古栈道遗址内还保存有栈道、石路、土路等道路遗迹数段。其中古栈道约500米，原本的木质构件早已不存，崖壁上现保存有历代开凿的400多个方形栈道孔。栈道孔的边长为0.4—0.5米，深度为0.7—0.9米，前后间距一般为2.1米左右，最宽处可达6米，最窄处只有0.9米，上下孔距为3—4米。栈道孔一般呈上中下三层排列，上层为架设栈道棚的孔，中层为架设栈道的孔，下层为架设栈道受力支撑部分的孔。其中老虎口段栈孔最为密集，达6—7层之多，结构十分复杂，我们推测此处栈道之上可能还建有棚架或者其他建筑设施。

根据栈道孔的分布位置和分布规律来看，朝天峡栈道可能存在两种不同的结构形式。南段栈道修筑在悬崖峭壁上，因为下方河水湍急，无法在下部竖立垂直的支撑立

朝天峡栈道孔

柱，所以先在崖壁上开凿石孔，架设横梁，横梁之上再设托柱。有的地方甚至设置了二至三级横梁，最顶部的横梁为主梁，主梁上方铺设纵向的龙骨，龙骨之上再铺设木板，有学者将这种形式称为依崖横梁立柱架横梁式。北段栈道所在崖壁的下方，因为江边分布有很多巨石，且栈道临于江面，无法开凿横柱，所以多采用无柱式的结构。

　　历代的开通、整修和另辟新径，使朝天峡内形成了跨越古今、六道并行的千古奇观。这六条道路分别是远古先民开辟的羊肠小道、历代在峡壁上修筑的栈道、峡中江边的纤夫道、嘉陵江水道、民国时期修建的川陕公路以及新中国成立后所建的宝成铁路隧道。从1991年开始，广元市按照古栈道的结构特点对朝天峡栈道进行了局部修复，现已修复栈道150余米，可供游人通行体验，抚今追昔，感受千年古栈道的厚重历史。如今，朝天峡栈道已被打造成国家级的剑门蜀道风景区旅游线路的起点，正散发着新的时代魅力。

（二）隧道

　　在今陕西省汉中市汉台区北部约18公里的石门水库内，淹没着一段被称为"天下第一"的人工隧道——石门。石门是褒斜栈道的南口，也被称为"南谷口"，是褒斜道上的代表性历史遗存。根据石门隧道内刊刻于东汉建和二年（148）的摩崖题刻《石门颂》记载，东汉永平四年（61），汉明帝曾经下诏"凿通石门"。但据另一方东汉摩崖题刻《大开通》所记，石门隧道正式动工是在汉明帝下诏两年后的永平六年，开凿工程由时任汉中太守的鄐君组织实施，前后用了三年时间，至永平九年（66）四月才正式建成，成为世界上第一条纯人工开凿的穿山隧道。据考古工作者实际测量，整个石门隧道的长度有16.3米，宽4.2米，隧道的北口高3.75米，南口高3.45米，可供车辆通行。从今天的科技手段和工程技术水平来看，石门隧道的规模并不算大，甚至可以说开通石门是个小工程。但在一千九百多年前的东汉时期，火药尚未发明，无法爆破山体；虽然铁器已经普及，但当时没有大型的施工机械，开山凿石仍是巨大的难题。以纯人工手段，通过"火烧水激"的原始方法开凿如此规模的穿山隧道，无疑是一项超级工程了。

石门这项宏大工程的顺利完成充分体现了汉代先民勇于开拓的进取精神，后世途经此地的文人墨客无不触景生情，感慨震撼。他们纷纷撰文作赋，直抒胸臆，而后将其刊刻在洞内外的石壁之上，摩崖石刻历经千年风霜流传至今，为我们留下了关于石门隧道的宝贵文字资料。据不完全统计，石门洞壁内及附近山石崖壁上原本保存有东汉至近代的摩崖题记约180块，记录了褒斜栈道、石门及附近另一著名水利工程——山河堰的开通和兴衰变迁，以及历代游人题名、诗赋等许多方面的内容。这些摩崖题刻中，以刊刻于东汉至宋代的"石门十三品"最为珍贵，具有突出的书法艺术价值和历史文献价值，堪称"书法宝库"和"国之瑰宝"。1961年，"褒斜道石门及其摩崖石刻"被国务院公布为第一批全国重点文物保护单位。遗憾的是，20世纪70年代修建褒河石门水库时，褒斜道石门及其摩崖石刻均在被淹没区，受限于当时的施工技术和认知水平，

汉中石门栈道（一）

无法将其全部搬迁。所幸在一些有识之士的呼吁和政府有关部门的专款支持下，包括"石门十三品"在内的17方摩崖石刻精品被分别切割下来，异地搬迁至汉中市博物馆保存。而"天下第一"的石门隧道和其他众多摩崖题刻则因未能搬迁而被淹没于石门水库之中，从此再难一见了。

（三）碥路

与褒斜道等翻越秦岭、巴山的道路以栈道为主的情况不同，四川境内现存的蜀道本体以碥路为主要类型（金牛道、米仓道、荔枝道沿线也有少量栈道，但主要分布于广元朝天峡、剑阁小剑山至汉源坡、巴中南江至汉中喜神坝、通江阎王碥等少数区域，非主要类型）。所谓碥路是指以石板铺垫，或直接利用天然岩石，在基岩上开凿阶梯或路基而形成的道路。蓝勇先生在其新近发表的《古代中

汉中石门栈道（二）

国西南地区碥路类型研究》一文中，将中国古代西南地区的碥路分为石材铺垫型和基岩开凿型两个大类，其中石材铺垫型就是我们常见的石板道。根据铺垫石材的规格差异，蓝勇先生将石材铺垫型碥路又进一步细分为长横条石型、拼合条石型、多种混合型、碎石型、方石混铺型、卵石型、槽板型和堆砌型八种类型。金牛道现存的碥路以长横条石型、拼合条石型为主要类型，其中昭化古城至剑门关段、翠云廊拦马墙段的保存情况最好。

金牛道自今天的陕西勉县而来，过朝天峡后，向西南方向行至广元、昭化，基本上都沿着嘉陵江及其支流冲击形成的河漫滩延伸。一方面这些地区地势平坦开阔，再无修筑栈道的必要；另一方面生产力水平的提升，尤其是唐宋以后火药的发明，使得石材开采和加工的技术不断发展。此外，相较于秦岭地区的花岗岩、石灰岩等坚硬岩

阴平道玄鹤亭段碥路　　米仓道恩阳段碥路　　荔枝道竹筒沟碥路

石，四川地区广泛分布的砂岩结构细密，强度较低，硬度适中，易于切割，非常适宜加工成石板用来铺设道路。正是这些原因共同促使了石板道的出现和普及。

金牛道过昭化古城以后，进入低山丘陵地貌，驿路开始沿山腰或山脊延伸，经十里碑至天雄关，南行翻越牛头山至下新铺、上新铺、新繁村、周家湾、竹垭子后下行至山谷中，再东南行过王家桥，翻越云台山至大朝驿，再向南行，过铁栓子桥、松宁桥向西南上青枫岭，过高庙铺后在任家垭下行，然后由赵家坡下青枫岭至大剑山山谷，全程石板道，一直到剑门关，约30公里。根据相关文献及沿途保存的修路碑刻等记载，这条石板路应为明清时期修筑的官方驿路，此道至今线路明确，除了少部分路段有垮塌损坏以外，整体保存情况较好。

从昭化古城出发，金牛道石板驿路在线路上基本与现在的剑昭公路重合，个别区域的石板路被盘山绕行的公路截断。这条古道大部分都是用体积巨大的石板铺设而成的，仅少部分区域是用大小不一的不规则石板拼合铺设而成。个别区域直接在基岩上开凿出阶梯，碥道中间或两侧还人工开凿了近似排水沟的凹槽。道路两侧开始出现道旁树，沿线皆有苍天古柏，古柏虬枝如龙，与古道相映成趣。其中，翠云廊段的古树保存得最为良好，蔚为大观。金牛道所用的石板体积普遍较大，路面的宽度多为2—3米，部分地势平坦区域或转角处的路面宽度甚至达到了4米以上，梯步宽度则在0.5—1.5米不等。在高庙铺段的石

金牛道竹垭子谷地碥路　　金牛道昭化古城至天雄关碥路　　金牛道大朝驿碥路

板道垮塌剖面上，我们还可以看到不同形制的石板相叠压的情况，表明这段道路在多个历史时期都进行过修筑和养护。驿路顺山势而行，为了减缓坡度，维持道路稳定，部分路段还使用碎石土方填充路基。在坡道角度较大的区域，每隔一定距离还会在石板阶梯的前方设置垂直插入地面的门槛石，以防止石板倾斜滑落。部分地势比较险要的地方，如天雄关、翠云廊等区域的石板道外缘还修筑了齐腰高的拦马墙——类似于今天高速路和山间公路边缘的防护栏——既可以防止过往行人和马匹坠落悬崖，又可供来往行客和背夫驻足休憩。在石板道或碥道的踩踏面，通常还刻有均匀的横向錾痕或防滑槽，用以防止雨天打滑。这些做法都来自古代先民在蜀道修筑过程中长期积累总结出来的经验和智慧，不但可以在一定程度上增加石板道的稳定性、安全性，还可以延长驿道的使用寿命，以保障通行，因此在四川境内的石板驿路中被广泛采用。

| 二 |
惟天设险：蜀道之关隘

蜀道的出现打破了中原与巴蜀之间的天然阻隔，使得横亘于两大区域间的天险的力量被人为削弱了。在此情况下，如何掌控这些通道，以巩固统治，成为历代统治者极为重视的事情。此外，蜀道险远，不同区域的人们往来于蜀道上，络绎不绝，对其进行有效的出入管理并保障通行安全也是不容忽视的。为了有效地控制和管理蜀道，历代统治者在道路沿线设立了诸多与道路相关的设施，而关隘便是其中最重要的一种。

一般来说，关隘的出现要晚于道路的产生，它们一般被设置在道路中最关键、最险要的地方。不同关隘因其性质和所处位置等方面的差异而体现出不同的作用和地位。雍正《四川通志》卷四中记载道：

> 故封域有关，以别疆界；厄塞有关，以备寇盗；冲衢有关，以防奸宄。据险握要，民社之保障系焉。西蜀山河带砺，古称雄封，夔渝、剑阁门户屹立，防御固所宜严。而各郡邑中鸟道千盘、云栈百折，其间依山凭水，相地立防，或沿或创，皆可以固边方之锁钥，扼蛮猓之咽喉。

由此可见，修建关隘的主要目的是"据险握要"——既有军事防御方面的考虑，又有扼守冲衢要道、严防奸宄、保障民社等功能。

蜀道沿线关隘甚多，如陈仓道沿线的大散关、仙人关、虞关、阳平关，褒斜道沿线的武休关、鸡头关、斜谷关，金牛道沿线的七盘关、朝天关、葭萌关、天雄关、剑门关，米仓道沿线的大坝关、巴峪关、米仓关，阴平道沿线的火烧关、老鼠关、玉垒关、摩天岭等，部分关隘尚保存有少量历史遗存。古往今来，有多少英雄豪杰凭借这些关隘称雄对峙，多少著名历史故事围绕着这些关隘不断上演，后世又有多少文人墨客在此登临览胜，抚今追昔，感慨万千。

剑门关关楼

1. 剑门关

剑门关雄踞于广元市剑阁县剑门关镇北约两公里的大剑山隘口之中。大剑山呈东北—西南走向，绵延近70公里，山峰突兀而起，崖壁高耸，雄险天成。绵延至关口附近时，山体突然中断，陷落成谷，两侧峭壁如削，犹如门户，所以又有剑门之称。剑门关便矗立于此。诗仙李白被剑门关的雄险气势深深震撼，其千古名篇《蜀道难》中"一夫当关，万夫莫开"之句，便是这震撼之下的肺腑之语。北宋姜遵《剑门关》诗中有言："极目双峰剑倚天，重门因设据高山。"南宋陆游《剑门关》诗中也说道："剑门天设险，北乡控函秦。"同样描写了剑门关的险要地势。金牛道自昭化而来，过剑门关后，沿途平坦开阔，几乎无险可守。因此，剑门关实际上是从金牛道进入四川地区的最后一道屏障，故而又有"天下雄关"之美誉。

剑门关始建于何时已不得而知，有学者认为其开辟时间很可能与金牛道相近，也有学者认为其为三国时期蜀汉丞相诸葛亮所建。千百年来，剑门关见证了许多重大历史事件的发生，其作为关隘一直沿用到民国时期。战争年代，军队在此驻扎，控扼入蜀门户，防止敌军由此进入巴蜀腹地；和平时期，剑门关又作为征收商旅赋税、管理人员出入的关卡。

大剑山山谷长约500米，两侧崖壁高约150米，剑门关的关楼便雄踞于山谷之中。1935年修建川陕公路时，剑门关关楼建筑被拆毁，20世纪90年代关楼重建，2006年毁于大火，2008年在汶川地震中又遭到破坏。2009年，剑阁县在清代的原址上重建关楼，新关楼与旧关楼相对而立。现

剑门关绝壁山道　　　　　剑门关栈道

在可见的关楼是仿明代建筑样式修建的，关楼南侧约500米即为剑门关古镇。历史上的剑门关镇也是驻军之地，与剑门关关楼形成了完备且坚固的防御体系。现如今，剑门关已成为四川地区著名的风景名胜区，虽然谷内原有栈道设施因安全原因已废弃不用，但新开发的鸟道和猿猱道等旅游线路，仍然可以让来往游客亲身体会剑门之雄险，以及"蜀道之难，难于上青天""猿猱欲度愁攀援"的感觉。

2. 天雄关

西出昭化古城15里，有一雄关矗立于牛头山山腰处，俯瞰葭萌，这便是金牛道上的又一著名关隘——天雄关。作为昭化的西南门户，天雄关原名天信关，最初设立于宋、元年间金牛道改修驿道之时。天雄关地势雄险，"上接朝天声势联络，下接剑阁首尾呼应"，控扼着金牛道昭化至剑门关段驿路的要冲之地，在军事上具有重要地位。道光《昭化县志》载："天雄关，在治西十五里，入蜀而来，殆与七盘、朝天二关声势联络，实剑关之密钥也。"

宋元时期的天雄关设施早已消失于历史长河中，现存关门及关墙等设施为民国八年至九年（1919—1920）由僧人何兆明出资重建。根据天雄关关门立柱上的题刻记载，光绪三十二年（1906），僧人何兆明来到天雄关，为过往行人提供饮食住宿，累积财富。后于宣统三年（1911）置钟亭；民国八年，重修天雄关关门；次年，又出资翻新关墙，墙体遗存至今。现存关门为砖石混合结构，下部以条石垒砌，上部以青砖砌筑拱券，门洞残高3.4米，残宽2.3米，进深0.8米，下部石柱上刻有"天雄关"等字，两侧关

天雄关碑刻　　　　　天雄关关门

墙均为石块砌筑而成。

除关门及关墙遗迹外，天雄关内还保存有清至民国时期碑刻、题记十余通，包括纪功碑、德政碑、修路碑、重建观音阁碑、诗碑、重修天雄关题记等，内容十分丰富，对于研究天雄关、金牛道及相关文化遗存的历史变迁具有重要的价值。其中刻于清乾隆十五年（1750）的《平定金川万民感戴碑》和乾隆四十一年的《荡平两金万民感戴碑》分别记录了傅恒和阿桂、丰升额、明亮平定金川之役

第三讲　古路寻踪　蜀道的历史遗存

的功绩，是研究清中期两次金川战役的重要史料。此外，根据其他碑刻内容可知，天雄关附近原本还有关帝庙、观音阁等其他文化遗存，并经历过多次维修复建，遗憾的是这些遗迹现在均已不存了。

3. 仙人关

仙人关位于今甘肃徽县虞关镇西南约10里处嘉陵江畔，因此处嘉陵江两岸"石峰高阔，若列群仙"，故名仙人关。仙人关有上、下两个关口，两者之间相距约1000米。关口所在位置十分逼仄，状若峡谷，江水湍急回旋，地势奇险。关内嘉陵江两岸山腰处有数块开阔的二级台地，高出江面约三四十米，古长举县和吴王城遗址皆位于台地之上。

两宋时期，嘉陵水道堪称宋廷的西北命脉，航船经嘉陵水道可至仙人关上游的虞关，在虞关经青泥古道，可将粮草迅速转运至徽州、凤州等地，供给川陕宋军，而仙人关则控扼着嘉陵水道的命脉。南宋绍兴元年（1131），宋将吴玠在和尚原大败金军后，金国加强了对凤翔府的管控，致使戍守和尚原的宋军粮草补给难以为继，无法长期守御。在此情况之下，吴玠决定回撤防线，"于川口仙人关侧近杀金平，修置山寨"，在仙人关部署防御金军南下的第二条防线。绍兴三年，金军再次南下，吴玠的弟弟吴璘因缺粮而撤离和尚原，改驻七方关。绍兴四年，金军元帅完颜宗弼"领步骑十余万众至杀金平，与官军对垒扎寨"。这个完颜宗弼就是曾在中原战场与岳飞多次大战的金兀术，是金太祖完颜阿骨打的第四子，也是当时金朝的著名将领，他所率领的军队更是金军精锐。面对完颜宗弼的大军压迫，吴玠因仙人关面积有限，难以布防众多兵力，遂在仙人关北侧的山上筑杀金坪，集中优势兵力与金军对决。吴玠巧妙地运用了仙人关和杀金坪复杂的地势，设置了数道防线，致使金军十万大军从两面夹击也未能攻克仙人关，最终铩羽而归。仙人关一战后，金军元气大伤，不敢再觊觎蜀口地区，吴玠、吴璘兄弟及其子孙则一直率军驻守于仙人关，为守卫南宋川陕边防做出了极大贡献。吴玠、吴璘去世后，宋廷为了表彰他们在仙人关守土拒敌的卓越功勋，追赠吴玠为涪王，吴璘为信王。据文献记载，终南宋一朝，异姓获封王爵者也不过七人，而吴氏一门兄弟二人都获赠王爵，堪称空前绝后。在仙人关内最大的一块平台上有一座名为吴王城的遗址，那便是吴玠兄弟居住及办公之所。如今吴王城遗址还保留着部分建筑基址、道路、墓葬及造像龛等宋金时期的历史遗存。

历史有时颇为讽刺，吴玠、吴璘以寡敌众，却坚守拒敌，死后获赠王爵殊荣，而手握川陕重兵的吴璘之孙吴曦却在宋宁宗开禧二年（1206）发动叛乱，叛宋降金，并以仙人关北侧的铁山为界，将凤、成、和、阶等州割让给金国，以求金国支持其成为蜀王，这便是南宋时期著名的"武兴之变"。吴曦叛宋之后，南宋川陕之形势极为危急，所幸安丙联络杨巨源、李好义等数位将领以计策诛杀吴曦，迅速平定了这场叛乱。此后安丙代替吴氏家族驻守蜀口地区长达十余年，使金军始终未能突破仙人关防线。在陕西略阳县城内的江神庙中，至今收藏着安丙的生祠碑，碑呈圆首长方形，已残，残高1.64米，宽1.18米，厚0.17米。碑额篆书"仙人关重建宣相安公生祠记"，背面阴刻碑文29行，风化严重，难以辨识。此碑原位于仙人关吴王城内，后被人移至略阳江神庙中收藏。

4. 火烧关

火烧关位于陇南市文县城关镇滴水崖村的山坳中，海拔约1650米，所在山谷两侧山脉绵延，山峰高耸。由此沿山谷南行可至白水江北岸，东折数百米可至文县县城。火烧关据险控扼，是控制阴平道和文县的北大门。

遗址两侧悬崖陡立，高数十米，形成了一段宽8—10米，长约40米的山谷，关口位于最窄处的北入口，两侧悬崖上遗存有数十个柱孔。有北向流入的溪水流经山坳底部，沿山谷汇入白水江。崖壁上的柱孔不均匀地分布在东西两侧崖壁上，共计69个。其中东侧崖壁的柱孔有5排，共60个，最上排距离沟底高约15米，柱孔数量自上而下依次为，第一排7个，第二排13个，第三排16个，第四排16个，第五排8个。西侧崖壁柱孔呈三排，共9个，无规则排列，自上而下，第一排4个，第二排2个，第三排3个。层间距1.5—1.8米，柱孔之间的间距为0.4—0.7米。两侧柱孔多呈正方形或长方形，长宽为10—30厘米，以20—30厘米的最多，深度多在10—20厘米。《中国文物地图集·甘肃分册》记载火烧关遗址有摩崖题刻一方，上书："万历十四年九月重修，奉本府元功孔巷工孔水凌丘大立。"但我们在实地调查过程中，并未发现此题刻。

目前学术界对于火烧关的具体性质尚有不同观点，大致分为两种，一说火烧关是关隘，一说是栈道。我们在调查中发现，火烧关东西两侧的柱孔分布差异较大，而且柱孔延伸总长度仅十余米，层位间距仅一米有余，不似栈道

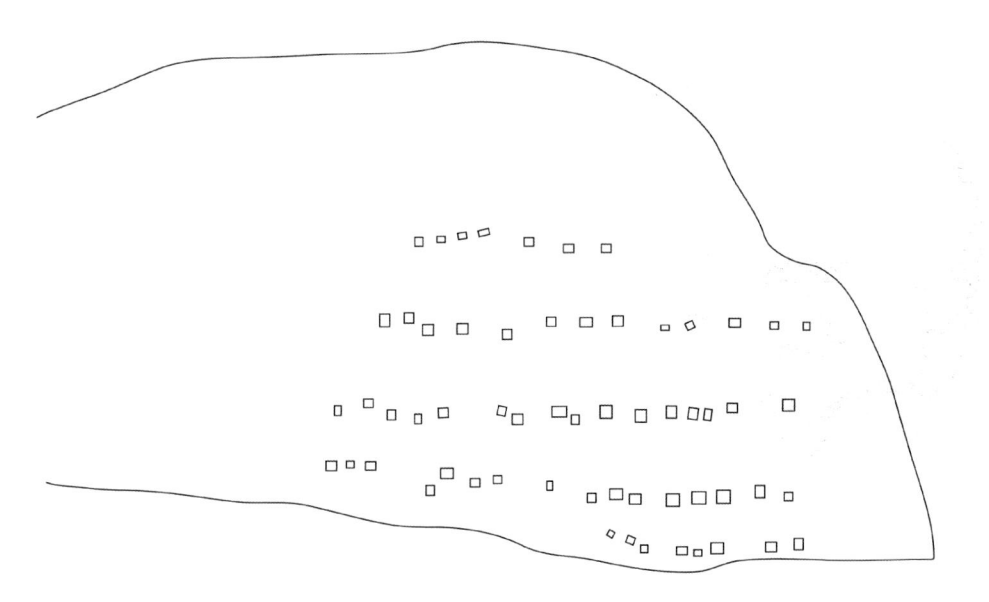

火烧关东侧崖壁柱孔分布示意图

的形制。根据此处地形判断，火烧关应该是阴平道支线上的一处重要军事关隘，而非栈道；故现存的柱孔很可能是供搭建关楼之用，而非栈道孔。

关于火烧关的得名，相传与宋蒙战争有关。南宋端平二年（1235），蒙古大汗窝阔台兵分三路大举进攻南宋，其中西路军在统帅阔端的带领下，由大散关进入蜀口地区，后沿阴平道进攻文县。至火烧关后久攻不下，最终以火攻的方式破关，方才得以通过，火烧关因此得名。此说法在文献中未见记载，也无其他可靠证据佐证，所以难以求证。但从文献及现存摩崖题刻等记述内容来看，火烧

火烧关地形　　　　　　　　　　　火烧关崖壁方形孔

关在明万历之前的确是作为关隘存在的。后世文人墨客，也在此地留下诸多咏叹之作。如明代户部郎中李梦阳路过文县，触景生情，曾赋《火烧关》诗一首，其文曰："壑暝常留电，山深日酿云。犹存火烧迹，忍读卧碑文。地古人烟少，霜寒野色曛。那堪数过此，辛苦欲谁闻。"诗中提到的"火烧迹"当指阔端以火破关的传说。火烧关南侧有滴水崖瀑布。一线甘泉自数十米高的悬崖上直泻而下，水流纤细而湍急，犹如一条素练挂于半空，此为阴平八景之一。

千百年来斗转星移、沧海桑田，时至今日，随着川渝交通的大发展，天堑变通途，蜀道沿线曾发挥重要作用的著名关隘早已失去了昔日的辉煌。它们之中有的已被开发为旅游景区，原貌不存；有的已废弃不用，只遗留下一个个空洞的栈道孔；更有甚者，已完全消失在历史长河中，无迹可寻了。

| 三 |
烟火人间：蜀道之城镇

蜀道的开通，带来了人口迁徙与交流融合，促进了商业贸易往来，也带动了道路沿线社会经济、文化的发展。历代政权在蜀道的一些重要节点上都设置了驿、铺及相关场所，以便于朝廷公文、情报等信息的传送，以及人员往来食宿、休整。在山间风餐露宿了许久的行客们，通常会在驿、铺驻足休整，补充给养或买卖货品。随着人口的会集和商贸的往来，这些驿、铺等重要节点逐渐汇聚了来自不同地域的人群、文化、物产、风俗，渐渐地形成了一个个充满烟火气息的城镇。

历史上，蜀道沿线的古城镇非常多，其中大部分至今仍是人口密集、商业繁荣的城镇。如金牛道沿线的宁强古城、昭化古城、普安古镇、剑门关古镇，米仓道沿线的南江古城、恩阳古镇，阴平道沿线的文州故城、碧口古镇、青川故城，以及嘉陵江沿线的阆中古城等。这些古城镇中大多保存着相当数量的各类历史文化遗存，如古街道、古建筑、古城墙、古城门、古碑刻等。另有少部分古城镇因为古道线路变迁或治所迁移等其他历史原因而逐渐衰落，不复昔日盛况，如米仓道沿线的牟阳故城等。

1. 昭化古城

昭化古城位于四川省广元市昭化区昭化镇，是金牛道沿线的著名古城镇遗址。白龙江自西北蜿蜒而来，在城北注入嘉陵江，而后绕城向西南延伸，使此地形成了两江交汇、三面环水的半岛地形，昭化古城就位于半岛的东南侧。昭化古城北枕翼山，东、南面江，仅西侧与陆地相连，金牛道穿城而过。昭化古城建城年代很早，战国时

昭化古城葭萌关城门

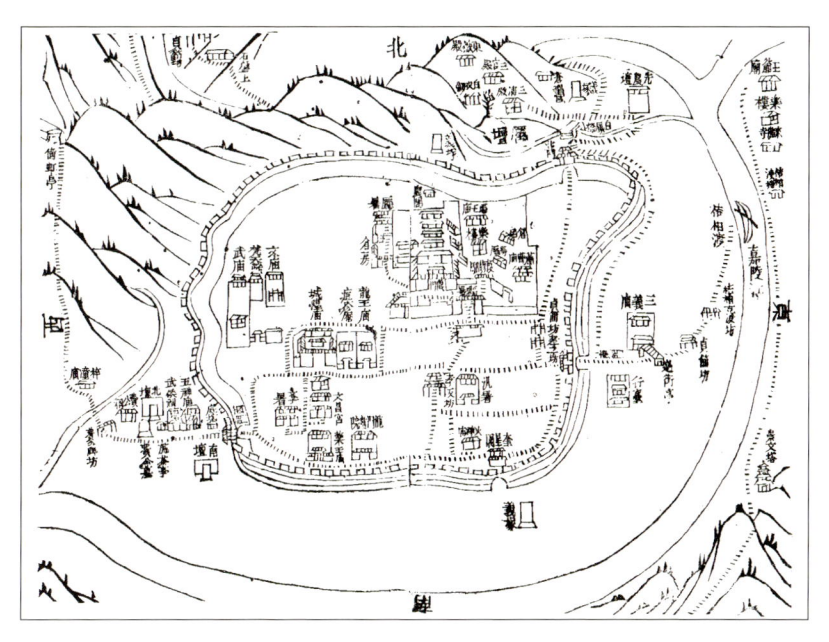

《（道光）重修昭化县志》城池图

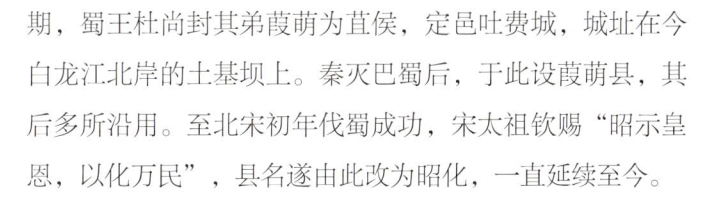

期，蜀王杜尚封其弟葭萌为苴侯，定邑吐费城，城址在今白龙江北岸的土基坝上。秦灭巴蜀后，于此设葭萌县，其后多所沿用。至北宋初年伐蜀成功，宋太祖钦赐"昭示皇恩，以化万民"，县名遂由此改为昭化，一直延续至今。

昭化古城枕山环水，于山川水势间构成了天然防御。又因地理位置的优越性，控扼着金牛道、阴平道等多条蜀道交通。据文献记载，在明代初期之前，古城为堆土城池，明正德年间（1506—1521），改用石条包筑。清乾隆三十一年，邑令李宜相再次修筑城池，至三十六年完工，其后多有修补，形成了"围长四百八十二丈零五寸，

高一丈五尺，垛高五尺，底厚一丈二尺，顶宽八尺，外围石砌，里面石脚砖身。东门曰迎凤，西门曰临川（今改为登龙），北门曰拱极，南城无门"的城池规模。嘉庆十年（1805），知县邵友渠又对各城楼进行了重修。时至今日，我们所能见到的昭化古城主要就是清代以来的遗存。

昭化古城现存城门三座，东、西门上的城楼为近年后建，北门存在大面积修补，上无城楼。城内现存城墙1600余米，通高约5米，城墙上部及女墙、垛口等设施多为近年旅游开发时重修。古城内东北—西南走向的太守街均以石板铺设而成，连接着东门外的桔柏渡和西门外至天雄关的古道，为金牛道上的重要驿路。此外，西街、吐费街、外石街、县衙街、衙门巷等街道均为老街，同样为石板铺砌而成。

除古城遗址外，城内外还保存着大量相关文化遗存，如费祎墓、武侯祠、费敬侯祠、战胜坝、天雄关、牛头山、姜维井、桔柏古渡、关索城、鲍三娘墓等，这些不同历史时期的遗址遗迹穿插交织，形成了一个贯穿两千多年的文化聚落，见证了金牛古道千百年来的兴衰变迁，展现着巴蜀及其与中原碰撞交融过程中形成的文化特色。

2. 文州故城

文县地处西秦岭山脉之中，南北两侧为险峻连绵的山脉，高山重叠，沟壑纵横，山坡坡度较大，沟谷与山顶间落差常在1000米以上，历史上在这一区域建立的地方行政区皆分布在白水江畔的平坝上。地处今文县区域的"阴平"最初指行政区划范围，在西汉初年即有此称谓。关于汉代阴平的具体位置，已无从得知，仅能初步分析出其位于白水江畔。光绪《文县志》引《方舆胜览》的记载提到，阴平故城在西五里处的西园，此处所说的"阴平"应指唐天宝、至德年间改为阴平郡的文州，而非汉代的阴平郡。从文献记载及相关遗址分析，文县境内可确定两处城址：一处为西魏时所建的曲水县址，即西园城址；一处为唐大历年间迁徙的文州上城遗址。

（1）西园城址

西园城址位于陇南市文县城关镇西园村鹄衣坝，东距今文县县城约五里。唐武德年间，在南北朝西魏时期曲水县城旧址的基础上修建文州城。唐大历十四年（779），西域的氐、羌部落入侵文州，因城址周边地势平坦，难以防御，遂向东迁徙至距此四里的高坡之上。

西园城址即位于白马峪河、白水江两河交汇的南侧冲积而成的滩涂地上，滩涂面积约0.4平方千米。东西为河谷地带，南北两侧是绵延不绝的山脉。城址呈长方形，东西长约165米，南北宽约145米，面积约2.4万平方米。遗址内现存城墙遗迹约150米，由黄土与砖石混筑而成，表现出不同时期的叠压。城墙基础厚约4米，顶部厚约2米，残高约4.5米。据考古调查，遗址内曾出土过唐代模印砖，上有鹿、灵芝、莲花等图案。

（2）上城城址

上城城址位于文县城关镇西北侧的高坡之上，是唐大历十四年由西园迁徙至此的文州城址。上城区域与坡底平坝落差在百米以上，城南为奔流的白水江，东侧为平坝，西侧与北侧为高耸连绵的山脉，相较于西园城址，上城城址地势更为险要，易守难攻，且顶部平坦，有一定的容积量，因此唐代中后期、宋代及明代前期文州城都一直在此。

城址略呈长方形，面积约1.2万平方米，城门、角台等城防设施现已不存，仅城东仍残留城墙数段，残长约170米。城墙外侧面由黄土夯筑，墙基厚约14米，顶部厚约9米，残高约8.5米；夯层厚约0.15米。城墙外立面有明显的倾斜度。从城墙垮塌部分的外露剖面来看，此段城墙至少经历过三次维修。内层为唐代筑城时的遗留，墙基厚约10米，顶部厚约3米。宋代时在唐代城墙的基础上将城墙基址增厚约4米，顶部增厚约6米。明代也对上城城墙进行过加固，并在城墙顶部增修了女墙。此外，在城墙内侧部分区域还能够辨认出跑马道等设施。

明洪武初年，文州城为元军攻破，上城城址废弃，迁移至坡下的平坝上，文州也更名为文县，一直延用至今。迁城之后，上城遗址并未完全废弃，而是一直有居民在此居住，直至今日。我们在调查过程中发现，上城遗址的部分城墙等设施或被拆除修建房屋，或已与房屋建筑连成一体，难以清楚区分了。

3.青川故城

青川故城又名广武古城、青溪古镇，地处广元市青川县青溪镇东北，青竹江西北岸的山间平坝上，是阴平道摩天岭南侧的重要关隘与商旅重镇，历来商贾云集。青川故城建立时间较早，据文献记载，早在三国后期，蜀国将领廖化任广武督，便屯田戍守于此。北魏时期，于青溪设马盘县——以北侧形似盘旋而上的骏马得名，又加置马盘郡，后废。唐天宝年间，马盘县改名青川县。明洪武初

青川段石砌关墙墙体

青溪镇落衣沟栈桥立柱孔

年，于此设青川守御千户所，土司知州薛文胜筑城，改土城为砖砌结构。清顺治年间，又对城墙加以维修，基本形成了如今所见的青溪古镇的规模结构和面貌。

青川故城平面略呈靴形，据记载其周长约3000米。现存城墙为砖砌结构，东西段残长约90米，残高约5米；南北段残长约140米，残高约8米。从古城现存城墙的砌筑风格等来看，存在多个历史时期的修筑痕迹，不同时代城墙的叠压关系明显。城内曾采集到刻有"洪武二年造"的城墙砖，可见明初洪武年间确实存在修筑城墙的史实。在近年来文物保护和旅游开发的过程中，青川故城的东瓮城及部分城墙又得到了修复，城墙顶部的女墙及垛口均修筑于这一时期。

| 四 |
天筑坚城：蜀道之城堡

南宋初年，为了防御金朝军队沿蜀道攻入四川，南宋大将吴玠、吴璘兄弟在蜀口"三关五州"一带设置了许多"家计寨"，牢牢地掌控了蜀道，使金军始终未能突破防线进入四川腹地。南宋末年，宋军继续沿用"三关五州"防备蒙古军沿蜀道南下，但蒙古骑兵多次突破南宋蜀道防线，进入四川腹地抄掠。尤其是"丁亥之变"和"辛卯之变"后，宋军几乎完全丧失了对蜀道的控制权，蒙古骑兵得以随时奔袭入蜀，驰骋劫掠，如入无人之境。沿蜀道翻越大巴山脉之后，四川盆地内部几乎无险可守，因此在蒙古骑兵的奔袭之下，四川各州县遭受了极大的破坏——人烟绝灭，田地荒芜，原本繁荣的城镇变成了废墟。时人吴昌裔在给宋理宗的奏疏中形容道："昔之通都大邑，今为瓦砾之场；昔之沃壤奥区，今为膏血之野。青烟弥路，白骨成丘，哀恫贯心，疮痍满目。譬如人之一身，命脉垂绝，形神俱离，仅存一缕之气息而已。"足见当时四川地区的战况之惨烈。

淳祐二年（1242），南宋朝廷任命在江淮战场屡立战功的名将余玠出任四川制置使（四川地区最高军政长官）。余玠到任后，决心重建四川防线。他礼贤下士，广纳良言，采纳了播州土司杨文等人的建议，汲取了巴蜀先民结寨守御的实践经验，广泛发动蜀地军民在水陆要隘之处，形势险要之地，修筑了数十座山城，构建起了庞大的山城体系。这些山城"皆因山为垒，棋布星分，为诸郡治所，屯兵聚粮为必守计"。经过数年的苦心经营，余玠凭借山城体系与蒙古骑兵展开了数十次交锋，多有功效，四川战局有了较大的改观。在此情况下，余玠开始着手准备重新夺回对蜀道的控制权，并计划集中兵力一举收复兴元府（治今陕西汉中）。为了实施这一反攻计划，余玠先后命都统制张实在米仓道沿线修筑了小宁城、得汉城、平梁城三座山城，再加上先前金牛道沿线的苦竹隘、东河水道沿线的大获城等山城，余玠基本上在蜀道南端重新构筑起了一道进可攻、退可守的山城军事防线。这些山城寨堡正是宋蒙双方蜀道之争的重要物质见证。

1. 苦竹隘遗址

苦竹隘，在历史文献中又被称为苦竹寨、苦竹崖，今名朱家寨，位于四川省广元市剑阁县剑门关镇剑雄村的小剑山上。苦竹隘是川北门户所在，西距剑门关仅3.8公里，二者互为犄角，同为扼守金牛道入蜀通道的关键要隘。文献记载，苦竹隘始建于南宋端平三年，但当时仅仅被作为防御蒙古军南下的临时据点，城防设施简单。余玠入蜀之后，对苦竹隘进行了增修，并将隆庆府治所迁移至城中，使其成为金牛道蜀口节点上的一座军政合一的坚城。但在余玠北伐汉中失利之后，宋廷选派志大才疏的余晦接替余玠主政四川。其到任之后，不但疏于防务，而且大肆清除异己，致使蜀中军民人心惶惶，军心涣散。宝祐二年（1254），在蒙古军的招降之下，镇守苦竹隘的南宋将领南永忠举城降蒙，苦竹隘被蒙古军占领。次年，宋将段元鉴收复了苦竹隘，并增修城门，进一步加固了苦竹隘的城防。宝祐六年，蒙哥汗亲率大军围攻苦竹隘，久攻不下，后史天泽裨将史枢夜率数十精兵，缒绳入小剑溪深涧，再顺着苦竹隘峭壁攀缘而上，混入城中，配合城外蒙古军猛攻苦竹隘。在蒙古军的内外夹击之下，宋军东门守将赵仲武开城投降，苦竹隘城陷被屠。

考古调查发现，苦竹隘所在的小剑山顶部北高南低，周长约3500米，面积约0.69平方千米，四周绝壁孤悬，天然崖壁高达数十米，形成了天然的城墙。因此，苦竹隘主要依靠自然绝壁构筑城防。尽管苦竹隘是四川地区利用自然天险最充分、最彻底的山城之一，但我们在调查过程中，还是发现了部分人工修筑的城防设施，包括城门1座、哨所1处、道路1条、题刻6幅，均集中于城门附近。

苦竹隘城门位于城东南侧山腰近山顶处，今名曰"卷洞门"。根据城门所处方位及现存题记等推断，此门应即《元史》等文献中记载的"东门"。城门是在天然石缝的基础上人工拓宽加工而成的，主体为拱券形，由条石垒砌而成，通高1.97米，宽1.5米；门洞高1.71米，宽0.96米，进深1.65米。与四川地区现存其他南宋山城城门相比，

苦竹隘遗址

苦竹隘城门的规模最小，但其左倚绝壁，右临巨石，上接虎口，下凭悬崖，控扼入城的唯一通道，确有"一夫当关，万夫莫开"之气势。城门拱券顶部的券心石上现存题记一则，其内容为："宝祐乙卯七月吉日武功大夫右骁卫将军知隆庆府事节制屯戍军马任责措置捍御段元鉴创建。""宝祐乙卯"即宋理宗宝祐三年，由此可见，此城门应是宝祐三年段元鉴收复苦竹隘之后所建，距今已七百多年了。

有趣的是，我们在调查过程中发现，苦竹隘卷洞门及门前石阶所用石材均为砂岩，但小剑山及附近山体均由砾岩构成，可见修建城门所用的石材应是由别处搬运而来的。试想今日即便是在专业户外装备的加持下，想要攀缘小剑山数十米高的绝壁也非易事，而七百多年前的南宋时期，在既无大型搬运、起重设备，又要时刻防备蒙古军突袭的情况下，从别处搬运巨石上山修筑城门是何其困难！由此也可以看出南宋军民对于修筑苦竹隘之重视，以及守土拒敌的信念之坚定。至于这些石材是从何处搬运而来的，还有待进一步研究。

在城门上方约五米处，有一处位置突出、视野开阔的石台，我们在石台边缘发现有人工砌筑痕迹，推测其原本应为哨所之类的设施。在城门内外发现道路一条，其中城门附近区域的先用条石垒砌路基，上铺石板，形成阶梯；其他区域的道路则是在绝壁基岩上人工掏出的小径，狭窄曲折，人需要牵拉藤蔓方能攀缘而上，与文献中"其上西北东三面崭绝，深可千尺，猿猱不能缘以上下者也。其南一涂，一人侧足可登，不可并行"的记载相符。

城门洞内发现有题记六则，除券心石上为南宋段元鉴创修城门题记外，另有四则为明代剑州知州李璧、高任重等人游览苦竹隘之后的唱咏题诗，另有一则时代不明。除上述遗迹外，苦竹隘遗址内再无宋元时期遗迹发现，但遗址地层中可见大量宋元以来的瓦砾、陶片及明清青花等瓷器残片，表明宋元之后，苦竹隘仍被多次利用。2019年，苦竹寨遗址被四川省人民政府公布为第九批省级文物保护单位。

2.大获城遗址

大获城位于四川省广元市苍溪县东约13公里的王渡镇大获山上。此山地处秦巴山脉南麓、嘉陵江中游，为利、剑、阆、巴四州交界之地，控守着翻越巴山，经旺苍沿东河水道入蜀的要道，战略地位非常重要。

根据《大清一统志》、嘉庆《四川通志》等文献记载，大获城始筑于南宋绍定年间（1228—1233）。余玠入蜀之后，对大获城的修筑非常重视，不但将其列入首批修筑的山城，又把阆州军政治所和金州都统司御前诸军迁入城内，用来守卫蜀口，并且还派遣自己的心腹将领王惟忠驻守在此，使其成为南宋巴蜀地区城堡的"八柱"之一。据文献记载，宋理宗宝祐初年，蒙古军曾攻陷过大获城，但很快被宋军收复。其后，守将王惟忠因失城之罪，受新任蜀帅余晦的构陷而亡。宝祐二年，宋廷任命在蓬州（今四川蓬安）运山城颇有战功的杨大渊移戍大获城。宝祐六年，蒙哥亲征四川，围攻大获城，杨大渊权衡再三，最终为了保全城内军民而开城投降。此役大获城并未发生大规模战争，仅水门被汪德臣攻破而已，因此城防设施并未受到大规模的破坏。其后，大获城又成为蒙古攻伐南宋的"蜀四帅府"之一，直到南宋末年始终是杨大渊家族的大本营。甚至到元末大获城仍是杨氏家族的避乱场所，因此，大获城应该一直未受大的破坏。

考古调查发现，大获城遗址占地面积超过0.67平方千米，分为上、下两层，各层之间危岩耸立，山腰及山顶平台地势则平缓开阔，形成了内、外城的格局。遗址内现存多处城门遗迹，目前仅外城南门、卷洞门保存相对较好，其余城门均已毁弃。文献记载，大获城城门在明清时期曾经过维修，结合城门砌筑方式的差异判断，我们认为外城南门应是明清时期重建的，卷洞门为南宋遗存。外城城门之间通过城墙进行连接，城墙因自然或人为原因，保存状况不一，基本上可以绕外城一圈。在部分山脊外突、视野开阔或城墙转角的区域，还设置有敌台设施。从城墙

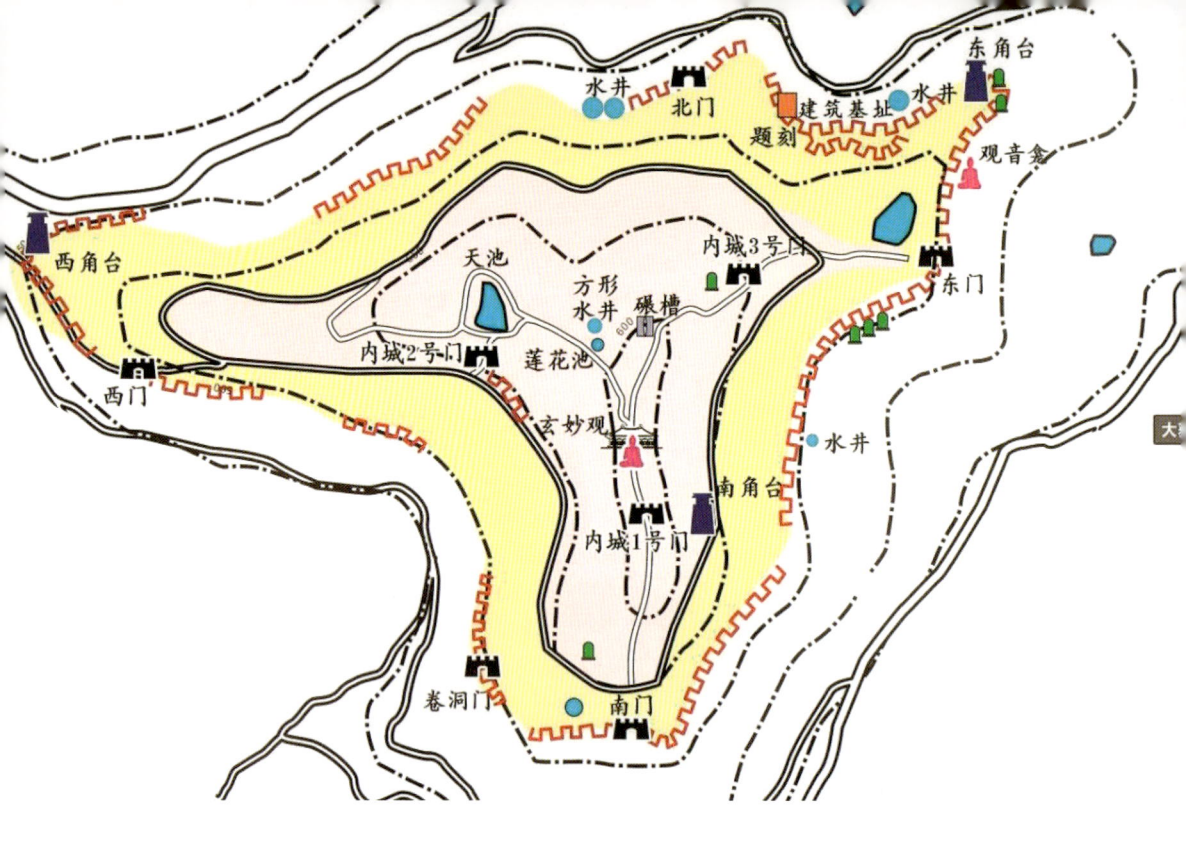

大获城遗迹分布示意图

的砌筑方式来看，大获城外城城墙大部分为南宋遗存，仅部分区域为明清时期修补而成的，因此城墙保存了多个历史时期的修筑痕迹。和外城相比，大获城的内城可能主要依靠自然崖壁来设置防线，因为没有发现明显的城墙设施。

近年来，随着川渝宋元山城体系联合申遗工作的推进，四川省文物考古研究院在大获城遗址内进行了全面的勘探和试掘，在内外城范围内都发现了较为密集、规模较大的建筑基址及排水沟等宋元时期的遗址遗迹，目前考古发掘成果尚在整理研究过程中。这些重要的考古发现将为我们探索宋元大获城的军事城防和内部功能布局等重大学术问题提供大量宝贵的新材料。

除了上述与城防相关的遗存外，大获城遗址内还保存有寺观基址、摩崖石刻、墓葬、水塘、碾槽等众多遗址遗迹。其中寺观遗址位于大获山顶，为古玄妙观遗址，明正德时期经过重修。遗憾的是，玄妙观建筑现已不存，仅存基址。玄妙观西南侧神仙洞有明清时期摩崖龛窟4个，碑刻题记3则，其中明正德年间所刻的《大获山玄妙观复古重修碑记》保存相对完好，具有较为突出的历史研究价值。调查发现，大获城内外拥有充足的水源，其中较大的水塘4处，内城2处，外城2处。内城西侧较大的水池很有可能就是文献所述之"天池"，外城的2方水塘主要分布在城南及城东开阔地带，这两大区域地势相对平坦开阔，耕地较多，应该是大获城外城重要的生产生活区域。此外，我们在大获城外城东北部崖壁上还发现了7处崖墓。2019年，大获城遗址被四川省人民政府公布为第九批省级文物保护单位。

3. 小宁城遗址

南宋时期的巴州（今四川巴中），控制着汉中盆地通往四川盆地的最近通道——米仓道。宋蒙战争时期，特别是汉中被蒙古占领后，蒙古军多次沿米仓道南下，企图夺取巴州地区，然后沿渠江南下进攻当时南宋的军政中心钓鱼城和重庆城。在南宋方面看来，巴州同样是展开反攻行动、收复汉中的最佳后方基地。鉴于巴州的重要战略地位，淳祐五年，四川制置使余玠命都统制张实率军在巴州一带修筑山城，将山城一方面作为抵御蒙军南下之军事

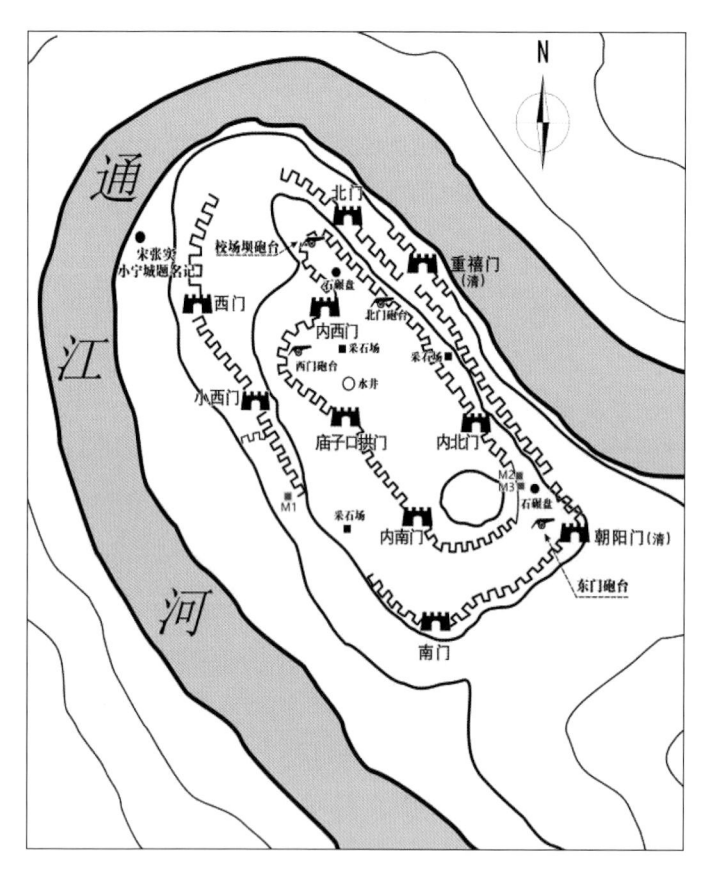

小宁城遗迹分布示意图

固垒，另一方面则作为日后北伐兴元、收复汉中的战略基地。

　　张实首先选择在今平昌东北20公里的江口镇小宁山修建小宁城。小宁山巍峨高耸，最高海拔390米，周围三面环水（今通江），仅东门连通陆路。小宁城所在地势南高北低，城下有两层台地环绕，每层台地都是一圈天然城墙。城四周峭壁如削，北部及东部临河一段形成了相对高差达数十米的陡崖。天生雄险，易守难攻。山顶又阡陌纵横，水源充足，是囤聚粮秣、驻扎军队的理想之处。张实任用抗蒙有功的巴州守将谭渊等主兵监修此城，经过四年的时间，于淳祐九年大致完成修筑。淳祐十一年，王孝忠等人在城北增筑了北门及城墙；淳祐十二年，赵国兴、王立等人又在城西增筑了小西门，进一步充实和完善了小宁城的城防系统。现如今，小宁城北门、西门拱券及西门外崖壁上仍保存着当年张实、谭渊、王孝忠等人修筑小宁城的题名题记。经过前后七年时间的修筑和充实完善，至淳祐十二年，小宁城已成为具备内外双重防御体系的坚固堡垒。蒙古军占领巴州地区后，小宁城成为蒙古大将杨文安进攻开州、达州等地的后方基地。清代中后期，川东北地区先后经历白莲教起义、李

《（道光）巴州志》小宁城城池图

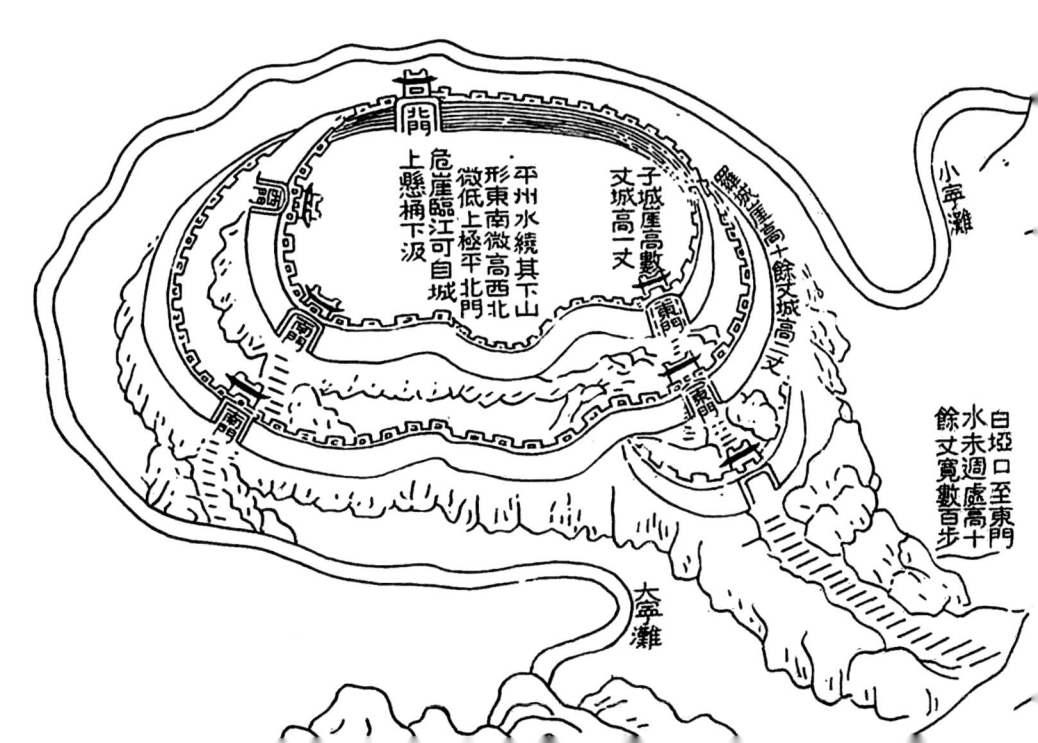

小宁城城门遗迹　　　　　　　　　　　　　小宁城宋代城墙遗迹

蓝起义等社会动乱，小宁城又再次成为护佑当地百姓生命财产安全的一方固垒，至今城内还保留着当时的历史遗存。

考古调查发现，小宁城遗址内保存了大量宋元以来的历史遗存。包括城门10座（4座保存较好，1座被石块封堵，其余5座仅存基址）、内外城墙3600余米、炮台4处、修城摩崖题记1则、城门题记多处。此外，遗址内还分布着水井、碾盘、仓廪、墓葬等大量生产生活设施。

小宁城西门、北门、小西门是保存基本完好的南宋城门，三座城门券心石上均有明确的纪年以及主持修筑的将领、工匠等的重要信息。其中西门最早修建，为淳祐九年由负责主兵监修小宁城的"武显大夫知东路马军总管权知巴州军州事节制军马"谭渊主持修建；北门是淳祐十一年由王孝忠等将领增筑；小西门则是淳祐十二年由赵国兴、王立等人修筑而成的。有趣的是，调查中偶然发现的小西门门洞的大部分已被人用条石及鹅卵石封堵，具体封堵时间不详。在清代道光年间巴州知州朱锡谷所修纂的《巴州志》小宁城图中，标注了当时所能见到的小宁城城门及城墙等设施，但其中并没有小西门，表明此门至少应在清道光之前就已被封堵废弃。据考古调查，目前川渝地区现存宋代城门不超过十五座，其中三座便保存在小宁城中，实属难得。这三座城门均为石质拱券形城门，结构完整、年代清楚，无疑是研究宋代山地城防设施的重要标本，其重要价值是不言而喻的。除三座宋代城门外，小宁城东门（今名朝阳门）是清嘉庆二年为防白莲教之乱而在宋代城门的原址重建而成的，其后在咸丰十年（1860）又经过二次重修。重禧门则是嘉庆二年新建的。

调查发现，小宁城内外城均保存了体量较大的城墙设施，这些城墙主要是用一头大、一头小的楔形城墙石以丁砌的筑法垒砌而成的，部分石材还被加工成"凹""凸"状，以类似榫卯结构拼砌，使城墙石之间的扣合更紧密，稳定性更强；城墙自下而上逐渐内收，呈现出一定的向内倾斜度，这些都是宋代城墙的典型特征。在西门、东门、北门及校场坝附近发现的四处炮台均靠近宋代城门，有的直接与宋代城墙相接；有的虽未相接，但砌筑方式和宋代城墙一致，也应该是宋代遗存。此外，在东门、重禧门等清代城门附近，也发现了少量用长方形条石顺砌而成的城墙。城墙带有明显的清代特征，应当是清代利用小宁城时，在宋代城防基础上进行修补或增设而成的。

小宁城历史遗存中，保留了大量纪年清楚的文字材料，十分珍贵，为我们研究探讨小宁城的历史变迁，以及宋元战争史等问题提供了宝贵的第一手史料。除了前面提到的城门题记外，在小宁城西门外的河岸崖壁上，还保存着一则淳祐五年的题刻，内容如下：

> 宋淳祐乙巳，制置使余/侍郎遣都统制张实总/师城巴，为兴汉之基。主/兵监修总管刘汉立、谭/渊。钤辖张虎臣、陈兴，路/分曾友端、权旺、霍舜臣、/刘成，路将刘文德、徐昕、/安忠、巩琦、孟俊、徐立，拨/发壕寨王成、汪仲、李德。/

这则题刻详细记载了小宁城兴筑的背景、人物、时间等关键信息，具有非常重要的文物价值和历史研究价值。2012年，小宁城遗址已被四川省人民政府公布为第八批省级文物保护单位。

4. 得汉城遗址

通江县地处米仓山南麓，虽不在米仓道主线上，但却是米仓道东线以及汉壁道、洋壁道等古道交汇的交通枢纽。得汉城遗址位于通江县城东北约40公里的永安镇得汉山上，控制着汉中、洋州（今陕西洋县）翻越米仓山进入川东北地区的交通要道。得汉山矗立于大通江西岸，江水绕得汉山东面，形成一个半圆形后逶迤南去。得汉山周围大山环绕，仅西北方向有一山脊与外相连。得汉山从下至上呈现三级阶梯地貌，面积约1.2平方千米，山脚到山顶的相对高差超过300米，各层崖壁高达数十米，山势极为险峻，故有"地环三玉涧，天铸一铜城"（得汉城题刻）

在得汉城内俯瞰大通江

的美称。明代曹学佺《蜀中名胜记》中的"万山中崛起堑崖,四面峭绝,独西南二径,凌险转折而上,诚一夫当关之势",便是得汉山险峻形势的真实写照。

得汉城的建城历史或可追溯到楚汉相争时期,不少文献认为得汉城的建设最早与刘邦建立大汉基业有关,所以才得名为"得汉"。如《史记·萧相国世家》载:"汉

在擂鼓城俯瞰得汉城

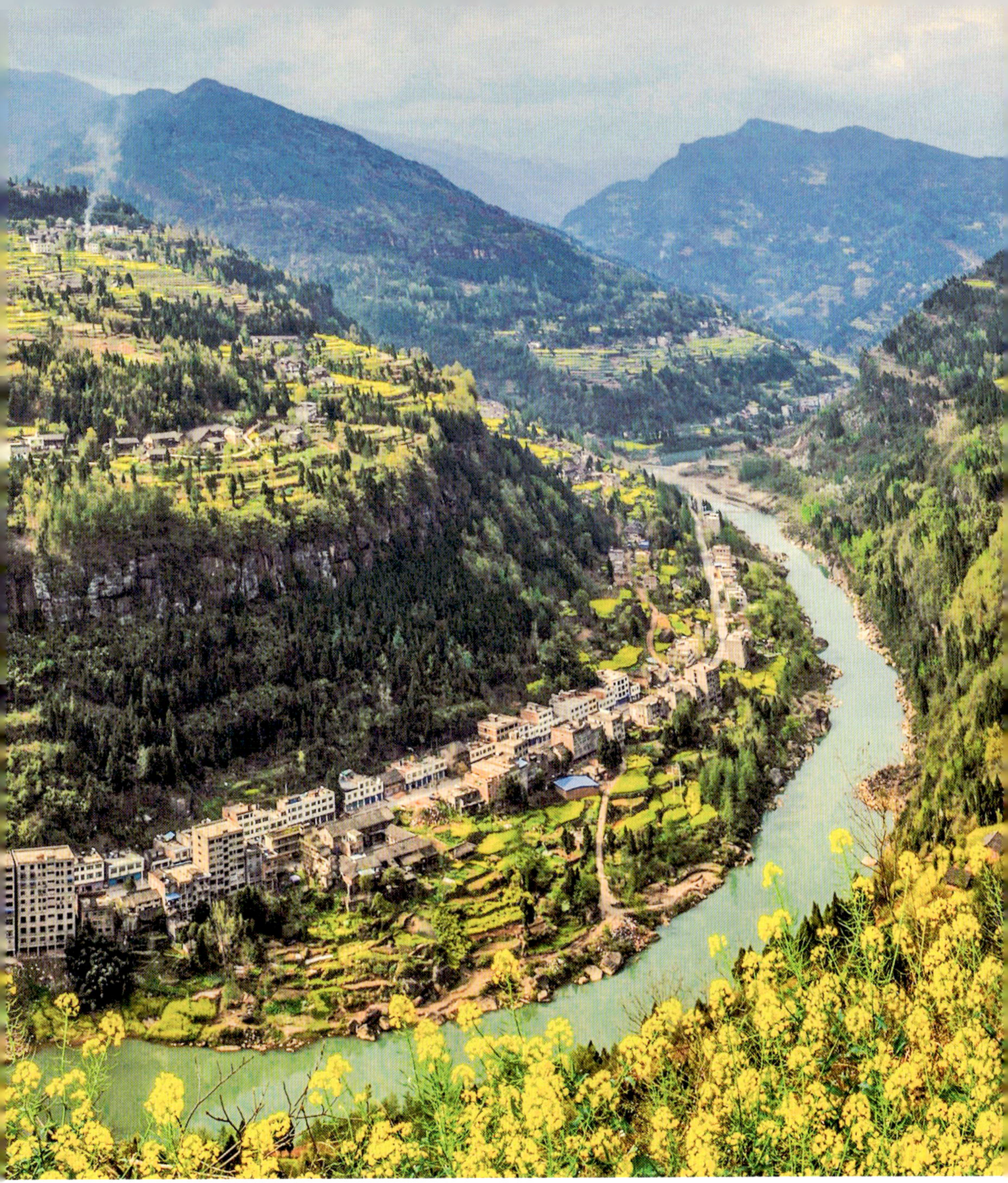

王引兵东定三秦,何以丞相留收巴蜀,填抚谕告,使给军食。"《蜀中名胜记》也引《旧志》记载认为"汉高帝据此以通饷道"。道光《通江县志》等方志文献也多称得汉城旧传为汉高帝屯粮处。得汉城是否真与刘邦得汉有关,目前还无法确证;但据通江县文物部门介绍,得汉城遗址内曾出土过先秦时期的磨制石斧,以及汉代铜弩机和箭镞等文物,表明得汉山上很早就有人类活动,并且在汉代曾发挥过军事作用。可见上述传说并非完全空穴来风。

汉末三国时期,曹魏与蜀汉集团多次在蜀道沿线交战。相传关羽之子关索为了防御魏军沿蜀道南下攻蜀,曾重修得汉城,并增筑擂鼓城。关索驻守在擂鼓城上,其妻鲍三娘则驻守在得汉城,如遇到敌人来犯,则命人击鼓相闻,相互应援。类似的传说故事在蜀道沿线并非孤例,比如米仓道南端的平昌县,也有鲍三娘驻守小宁城的传说,金牛道重镇广元昭化还保留了据说是鲍三娘的墓葬。但据

得汉城出土的汉代弩机

《三国志》等文献记载，关羽只有关平、关兴二子，并无名为关索的儿子，而鲍三娘的记载更是语焉不详，可见历史上是否真有其二人还有待进一步考证。

南宋淳祐九年，四川制置使余玠为了建设北伐汉中的后方基地，曾亲临得汉山，视察形势，并命手下大将张实率军"因险形至储粮建邑，为恢复旧疆之规"。得汉城建成之后，洋州州治曾侨置于城内，守臣向侁及其子向良一直镇守在得汉城，多次挫败蒙古军队的进攻。咸淳元年（1265），投降蒙古的杨大渊派他的侄子杨文安以向良及其他官吏的家属为人质，招降得汉城，向良逼不得已，以城降蒙。得汉城被改为元朝的新得州。

明清时期，得汉城仍发挥着重要作用。明正德鄢蓝之乱时期，四川巡抚林俊将通江县署移治于得汉城，并驻兵于此长达四年之久，最终平定了鄢蓝之乱。清嘉庆白莲教乱时期，通江县治再次侨置得汉城长达十年之久，直至白莲教乱被完全平定才迁回旧治，得汉城也被改名为"安辑寨"，取"安民辑众"之义。1932年底到1935年初，红四方面军大量重要机构驻守在得汉城内，并以得汉城为基地，创建了川陕革命根据地。可以说，作为红四方面军入川后的第一个政治军事中心、后勤基地，得汉城为中国革命做出了重要贡献。

得汉城遗址内保存有城门、城墙、角台、题刻、龛窟、衙署、民居建筑、水井、塘堰等各类遗存。其中城墙主要集中在城西崖壁缺口处，残长约100余米，高约3米，均采用丁砌筑法，城墙石加工较为粗糙，堆砌较杂乱。调查发现4座城门，分别是东门、南门、北门和楼子门。从城门附近遗迹现象判断，得汉城东、南、北门应该在宋代就存在，但现存城门应是明清时期原址复建的。楼子门则为民国时期修建，时代最晚。据当地群众称，城西原有西门，如今地名尚存，位置也可确指。但调查发现，该位置地形极险，无设门之必要，亦无合适位置设置城门，所谓"西门"可能只是城墙垮塌后形成的通道。

在得汉城南门和东门外石壁上，保存下来的明清时期的摩崖题刻多达30处，其中明代8处，清代14处，明清之际1处，民国2处，时代不详者5处。其内容丰富，包括诗文、告示、标语、纪年、题字等多种类型——以诗文类最多，也最有价值，涵盖了丰富的人文、历史、自然地理信息。题刻中楷书、行书并行，书法艺术水准也非常高超。这些丰富的摩崖题刻遗存为得汉城这座军事城堡增添了不少文化气息。2019年，得汉城所在的得汉城村被列入《第五批中国传统村落名录》。同年，得汉城遗址也被四川省人民政府公布为第九批省级重点文物保护单位。

5. 平梁城遗址

平梁城遗址位于四川省巴中市巴州区平梁镇炮台村的平梁山上，是南宋在米仓道南端修筑的一座重要山城。南宋淳祐十年冬，米仓道南端的巴州小宁城和通江得汉城已基本修筑完成，余玠开始"率诸将巡边"，推动实施其反攻兴元、收复汉中的军事计划。在巡至巴州近郊时，见一山"坐据要地，壁立万仞"，非常险要，且山顶宽平，适于筑城。于是在次年，余玠再次携都统制张实到此，亲自指授规划，率领诸军在此创筑山城，并以"抚平梁州之义"将它命名为平梁。张实筑城之时，还在平梁城的崖壁上刻下《平梁新城题名》，以纪其事。文中细述了平梁城修筑之时间、人物及历史背景，是我们了解平梁城历史的重要石刻史料。遗憾的是，此题刻现已不存，所幸清代金石文献《金石苑》中收录了该摩崖题刻的全部内容，其文如下：

平梁新城题名

大宋淳祐十一年，都统制忠州刺史环卫张□（此处所缺当是"奉"或"受"字）大使余龙学指授规画，率诸军创平梁山城，山名□（取）抚平梁州之义，城则坐据要地，壁立万仞，天人助顺，汉中在掌握矣。正月九日兴工，三月既望毕事，路钤张大悦、贾文英、司登、雍昌嗣、杜时顺、罗全、王安，州钤刘成，路分刘文德、张德、李成、戎进，路将梁福、刘青、陈宝、曹贵、王孝忠、张达、伏道坤、何荣、薛大信、李珍、宋明、廖友兴、孙庆、李崇，制领安邦瑞、崔世荣、郭□、张亻，拨发王成，壕寨刘储杰，皆分职任事者也。纪地名，纪岁月，庶知此城为兴复之基云。

根据《平梁新城题名》所记载，余玠将平梁城视为"兴复之基"，修筑平梁城是为了收复汉中。在张实等经验丰富的筑城将领的主持以及巡边诸军的参与下，平梁城的修建工程进展得十分迅速——"正月九日兴工，三月既望毕事"——仅仅用了两个多月便完成了。

平梁城创筑完毕后，虽然确实"坐据要地，壁立万仞"，但并没有实现"天人助顺，汉中在掌握矣"的军事目的。余玠北伐汉中的军事行动最终失利，北伐诸军退守川内诸城，平梁城随即成为防御蒙古军沿米仓道入蜀的第一座山城。根据文献记载，宋军凭借平梁城多次截击由米仓道南下的蒙古军，成功抵御蒙古大军自米仓道而来的正面进攻，在一定程度上牵制了蒙古军兵力，减轻了合川钓鱼城、重庆城和夔州路诸山城的军事压力。宋元之后，平梁城又多次被重修利用，成为护佑一方百姓的坚固堡垒。如明正德鄢蓝之乱时，时任四川巡抚的林俊就曾利用平梁城保聚平乱。明末张献忠之乱时，时任四川右参政的邵捷春也曾利用过平梁城。城内至今保存着明代刘春所作《和林见素登平梁城》以及邵捷春所作《平梁山寨歌》的摩崖题刻。据文献及碑刻记载，从清嘉庆元年到同治二年

《（道光）巴州志》平梁城城池图

平梁城遗址分布示意图

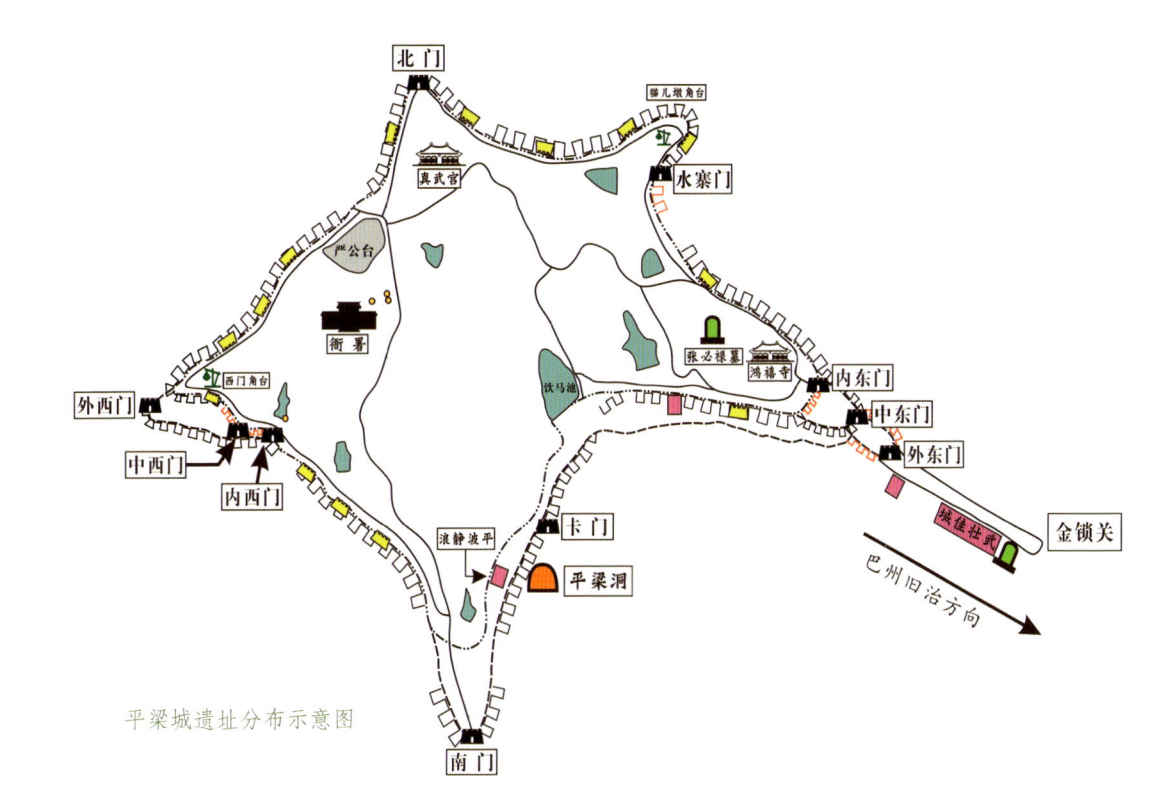

（1863），平梁城又经过多次重修，并为平定川东北社会动乱做出了巨大贡献。新民主主义革命时期，徐向前、李先念等率领红军在平梁城及附近区域同国民党展开过激烈战斗。可以说，平梁城见证了川东北乃至整个四川地区自南宋以来的兴衰治乱史，平梁城的历史是巴州地区近八百年历史的缩影。

平梁城遗址历史悠久，遗存众多，是巴州乃至四川地区重要的文化遗产。宋代平梁城的城防系统主要围绕山顶崖壁构筑。在城南、西门外半山二级台地边缘，以及东门

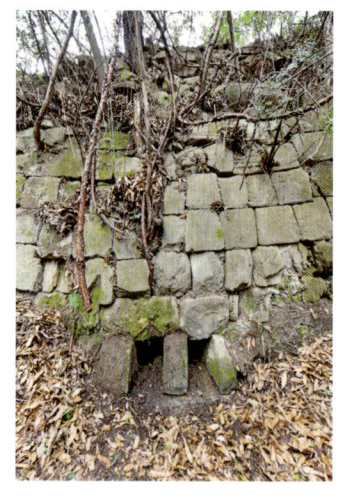

平梁城城墙及水口　　平梁城卡门门臼孔

城墙石之间的白色黏合剂　　《平梁山寨歌》摩崖题刻

外金锁关山脊等区域，还因地制宜地设置了多层防线以及多座城门，进一步加固了城防。遗址内至今保存着总长约4000米的宋代城墙，城墙体量巨大，格局清晰，在巴蜀

平梁城天龙八部造像

地区乃至全国范围内都非常罕见。城墙之上，每隔数十米还建有凸出城墙的马面设施——虽然在神臂城、小宁城等少数宋元山城中也有零星发现，但以平梁城数量最多、应用最广。遗憾的是，平梁城内所有的城门均已不存。有迹可寻的城门遗迹中，根据附近城墙的走向和形制等判断，北门、南门、内东门、中东门、内西门、外西门应为宋代遗迹，中西门、外东门、水寨门很可能是清代迁治平梁城时，或民国时期根据防御形势需要而增设的。除了城防设施以外，遗址内还保存着大量的碑刻、墓葬、寺观、摩崖造像、洞窟、水井、堰塘等多种类别的遗迹，为我们研究平梁城及巴中地区历史文化提供了诸多宝贵的材料，具有重要的文物价值和历史研究价值。2012年，平梁城遗址已被四川省人民政府公布为第八批省级文物保护单位。

| 五 |

长虹卧波：蜀道之桥梁

秦巴山区潮湿多雨，河流发育相当丰富，蜀道多沿河谷延伸，在部分临水或跨水的区域，往往会修筑桥梁，以方便通行。蜀道沿线桥梁众多，《大清一统志》等文献中记载了蜀道沿线部分府州县的重要桥梁名称、方位及大体位置等信息，为我们开展考古调查提供了宝贵的线索。根据考古调查，蜀道沿线现存桥梁以明清时期遗存为主，各条道路均有不同数量的桥梁分布。

1. 铁栓子桥

在广元市昭化区大朝乡东南约一公里的肖家沟金牛道上，有一座被列入区（县）级文物保护单位的清代桥梁，因桥面石板以铁栓子连接为一体，故称铁栓子桥。此桥南北横跨肖家沟，是金牛道上规模较大、保存较好的重要桥梁之一。

铁栓子桥是一座石砌的七跨平梁桥，桥身长约21米，宽约3.3米。桥下有6座桥墩，均为条石垒砌。桥面由28块巨大的长方形石板拼接而成，石板长约3米，宽约0.8米。桥栏已毁，桥面两侧各保存有安装桥栏的基槽5个，东侧柱基呈长方形，长约0.75米，宽约0.5米，西侧柱基呈三角形，边长约0.65米。与常见的拱桥相比，平梁桥具有造价低廉、修造难度小、适应性强等优点，但抗洪水冲击的能力则相对较弱。为了克服这一弱点，古代先民在修筑铁栓子桥时展现了高超的智慧，他们一方面将6座桥墩按照流水方向砌成了长条形，并将一头加工为鱼嘴形，大大减小了桥墩受水流冲击的面积；另一方面使用两头大、中间小的铁栓子将桥面的28块石板紧密扣接在一起，使其成为一个坚固的整体，大大增强了桥面的抗冲击能力，极大地提升了桥梁的稳固性。

2. 望夫桥

铁栓子桥往南约一公里多，剑昭公路西侧的架枧沟上，还有一座清代石桥，名为望夫桥，又名寡妇桥。相传当地有一妇人，不幸丧夫，却守节不嫁，一生积德行善，捐资修桥补路，这座桥便是由她出资修建的。当地官府、百姓为了感念其善举，将此桥命名为望夫桥。

铁栓子桥

铁栓子桥所用亚腰形铁栓

望夫桥

考古调查发现，望夫桥为两跨平梁桥，横跨在架枧沟上，呈东北走向，桥身长5.4米，宽2.58米。桥下居中有一石砌桥墩，桥面由6块石板拼合而成，每块石板长约3米，宽约0.9米。桥身两侧有高约0.5米的石板护栏，栏柱高0.87米，柱子顶部雕刻有桃形装饰。望夫桥附近有采石痕迹，由此推测修筑桥梁所用的石料是就地取材的。

3. 松宁桥

松宁桥是金牛道上的又一座著名桥梁，此桥位于广元市昭化区大朝乡云台村东南，北距望夫桥仅300余米，两座桥梁同跨架枧沟，形制和结构也基本一致，均为两跨平梁桥。桥身长6.1米，宽2.9米，桥面由7块石板平铺而成。桥身两侧有0.5米高的石板护栏，栏柱高0.8米，柱子顶部有桃形装饰。

松宁桥

松宁桥碑

松宁桥旁边有两棵高耸入云的古松树，郁郁苍苍，巍然挺拔，盘虬卧龙，松宁桥的得名应该与这两棵古松树有关。松宁桥东侧有两通圆首石碑，其中一通高2.2米，宽0.73米，厚0.08米，碑额高0.48米，体积较大，但遗憾的是石碑风化严重，碑文字迹已难以辨认。另一通碑高1.97米，宽1.14米，厚0.12米，碑面正书"松宁桥"三个大字，字径约37厘米。松宁桥位于金牛道由山谷折向山腰的开阔地带，过此地后，道路逐渐陡峭；再加上此地流水潺潺，古道、古桥与古树相得益彰，风景绝佳，因此松宁桥成了过往行客驻足观景、休憩的好地方。调查中发现，石桥附近的岩石上还保留着过往旅客休息时拴马所用的石槽洞。目前，松宁桥遗址已被列入区（县）级文物保护单位。

4. 剑溪桥

剑溪桥位于广元市剑阁县剑门关镇志公寺南侧，南距剑门关约两公里。宋代胡希道有称赞剑溪桥的诗《过界首》传世："几重岭隔几重湾，路入濛濛烟雨间。独立溪桥重回首，前头已是剑州山。"可知至迟在宋代的时候，此处便已修建桥梁。但现存的剑溪桥并非宋代遗存，而是由利州指挥史彭山在明代弘治年间（1488—1505）重建的，距今已有500多年的历史。剑溪桥是金牛道沿线现存年代较早、规模较大、保存较好的石拱桥。

与铁栓子桥和松宁桥不同，剑溪桥为三孔石拱桥，东西横跨于大剑溪上，桥长18.8米，宽4米。桥身下部的两个桥墩由石块垒砌而成。有趣的是，剑溪桥的拱券并非常见的半圆形或圆弧形拱券，而是双圆心拼合而成的类似莲瓣形的钝尖券。东孔用26排券石砌成拱，跨度5.3米；西孔用23排券石砌成拱，跨度5.23米，中孔用30排券石砌成拱，跨度5.8米。桥面略带弧度，侧面看来微微拱起，用石板铺就而成，两侧设有上下桥的踏道。桥栏由石板组成，高0.6米，厚0.14米，栏柱高约1米。桥栏两端各有圆雕石狮兽一尊，中间拱券的两面分别雕刻有龙头、龙尾装饰。早在1988年，剑溪桥已被广元市人民政府公布为市级文物保护单位。2012年，四川省人民政府将其公布为第八批省级文物保护单位。

明正德十二年（1517），时任剑州知州的李璧来到剑溪桥，感慨金牛道的兴衰历史，欣然题下《过剑溪桥》一诗："看山晓度剑溪桥，踏雾冲去马足遥。见说金牛经历处，欲将兴废向渔樵。"至今诗碑仍立于桥头。第二年，

剑溪桥

《过剑溪桥诗碑》

李璧便开始大规模修治金牛道，北自昭化南入梓潼，以石砌路三百余里。如今我们所见到的剑门古蜀道之精华，便是在此时奠定的基础。

5. 乐善桥

乐善桥位于南江县沙河镇红光村四组石板河中段，横跨石板河，是米仓道沿线的重要桥梁。桥梁两侧还有保存较好的石板驿路，皆沿着石板河岸边的悬崖峭壁延伸。考古调查发现，在桥梁附近有多则与修桥相关的摩崖题记和碑刻，其中最早的摩崖题记刻于北宋宣和三年（1121），可见至迟在北宋末年，石板河地区已经有修筑桥梁的行动。根据相关碑刻记载，清乾隆四十年此地也曾建有桥梁，但被洪水冲毁。清咸丰四年，有善士唐纯武首倡义举，捐资修筑了一座三孔石桥，遗憾的是第二年又被洪水

乐善桥

冲毁。咸丰八年，唐纯武等人再次捐资募款，改建单跨石桥一座。为感念唐纯武等人的乐善好施，当地人将桥命名为乐善桥。

乐善桥规模宏大，桥身全长达36米，宽5.5米，拱券的跨度达到了惊人的25米，石桥距离河面的最高高度约12米。桥面皆由青石板铺砌而成，中部平坦，左右连接石阶踏道。拱顶迎水面与背水面分别雕刻龙头、龙尾。桥面两侧用条石砌有石质边沿，类似桥栏。

在乐善桥东侧的崖壁下方，竖立着一块两米多高的石碑，为清咸丰八年修乐善桥的石碑，自铭为《乐善桥碑》。石碑的顶部有四角攒尖的碑帽，碑身为长方体且四面皆有题刻，碑文主要记述了乐善桥修筑的缘由、过程及人物等重要信息，对于研究米仓道石板河段的道路史、桥梁史等问题具有重要价值。

除了上面五座著名的桥梁外，蜀道沿线还保存着众多不知名的桥梁或桥梁遗迹，难以一一道来。它们或许没有精美华丽的雕刻装饰，没有横跨山河的宏大规模；或许也没有文字记载的修造历史，文献记录的与之相关的动人故事，但历史的变迁却无法磨灭它们存在过的痕迹。时至今日，它们之中有的已经完全毁弃或被现代桥梁取代，有的仍在一个个不起眼的偏僻地方，默默地践行着它们亘古的使命，发挥着它们应有的作用，等待着我们去不断追寻和探索。

六

梵宫真祠：蜀道之寺观

1. 剑阁觉苑寺

觉苑寺遗址位于广元市剑阁县武连镇武侯坡王家河畔。武连驿是金牛道上的重要驿站。南北朝时期于武连置县，至元代中期废止。作为历史文化古镇，武连境内保存着多处历史文化遗迹，觉苑寺遗址便是其中的代表之一。

据文献记载，觉苑寺始建于唐贞观年间（627—649），初名弘济寺，北宋元丰年间（1078—1085）更名为觉苑寺。元末寺庙毁于战火之中。明天顺年间（1457—1464），静智和尚率弟子在此重建寺庙，更名为普济寺，并于大殿墙壁上绘制"释迦年谱壁画"。觉苑寺现存明代古建筑及佛教壁画等遗迹皆是修建或绘制于这一时期。清康熙初年（1662），寺庙扩建为如今的四合院格局，并复名觉苑寺。后来，又因地处武连驿而称武连寺。

调查发现，觉苑寺依山而建，坐北朝南，占地面积约3200平方米。现存三重殿及东西配殿。主体建筑沿中轴线依次为天王殿、大雄宝殿和观音殿，两侧配殿对称排列。除大雄宝殿及其壁画为明代遗存外，其余建筑均为清代或民国时期遗存。其中大雄宝殿为抬梁式木结构，单檐歇山式屋顶，小青瓦屋面。建筑平面近正方形，面阔五间，殿前有阶梯式踏道。殿内供奉三佛塑像，龛前置明代石刻香炉，上有铭文，记述明天顺年间寺庙重修的过程。大雄宝殿左右墙壁上保存着明天顺年间绘制的佛教壁画精品，共17铺209幅，面积137.38平方米，包括"摩耶托梦""译经传法"等内容，每幅壁画均有墨书榜题。壁画通过主题设景，结合山水景象，将故事串联成一体，构图严谨，运笔娴熟，艺术水平极高，堪称明代壁画的绝代佳品。

此外，觉苑寺遗址内还保存着唐宋和明清时期碑刻数通，如唐大历五年《逍遥楼碑》、南宋庆元三年（1197）《种松碑》、明正德十三年《陆放翁诗碑》、明正德十四年李璧《谒兼山黄忠文公墓碑》等。《种松碑》为南宋庆元三年地方政府培修金牛道的力证。碑呈圭首长方形，通高1.7米，宽0.88米，厚0.12米。碑面阴刻楷书，字迹剥蚀严重，残存文字为："种松碑……/郭璞云……/县路青……岷/山河……/圣……/庆元丁巳治路种松。"碑面另有明末张献忠占蜀期间题刻，内容为："西廊尘埃……端月镇守利州……/大顺元年端月镇守利州守备吴国辅记。"

1980年，"觉苑寺大殿及壁画"被四川省人民政府公布为第一批省级文物保护单位。2001年，觉苑寺被国务院公布为第五批全国重点文物保护单位。

2. 梓潼七曲山大庙

七曲山大庙位于绵阳市梓潼县北约10公里的七曲山山麓之上。此处山脉南北绵延，与同向的梓江所处的河谷地带形成400余米的高差，是金牛道南端的最后一险。由此继续往南，进入成都平原，则从此险阻尽去，一片坦途。

七曲山大庙最初为祭祀东晋时期的张亚子所建。民间关于张亚子的传说很多，一说张亚子本是蜀人张育与亚子两位人物合体而成的神灵。另有一说是张亚子原居越嶲（今四川越西）金马山，"因报母仇，徙居剑州之七曲山"，后仕东晋战死，被世人立祠祭祀，视为地方保护神，因大庙在梓潼县，故称梓潼神。张亚子最初仅被作为地方神进行祭祀。唐天宝年间（742—756），唐玄宗入蜀避难，封张亚子为左丞相，其后多有加封。到了宋代，科举盛行，学子们求神保佑登科入仕成为风气，而梓潼神庙以灵验著称，受到人们推崇。北宋徽宗年间，佞臣蔡京之子蔡絛为迎合宋徽宗信奉道教的癖好，伪做了"梓潼神风雨送宰相"的传言，更是将梓潼神之灵验进行了夸张的描述。到了元朝，为举行科举，推行"以儒治国"的政策，元仁宗于延祐三年（1316）封梓潼神为"辅元开化文昌司禄宏仁帝君"。发展至明朝时期，"天下学宫皆立文昌祠"，"春秋祀之"。在道教、历代统治者及文人儒士的大力推崇下，梓潼神逐渐与主管文运的星宿文昌星合为一体，张亚子也逐渐由地方小神一跃成为天下共祀，专司功名、文运、利禄的文昌帝君。到了清代，对文昌帝君的相关祭祀活动更为隆重，在每年农历二月初三文昌帝君诞

俯瞰梓潼七曲山大庙

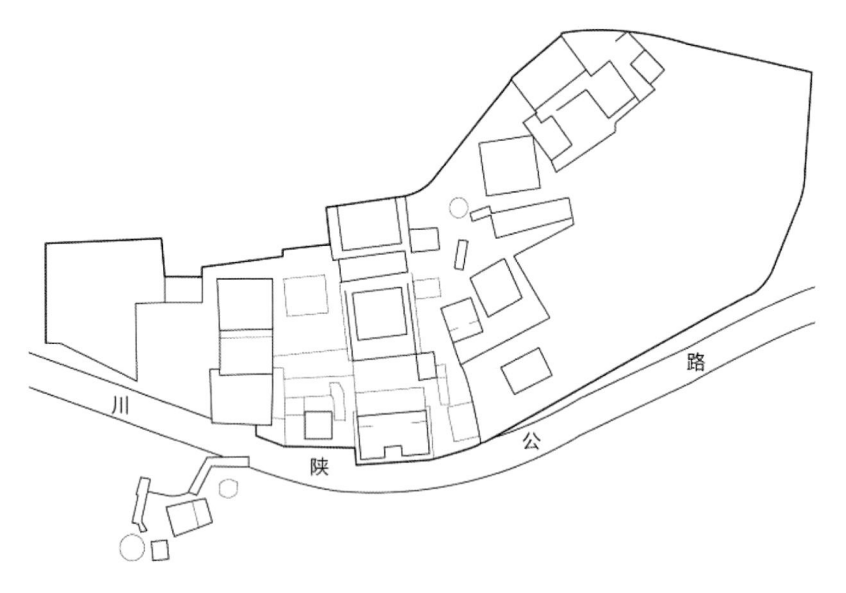

七曲山大庙平面图

辰，朝廷都要派遣官吏主持祭祀。时至今日，每逢高考等升学考试前夕，前往七曲山大庙祈愿的人们仍摩肩接踵，络绎不绝。

现存的七曲山大庙为元明清及民国时期的建筑群，坐南向北，依山势而建，错落有致。建筑群以百尺楼、真庆宫、桂香殿为中心区域，向两侧延伸，共计23座建筑。七曲山大庙的总占地面积约1.3万平方米，建筑面积约5600平方米。真庆宫为主殿，与百尺楼皆为清雍正十年（1732）重修，通高约12.3米，宫内供奉着明崇祯元年（1628）铁铸的文昌帝君像，铁像两侧侍立天聋、地哑二神，二神两旁排列侍从。百尺楼是位于主殿前的山门，采用通柱手法，穿斗式木构架，通高约14.5米。桂香殿位于主殿后身，为明代建筑，以殿前古老的丹桂命名。与主建筑群隔路相对的是修建于元代的盘陀石殿——因殿内存有一整块岩石而得名，相传张亚子于此得道升仙。此殿通高约7.7米，面阔三间，进深三间。此外，大庙还有明代修建的天尊殿、家庆堂、白特殿等，清代修建的瘟神殿、应梦台等，以及民国时期修建的部分建筑。梁思成先生在《中国建筑史》中对七曲山大庙的建筑给予了高度评价。

相传，明末崇祯十三年，张献忠率部至此，尊文昌帝君张亚子为"始祖高皇帝"，封七曲山文昌宫为家庙；张献忠称帝后，又发银五万两对大庙进行修缮。此外，七曲山大庙外还保存了上万株古柏树，与剑门关南侧的古柏林同称翠云廊。此处之植树史延续两千余年，古树中以明代正德年间剑州知州李璧主政时期栽植的柏树数量最多。1996年，七曲山大庙被国务院公布为第四批全国重点文物保护单位。

3. 平武报恩寺

平武报恩寺位于四川省绵阳市平武县城东北部，是阴平道沿线的重要古建筑遗存。报恩寺始建于明正统四年（1439），由时任龙州宣抚司土官佥事王玺父子奉旨主持修建，前后修建长达20年，于明天顺四年才全部竣工。寺内悬挂"敕修报恩寺"匾额。报恩寺坐西向东，占地面积约2.78万平方米，建筑面积约3518平方米。寺院规划考究，匠心独运，前后三进院落，层层递进，形成一处完整的佛教建筑群。寺内的木雕观音像、转轮经藏及大幅壁画皆为稀世珍宝。目前，报恩寺内陈列着王玺家族墓出土文

报恩寺楠木雕千手观音　　　　　报恩寺转轮经藏

物及大量明清碑刻。汶川地震中，报恩寺部分古建筑受损，现已修复。1996年，平武报恩寺被国务院公布为第四批全国重点文物保护单位。

第四讲

石上百态

蜀道上的石窟造像

蜀道作为古代重要的交通要道，不仅在地理上连接了四川与中原地区，还在文化交流方面起到了重要的作用。其中，佛道文化的传播便是蜀道文化交流中不可或缺的一部分。据文献记载以及近年来的考古材料来看，佛教石窟艺术大约在南北朝时期传入四川地区并逐渐传播开来。南北朝时期金牛道入蜀沿线的今四川北部广元、绵阳、成都及阿坝等地都发现了相当数量的佛、道摩崖造像和可移动造像等佛迹，表明佛道石窟艺术的传播与蜀道之间存在非常密切的关系。

到了隋唐时期，佛教石窟艺术在巴蜀地区的传播和发展达到了新的高度。隋朝统治者非常重视对巴蜀地区的控制，早在平定北周的王谦之乱时，杨坚就意识到"巴蜀险阻，人好为乱"，于是下令"更开平道，毁剑阁之路"，以便去蜀之险，加强控制。在受禅当上皇帝以后，他又采纳了大臣于宣敏的建议，将他的第四个儿子杨秀封为蜀王，命其镇守蜀地。杨秀非常崇信佛教，在京城之时，就曾以西京禅定道场的高僧昙迁为门师；入蜀就藩时，又携京师净影寺高僧善胄同行；到了四川后，更是积极修建寺院，广延高僧，促进了四川地区佛教文化和佛教艺术的发展。唐朝统治者大多实行佛道并重的政策，客观上促进了佛、道石窟艺术的传播和发展。尤其是安史之乱和黄巢起义时期，唐玄宗和唐僖宗先后沿蜀道进入四川地区，大批僧道、工匠等也随之入蜀，中原地区与巴蜀地区的佛、道艺术以蜀道为纽带不断交流融合，在金牛道沿线的广元、绵阳、成都，米仓道沿线的巴中，荔枝道沿线的达州等地都留下大量这一时期艺术水平高超的佛、道石窟珍品。

| 一 |

一望迢迢限雍梁：金牛道上的造像

1. 广元千佛崖摩崖造像

作为金牛道入蜀的第一站，广元成为南北佛道文化传播的重要枢纽。蜀道开通之后，历朝历代南来北往的高僧高道驻足于此，弘法传道，凿石为像，留下了大批石窟造像精品，千佛崖便是其中的典型代表。

千佛崖摩崖造像

千佛崖摩崖造像位于广元市北四公里嘉陵江东岸，是金牛道沿线最重要的佛教文化遗存之一；金牛古道正从崖下经过。千佛崖摩崖造像开凿于北魏晚期，历经西魏、北周、隋代等数百年的完善和丰富，及至唐初其造像艺术达到顶峰，许多著名的窟龛都开凿于这个时期。盛唐之后，千佛崖石窟艺术虽然开始衰落，但是零星的开龛造像活动一直延续至清代。千百年来不断的营造与维护，成就了这座四川地区现存规模最大、延续时间最长的佛教石窟艺术宝库。

千佛崖摩崖造像熔炼南北佛教石窟艺术于一炉，题材丰富，造像精美，技艺精湛，异彩纷呈。据清咸丰四年（1854）的石刻题记载，当时全崖佛像有一万七千余躯。

尽管在1935年修建川陕公路时，千佛崖南侧崖壁上的大量造像遭到炸毁，但仍然保存着长达200多米、高约45米的造像崖面，有龛窟848个，造像7000余尊，上下重叠达13层，密如蜂窝，极为壮观。千佛崖的造像崖面以大云古洞为中心，可分为南北两段，其中大佛洞、莲花洞、牟尼阁等著名龛窟位于崖面南段，而三世佛龛、苏颋龛、无忧花树窟、弥勒佛龛等著名龛窟则分布在崖面北段。

大云古洞位于千佛崖的中心位置，是规模最大的一座龛窟，其中的造像共计234尊，窟正中一大佛立像为弥勒佛，两侧壁雕有莲花观音像148尊。据说该尊弥勒佛是武则天的化身像。唐天授元年（690），武则天正式登基时，僧人曾撰写《大云经》，以表拥戴之功，大云古洞的名称也由此而来。大云古洞南侧有一窟开元年间的造像龛，即著名的韦抗窟，窟内开凿有一佛二弟子二菩萨二力士二天王二神王，佛座前残存有二供养菩萨，共计13尊像，造像的组合和艺术特征都带有浓浓的两京地区风格，应该是根据韦抗入蜀为官时带来的两京地区新样式所开凿的造像，这对此后千佛崖摩崖造像的开凿产生了深远的影响。

除了石窟造像外，千佛崖还保存有大量唐宋至明清时期的石刻题记，为我们研究千佛崖佛教造像的兴衰和金牛古道的历史变迁提供了十分宝贵的文字材料。1961年，广元千佛崖摩崖造像——这颗金牛道上的闪亮明珠——被国务院公布为第一批全国重点文物保护单位。

广元地区历来佛教文化兴盛，除千佛崖外，与之隔江而望的皇泽寺摩崖造像，以及广元近郊的观音岩摩崖造像，目前均已被列为全国重点文物保护单位，至于其他规模较小的石窟造像更是随处可见。

2. 剑阁鹤鸣山道教摩崖造像

四川是五斗米道的肇始之地，在广元市剑阁县普安镇，有一座道教名山——鹤鸣山，相传道教创始人张陵便是在此山驾鹤升仙，当地人更是将此山视为道教的发源地。其实四川地区有多座鹤鸣山，而且几乎都有张陵飞升的传说，可谓莫衷一是，但是剑阁鹤鸣山道教文化发源较早、道教遗存保存较多的事实是不容置疑的。

普安镇是金牛道上的重镇，历史上剑州和剑阁县的治地便长期设置在这里，直到2003年剑阁县人民政府驻地才搬迁到如今的下寺镇。鹤鸣山位于普安镇近郊，凭借着繁华的金牛古道，成为道教文化和道教艺术传播的名山。在以老子后人自居的唐代统治者的推崇和民间道教信仰发展的条件下，剑阁鹤鸣山上开凿了众多精美的道教摩崖造像。鹤鸣山道教摩崖造像中最著名者有五个龛窟，相邻排列在崖壁之上。造像主题分别是：长生保命天尊（1、3、4号龛）、天尊说法（2号龛）、老君说法（5号龛）。4号龛外左侧壁刻有唐大中十一年（857）题记和清嘉庆年间的《长生宫记》。

从现存的纪年题记，以及造像的风格和特征来看，剑阁鹤鸣山道教造像大多应当为中晚唐时期作品，部分规模较小、保存较差的龛像年代可能更早。鹤鸣山遗迹众多，除了道教造像外，还保存着多处历代碑刻，其中以唐李商隐撰《剑州重阳亭铭碑》和南宋时期翻刻的颜真卿《大唐中兴颂》最为知名，与唐代道教造像群一同被誉为"鹤鸣

剑阁鹤鸣山长生保命天尊像

山三绝"。

从交通区位来看，剑阁地处金牛道要冲，是道教文化传播发展的重要区域。2007年，在剑阁新县城下寺镇沙溪河坝公路路基下方曾发现7龛道教造像，以及北魏年间的造像纪年，是川渝地区目前所见最早的道教摩崖造像。此外，在金牛道其他的重要节点，如剑阁武连环梁子、碗泉老君庙等地，也发现了隋唐时期的道教造像。

| 二 |
行行计里读碑频：阴平道上的造像

1. 绵阳平阳府君阙

平阳府君阙位于今绵阳科技馆（绵阳博物馆）正前方，是我国现存的保存最完整的仿木构子母双阙。该阙建于东汉末年至蜀汉时期，历经1800多年风雨洗礼，仍屹立不倒，令人称奇。平阳府君阙由阙盖、阙身、阙基三部分组成，为红砂质条石和板石交错砌筑而成。南阙高5.45米，宽4.05米，北阙高5.29米，宽4.05米，二阙相距约27米。阙身雕刻丰富，包括汉代浅浮雕车马出行图及南朝萧梁时期补刻的42龛佛道造像，有"大通三年"等纪年。造像内容多为佛教形象，也有部分道教形象，是四川地区少见的南北朝佛道文化遗存。值得注意的是，其中的帝王形象很可能表现的是梁武帝。主阙檐枋头上原刻"汉平杨府君叔神道"铭文，今仅存"汉""平"二字。

1914年，法国汉学家谢阁兰（旧译色伽蓝）沿蜀道考察至绵阳，见到了平阳府君阙，并拍摄了一组照片。这便

1914年谢阁兰拍摄的平阳府君阙

是我们今天可见的关于平阳府君阙最早的图像资料。1923年，谢阁兰将其在中国西部考察所获收入《中国西部考古记》一书，并在法国出版了该书，书中将平阳府君阙称为"绵州平阳阙"。

2. 绵阳玉女泉摩崖造像

玉女泉摩崖造像位于绵阳市西山公园内，现存隋唐佛道龛窟31龛，分布于玉女泉、子云亭等四个区域。20世纪初，法国学者谢阁兰曾对玉女泉造像进行过实地调查，调查所获收入其《中国西部考古记》一书中。20世纪80年代以来，四川地区摩崖造像调查与研究进入新的发展阶段，大量学者和科研单位开始关注和实地调查玉女泉摩崖造像，并对其造像属性、题材、年代等问题进行了有益的探讨，取得了不少成果。

玉女泉摩崖造像中，最引人注目的当数玉女泉区域的隋唐道教摩崖造像。这些道教造像不仅雕刻精美，而且更可贵的是部分龛窟还有明确的纪年题刻，其中最早的一龛为隋大业六年（610）雕凿，属巴蜀地区早期道教造像之精品。这些纪年龛窟无疑是巴蜀地区隋唐道教摩崖造像的断代标型器，为研究道教在四川地区的传播和发展提供了重要的实物材料，具有重要的研究价值。

3. 绵阳碧水寺摩崖造像

碧水寺摩崖造像位于绵阳市游仙区绵山路17号碧水寺内涪江东岸的崖壁上，现存25龛。碧水寺摩崖造像以唐代摩崖造像为主，雕刻技艺高超，内容题材多样，包括一佛二弟子二菩萨、阿弥陀佛与五十二菩萨、石刻佛经等，是研究隋唐以来绵阳地区佛道文化发展的重要实物遗存，具有突出的研究价值。

碧水寺摩崖造像

| 三 |
回首依稀天上路：米仓道上的造像

1. 巴中南龛摩崖造像

巴山高险，古代先民在山谷间开辟了多条道路，其中经喜神坝翻越米仓山进入巴中南江的，是古代汉中平原连接四川盆地的蜀道南三道中路程最短的道路——米仓道。隋唐以后，米仓道非常繁荣，在相当长一段时间内作为官道使用，大批官员和高僧都选择从米仓道出川入蜀，促进了沿线佛教文化和石窟艺术的发展。考古调查发现，巴中地区现存大量隋唐时期开凿的佛教摩崖造像，便与隋唐时期米仓道的繁荣密切相关。

巴中地区的摩崖造像中，以南龛、北龛、西龛、水宁寺及通江千佛崖等年代较早，且保存最好。其中南龛摩崖造像位于巴中市城南5公里的南龛山上，造像主要分布在云屏石、山门石、大佛洞一带。现存大小龛窟176个，造像2700余躯。造像密集开凿于整片崖壁之上，错落有致，密如蜂巢，观者无不震撼。据研究，南龛摩崖造像在盛唐时期臻于至盛，宋代、清代、民国时期仍续有开凿。其中部分龛窟的开凿时间最早或可追溯至隋代。南龛摩崖造像规模宏大，保存状况较好，是米仓道沿线规模最大、题材最丰富的石窟造像点。其中流行的阿弥陀佛与五十二菩萨等题材是根据两京地区传入的粉本开凿的；毗沙门天王、双头瑞佛、菩提瑞像等特色题材，又带有浓厚的敦煌色彩；观音、地藏等造像的密集开凿，则体现了四川本地的独特风格。一千多年前的南龛，通过米仓道等古道与京城

巴中南龛摩崖造像

和敦煌实现了跨越时空的联动。来自京城、河西以及四川本地的高僧大德、商旅行客、官员信众集结在此,将各自崇奉的偶像雕凿于山崖之上,共同造就了这座盛唐石窟艺术的宝库。

南龛摩崖造像非常流行各种装饰复杂的佛帐形龛,雕梁画栋,佛帐垂檐,佛、菩萨、弟子、天王居于龛内,悲悯众生,一个个龛窟仿佛一座座佛殿,肃穆庄严。在千年的历史变迁中,信众不断施妆,使大部分造像至今仍保留有清代及以前的彩绘妆彩——南龛堪称四川地区保存最好的唐代彩雕艺术博物馆。此外,崖壁上还保留着数量众多的题记铭文，最古者早至唐开元二十八年（740），涉及开窟造像、施金妆彩、游赏留题等多个方面，可为造像的年代和题材判定，以及妆彩修复等情况提供重要参考。1988年，南龛摩崖造像已被国务院公布为全国重点文物保护单位。

2. 北龛摩崖造像

北龛石窟地处巴中市城北1公里的苏山之麓，始凿于初唐，以盛唐造像最多，晚唐和明清续有开凿。现存造像34龛、351身。北龛摩崖造像精美，题材多样，龛形多外方内圆佛帐形龛，有菩提瑞像、药师观音地藏、一佛二弟子四菩萨天龙八部等题材和组合。此外还有主尊为天尊和释迦佛并坐的佛道合龛，这是研究唐代佛道关系的重要实物材料。

3. 西龛摩崖造像

西龛石窟位于巴中市城西约1公里的凤谷山西龛村，造像主要集中在佛爷湾、流杯池、龙日寺三大区域。西龛始凿于隋代，现存造像92龛，共2118身，以唐代雕凿的为主，少数为清代续凿。其中流杯池西方净土变龛内雕刻的天宫楼阙刻画精细且保存完好，是研究唐代建筑艺术的重要材料。

4. 水宁寺摩崖造像

水宁寺石窟位于巴中市巴州区水宁寺镇，造像分布于水宁寺、千佛崖、佛龛村和二郎庙等区域。现存造像38龛，共计316身。其中千佛崖地点多属道教摩崖造像，时代约在隋至唐初。水宁寺摩崖造像时代多属盛唐到中唐时期，造像尤其精美且保存完好，气势夺人。

巴中西龛摩崖造像

|四|
忍见百马死山中：荔枝道上的造像

1.浪洋寺摩崖造像

马渡关镇古称阆英县，是川东地区通往关中地区驿道——荔枝道上的重镇。马渡关镇附近遗迹众多，浪洋寺摩崖造像是其宗教遗迹的重要代表。

浪洋寺摩崖造像位于宣汉县马渡关镇石林社区三组，海拔高约411米。浪洋寺摩崖造像开凿于长9.2米、宽4.1米、高4.2米的巨石之上，四面开龛，共有24龛，21幅题

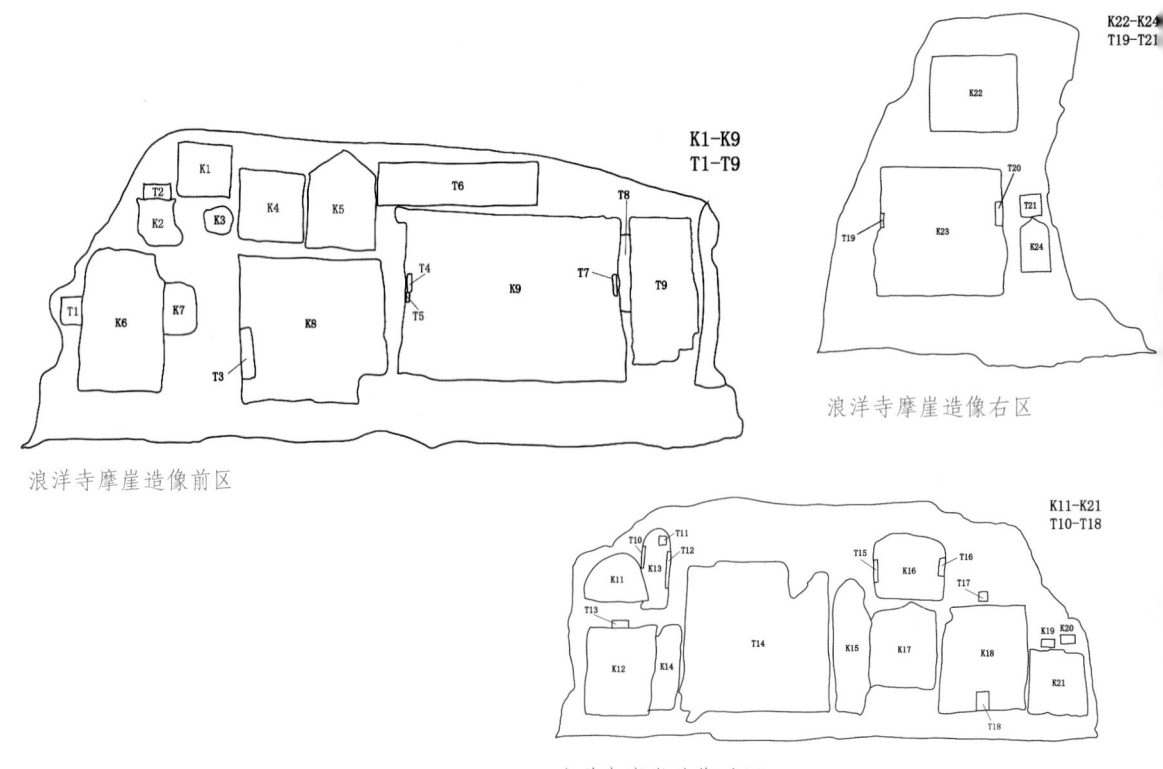

浪洋寺摩崖造像前区

浪洋寺摩崖造像右区

浪洋寺摩崖造像后区

刻，共计139尊造像。

浪洋寺众多摩崖题记中共发现6个年号：唐至德元年（756）、唐永泰元年（765）、唐咸通十二年（871）、唐大顺二年（891）、北宋雍熙四年（987）、南宋绍兴元年（1131），为造像断代和浪洋寺兴废历史研究提供了宝贵的文字材料。根据造像题记内容及造像风格判断，浪洋寺造像开凿时间可粗分为唐、宋两期，第一期又可细分为盛唐初创期（至德元年）、盛唐发展期（永泰元年前后）、中晚唐（咸通、大顺年间）三个时期。

2012年，浪洋寺摩崖造像已被四川省人民政府公布为省级文物保护单位。2014年以来，四川省文物考古研究院多次组织人员前往浪洋寺摩崖造像调查，并做了科学的测绘工作和分期研究。其调查研究成果被收入《四川散见唐宋佛道龛窟总录·达州卷》。

2.唐家坝摩崖造像

唐家坝摩崖造像位于宣汉县红峰镇唐家坝，海拔高约843米。造像开凿于一块长约10米、宽约6米、高约2.5米的巨石上，佛龛朝向东北，共三龛。

唐家坝摩崖造像是荔枝道沿线具有明确纪年且保存完好的盛唐摩崖造像，其时代与马渡关浪洋寺摩崖造像相距不远，二者同属荔枝道沿线的重要宗教遗存，具有突出的研究价值。2014年

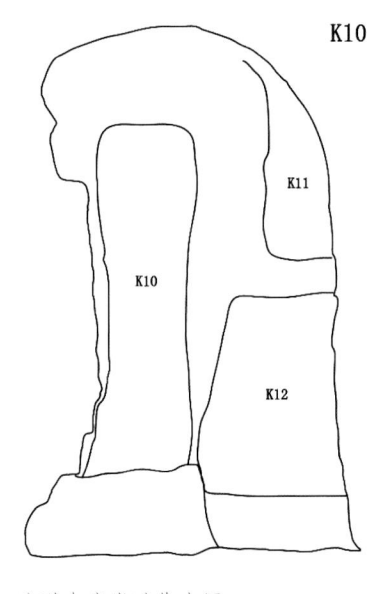

浪洋寺摩崖造像左区

唐家坝摩崖造像

以来，四川省文物考古研究院组织人员对唐家坝摩崖造像进行了实地调查，并做了科学的测绘、分期和题材研究。其调查研究成果收录于《四川散见唐宋佛道龛窟总录·达州卷》。

3. 杜家湾摩崖造像

杜家湾摩崖造像位于万源市大沙镇杜家湾，海拔高约972米。杜家湾摩崖造像开凿于乡村公路旁一块高约2米、宽约5.5米的砂岩上，佛龛朝向西北。龛内后壁有凹形佛台上，雕刻一佛二弟子二菩萨二天王二力士及六尊半神护法神像天龙八部。

整龛造像曾被泥土掩埋，造像面部剥蚀较为严重，细部不详。佛龛右侧有一方题刻，剥蚀严重，所幸落款时间勉强可识，内容为"开元三年二月二十一日□"。

杜家湾造像为2015年偶然发现，四川省文物考古研究院工作人员曾对其进行过详细调查和科学测绘，调查研究成果收录于《四川散见唐宋佛道龛窟总录·达州卷》。

4. 土墙坝摩崖造像

土墙坝摩崖造像位于巴中市通江县洪口镇土墙坝村三组东峪沟南岸崖壁上，海拔高约989米。共计4龛23尊，题记3幅，距地面约2米。万源至通江古驿道从造像面前经过。

1号龛为佛道合龛，龛内造像9尊：主尊三像居中为佛像，左像题材不详，右为老君像；主尊左右各立弟子像1尊；龛外左右刻2力士，有盛唐之风；龛底宝瓶两侧各有立像1尊。下部副龛内

杜家湾摩崖造像

土墙坝摩崖造像

刻供养人3尊，顶部二角各有1瑞兽。

2号龛位于1号龛左侧，龛内雕刻立像1尊，头、手皆残。造像造型及手势符合接引佛的特征，但身着道教佛教装束，或为长生保命天尊造像。

3号龛位于2号龛左侧，也是佛道合龛，上部为造像龛，下部为供养人龛，雕刻手法细腻。造像龛后壁雕刻造像4尊，居中为道教天尊像，左右两侧分别为道教真人像和佛像，最左刻弟子像1尊，龛左右壁各刻力士像1尊，有盛唐之风。供养龛中刻供养人像4尊，表现一家普同供养之意。此龛似以道教天尊为主尊。

4号龛位于3号龛下侧，龛内有造像1尊，雕刻粗糙，似未完工。

造像区内的3幅摩崖题刻，风化严重，其中两方当为造像开龛题记：1号龛下题刻仅可见"天宝五载""普同供养"等少数文字；2号龛下题刻纪年信息基本可识，内容为"天宝五载十月十三日"。余一文字雕刻随意，据残存内容判断当为游人题记，时代为"绍兴十八年正月十六日午时"。据此可知1号龛、2号龛的开凿时代为唐天宝五载（746），3号龛与1号龛在构图模式及细部特征上都非常类似，当属同期作品。4号龛时代最晚，根据龛窟风格判断，其年代下限或为宋代。

关于土墙坝摩崖造像的题材，根据造像造型、衣纹特征等分析，1号龛、3号龛均为佛道合龛，2

号龛虽造型与接引佛像类似，但实为道教天尊像。独特的造像题材反映了盛唐时期通江至万源古驿道沿线佛教、道教的发展概况和相互交流与融合情况。

第五讲

摩崖纪功

刻在石头上的蜀道修造史

由于交流互通的需要，人类不畏险阻，筚路蓝缕以启山林，涉险履危而绝江河，凿通孔道，以达四方。道路延伸到哪里，文明互动就发生在哪里。古道既是人类交通文明的车辙印痕，也是人类物质文化的珍贵遗产。散落在古道沿线的石碑石刻，则是古道文明的忠实记载者和默默见证者，千百年来，壁衣苍苔而处幽弥显，风剥雨蚀却风貌独存，成为古道文化的重要组成部分，也成为金石学的重要研究对象，具有很高的文献文物价值和多元的艺术魅力。

一

源远流长，丰富多彩：鸟瞰千年蜀道碑刻

李白在《蜀道难》中吟唱道："蚕丛及鱼凫，开国何茫然！尔来四万八千岁，不与秦塞通人烟。"真可谓思接千载而心游万仞，豪情壮志而气吞八荒。四万年太久，从何说起！据《战国策》记载：秦惠文王更元九年（前316），秦将司马错力主伐蜀，于同年十月取而定之。可见此时巴蜀与秦塞不仅"通人烟"，甚至还"动兵戈"。又据《史记》记载：汉武帝时期，张骞第一次出使西域，在大夏国（今阿富汗北部）见到有来自蜀地的邛竹杖和蜀布，被告知杖、布来自身毒国（今印度），可见当时蜀地与南亚、中亚诸国的商贸往来，已有一定规模。

然而年湮世远，时代悬隔，早期的蜀道上并没有石刻文字流传下来。目前可考最早的蜀道石刻是东汉光武帝建武中元二年（57）凿刻的《何君阁道碑》，距今已有近2000年的历史了。此碑又名《何君尊楗阁碑》，位于汉代蜀郡严道县邛水（今称荥河）南岸的崖壁上（今雅安荥河镇冯家村），宋代洪适《隶释》中即有著录，但其后湮没不传；2004年被当地一位小学教师再次偶然发现，神奇古迹，顿还旧观。

《何君阁道碑》为摩崖石刻，整体气象古朴茂密，隶书中兼有篆体笔意，雄强苍劲，端整肃穆。四周有阴刻边栏，上宽约73厘米，下宽约76厘米，纵长约65厘米，宛如一枚硕大的印章镶嵌在古邛水边的崖壁上，是迄今为止四川境内发现的时代最早的摩崖石刻，也是南方丝绸之路旄

东汉·《何君阁道碑》摩崖石刻

牛古道上最早记载开凿道路的纪功碑。全文共52字,简略地记述了蜀郡太守何君委派属员在邛水上开通栈道的历史事件,是我国修路史上最早的石刻文字之一。

比《何君阁道碑》稍后晚出的《鄐君开通褒斜道碑》,开凿于东汉明帝永平九年(66),位于汉中市褒城镇以北石门隧洞外南半里的崖壁上,20世纪70年代移存于汉中市博物馆。此石刻上宽约2.72米,下宽约2.76米,上端齐平而下部参差不齐。字体在篆隶之间,共16行,行5至11字不等,因字赋形,大小错落,整体朴厚苍茫,浑然天成,宛如凿刻在崖壁上的一幅写意画作。

《鄐君开通褒斜道碑》俗称《大开通》,是褒斜古道上石门隧洞内外年代最早的摩崖石刻,是久负盛名的开路

第五讲 摩崖纪功 刻在石头上的蜀道修造史

东汉·《鄐君开通褒斜道碑》摩崖石刻

纪功碑。铭文记载了汉中太守鄐君奉诏调集广汉、蜀郡、巴郡等地刑徒2690人修治褒斜栈道之事，工程前后历时三年有余，才告成功，自此"益州东至京师，去就安稳"。据《史记·河渠书》记载，早在西汉时，武帝就曾命御史大夫张汤之子张卬为汉中太守，"发数万人作褒斜道五百余里，道果便近"，可见褒斜道的修葺治理由来已久。

自《鄐君开通褒斜道碑》凿刻于石门崖壁以来，在汉中褒斜古道的石门一带，刻石题记便蔚成风气，自东汉以至民国，历代绵延不绝。据汉中市博物馆原馆长郭荣章先生的调查统计，石门石刻多达177品，涵盖不同历史时期的赞颂题记，内容各有侧重，而体貌又丰富多彩。这些石刻既共同书写了褒斜古道史，又组成了琳琅满目的碑刻博物馆。

石门隧洞内西壁之石刻旧影

　　由于时代久远，自然侵蚀在所难免，又加上人为因素的影响，这些宝贵的石刻文物，有的已经毁坏不存，有的已被褒河水库淹没于水下。20世纪70年代兴修水库时，经有识之士抢救，其中最为珍贵的十三处摩崖石刻被凿迁于汉中市博物馆，号称"石门十三品"，被誉为"国之瑰宝"。其中有汉刻八种，曹魏及北魏石刻各一种，宋刻三种，它们既是研究褒斜栈道古今通塞的珍贵史料，又是汉字书法艺术的杰作，蜚声海内外。"石门十三品"的具体名目是：

品次	名称	时代	原刻位置	简要描述	保存状况
一品	"石门"大字	东汉	石门洞内之西壁	摩崖隶书。书刻年代不详。通高82厘米，宽50厘米。石门古道标签性石刻。	保存完整。
二品	《鄐君开通褒斜道碑》，俗称《大开通》	东汉	石门洞外之南崖	摩崖隶书。面宽276厘米，上沿齐平，下部高低不齐，高度在80—125厘米之间。刻于东汉永平九年（66），是石门石刻中年代最早的摩崖石刻。	风化严重，有残损。
三品	《鄐君开通褒斜道碑释文》，简称《大开通释文》	南宋	石门洞外之南崖	摩崖隶书。宽220厘米，通高270厘米。刻于南宋绍熙五年（1194），南郑县令晏袤对《鄐君开通褒斜道碑》之释文，是宋代隶书之佳品。	保存完好，字迹漫漶严重。
四品	《右扶风丞李君通阁道》，简称《李君表》	东汉	石门洞内西壁"石门"二字之南侧	摩崖隶书。宽24厘米，通高36厘米。另有额题，仅残存一"表"字。刻于东汉桓帝永寿元年（155），略记右扶风丞李禹修复褒斜阁道之事。	保存较为完整，字迹剥泐严重。
五品	《故司隶校尉犍为杨君颂》，世称《石门颂》	东汉	石门洞内西壁上	摩崖隶书。宽205厘米，通高261厘米。另有额题两行，宽35厘米，高54厘米。刻于东汉桓帝建和二年（148），汉中太守王升撰文，书佐王戒书碑，歌颂已故司隶校尉杨孟文力排众议修复褒斜栈道的功绩。此石刻为汉代摩崖"三颂"之首，其书法被誉为"汉隶极作"。	保存完整。
六品	《杨淮、杨弼表记》，简称《杨淮表记》	东汉	石门洞内西壁上	摩崖隶书。上宽67厘米，下宽50厘米，通高216厘米。黄门卞玉撰文，大致凿刻于汉灵帝熹平二年（173），记述杨孟文的孙辈杨淮、杨弼入仕经历及其建树。	保存较为完整。

续表

品次	名称	时代	原刻位置	简要描述	保存状况
七品	"玉盆"大字	东汉	石门之南河中巨石上	摩崖隶书。汉隶"玉盆"二字，为横书，字径30—35厘米，字口较浅，相传旧有西汉留侯张良书。宋代有人又摹其字形而竖刻之，故有大小"玉盆"之说。	汉刻漫漶严重，宋刻字迹清晰。
八品	"石虎"大字	东汉	石门东岸石虎峰下山崖间	摩崖隶书。字径30厘米。传为西汉隐士郑子真所书，不足据。	原刻已毁。
九品	"衮雪"大字	东汉	石门以南褒河激流中	摩崖隶书。宽148厘米，高36厘米。相传魏王曹操于建安二十四年（219）至汉中览褒谷胜景而书之。	保存完好。
十品	《李苞通阁道题名》	三国	石门北口外东崖峭壁	摩崖隶书。原碑刻于曹魏景元四年（263），已残断。残高36厘米，宽24厘米。西晋泰始六年（270）重刻于石门隧道之南的崖壁间。	残断不全。
十一品	《〈潘宗伯、韩仲元造桥阁题记〉及〈李苞通阁道题名〉释文》，简称《〈潘、韩造桥题记〉及〈李苞通阁道〉释文》	南宋	石门洞外之南崖	摩崖楷书及隶书。宽95厘米，通高120厘米。南宋宁宗庆元元年（1195）刻，南郑县令晏袤撰文并书，前四行为《潘宗伯、韩仲元桥阁题记及李苞通阁道题名》之录文，楷书；后十五行为考释文字，隶书。	保存完好。
十二品	《石门铭》及《石门铭小记》，合称《石门铭》	北魏	石门洞内东壁上	摩崖楷书。宽215厘米，高175厘米。镌刻于北魏宣武帝永平二年（509），王远书，武阿仁刻字。此碑上距《鄐君开通褒斜道碑》已逾440年，是北朝摩崖石刻中的极品。	保存完整。
十三品	《山河堰落成记》，又名《晏袤修堰碑》	南宋	石门南之崖壁间	摩崖隶书。上宽510厘米，下宽506厘米，通高226厘米，有边栏。晏袤书，镌于南宋光宗绍熙五年（1194），是石门石刻中体量最大的一品。	缺"绍熙"二字，其余较为完整。

以《石门颂》《石门铭》为代表的石门石刻，不仅是遗落在悠悠褒斜古道上的稀世奇珍，更是千百年来书法爱好者膜拜的法书瑰宝，自唐宋以来，前往石门勘察古道、寻访碑刻从而椎拓摹写、稽考文字者代不乏人，近世以来其影响更延及日本等国。当前，以石门石刻为主要研究对象的"石门学"呼之欲出。

与《石门颂》同样著名的还有《西狭颂》与《郙阁颂》摩崖石刻，此三者并称"汉三颂"，都是广义蜀道上的开路纪功碑，而且都与历史上的"修路太守"李翕这一人物有关。

东汉建宁四年（171），下辨县（今甘肃成县）吏民百姓为了颂扬武都太守李翕率众兴修西狭栈道、造福于民的善举，将其功德镌刻在天井山鱼窍峡的悬崖峭壁上，名为《惠安西表》，同时雕凿黄龙、白鹿、嘉禾、甘露、木连理等"五瑞"线图于碑文之前，故世人又称其为《黄龙碑》，通称《西狭颂》。

《西狭颂》是汉代摩崖石刻的鸿篇巨制，古今罕有其匹。下辨人武都太守府从史（不列入诸曹的散吏）仇靖撰文并书。其篆书额题"惠安西表"四个擘窠大字，单字纵高在12—16厘米之间，宽9—10厘米，大气磅礴。碑身纵高约2.2米，横宽约4.5米（含《五瑞图》），正文385字，每字约4厘米见方。另有《五瑞图》题记及树碑刊石者题名160余字，全部完好无损，是"汉三颂"中保存最为完整的一通摩崖石刻，极具历史文物、文献史料和书法艺术等多方面价值。《西狭颂》自宋代被砍柴的樵夫发现以来，历代宝之，清代杨守敬《评碑记》评其为"方整雄

《西狭颂》摩崖原石所在地

《耿勋碑》摩崖原石所在地

伟，首尾无一字缺失，尤可宝重"，梁启超《碑帖跋》更是推许为"雄迈而静穆，汉隶正则也"。

根据宋人洪适《隶释续》的记载，成县天井山峡谷中还有《武都太守李翕天井道碑》摩崖石刻一通，内容亦是歌颂太守李翕凿路架桥的德政之碑，今已不可考。

与《西狭颂》同在成县天井山峡谷的汉代摩崖石刻还有《耿勋碑》。该碑位于《西狭颂》以东约1.5公里的北侧峭壁上，镌刻于汉灵帝熹平三年（174）。此碑有隶书额题"汉武都太守耿君表"一行8字，纵90厘米，横12厘米。碑身纵高2.51米，横宽2.1米。全文455字，隶书，颂扬耿勋在武都太守任上开仓赈急、减省贪吏、开办铜官、修治狭道等惠民德政。因常年风蚀雨淋，《耿勋碑》现已剥泐不全，明清以来，又有十数字经人重刻，多有讹误。

除了《西狭颂》《耿勋碑》等汉代摩崖巨制之外，今成县西狭古道的两岸峭壁上，还有宋元以来的诸多题名石刻，如北宋同谷（今甘肃成县）县令吕蕡及其子吕大忠的题记，另有刘思道、智诠、马博等人的铭刻，多为游历山

第五讲　摩崖纪功　刻在石头上的蜀道修造史　　165

水、登临胜景时的题刻，史料及艺术价值均相对较低。

东汉武都太守李翕的另一德政碑是《郙阁颂》摩崖刻石。此刻石位于今天陕西省略阳县的徐家坪嘉陵江西岸峭壁上（东汉此地名析里）。此地为古蜀道陈仓官道最为险绝之地，李白《蜀道难》中"上有六龙回日之高标，下有冲波逆折之回川。……青泥何盘盘，百步九折萦岩峦"的描述，正是从甘肃两当、徽县到陕西略阳这一带绝壁栈道的真实写照。由于"汉水逆让，稽滞商旅"，驿道经常阻绝，而"郙阁尤甚"，于是太守李翕派衡官掾仇审建造析里大桥，从此古道安宁，百姓欢欣。《郙阁颂》刻于东汉建宁五年，隶书，高1.72米，宽1.25米，正文472字，另有小字题记五行61字，共533字。仇审督造，仇靖撰文，仇绋书字。其书法浑厚古朴，雄强茂密，结体方正峻健，运笔沉郁稳健，不事雕饰而形完气足，自是汉代摩崖隶书中的精品。

由于镌刻于毫无遮掩的崖壁之上，烈日曝晒，冷雨横浇，加之滩怒水激、纤绳磨勒，地处逆水行舟纤道要冲的《郙阁颂》摩崖，崖面多有剥落，笔迹

东汉·《郙阁颂》摩崖石刻

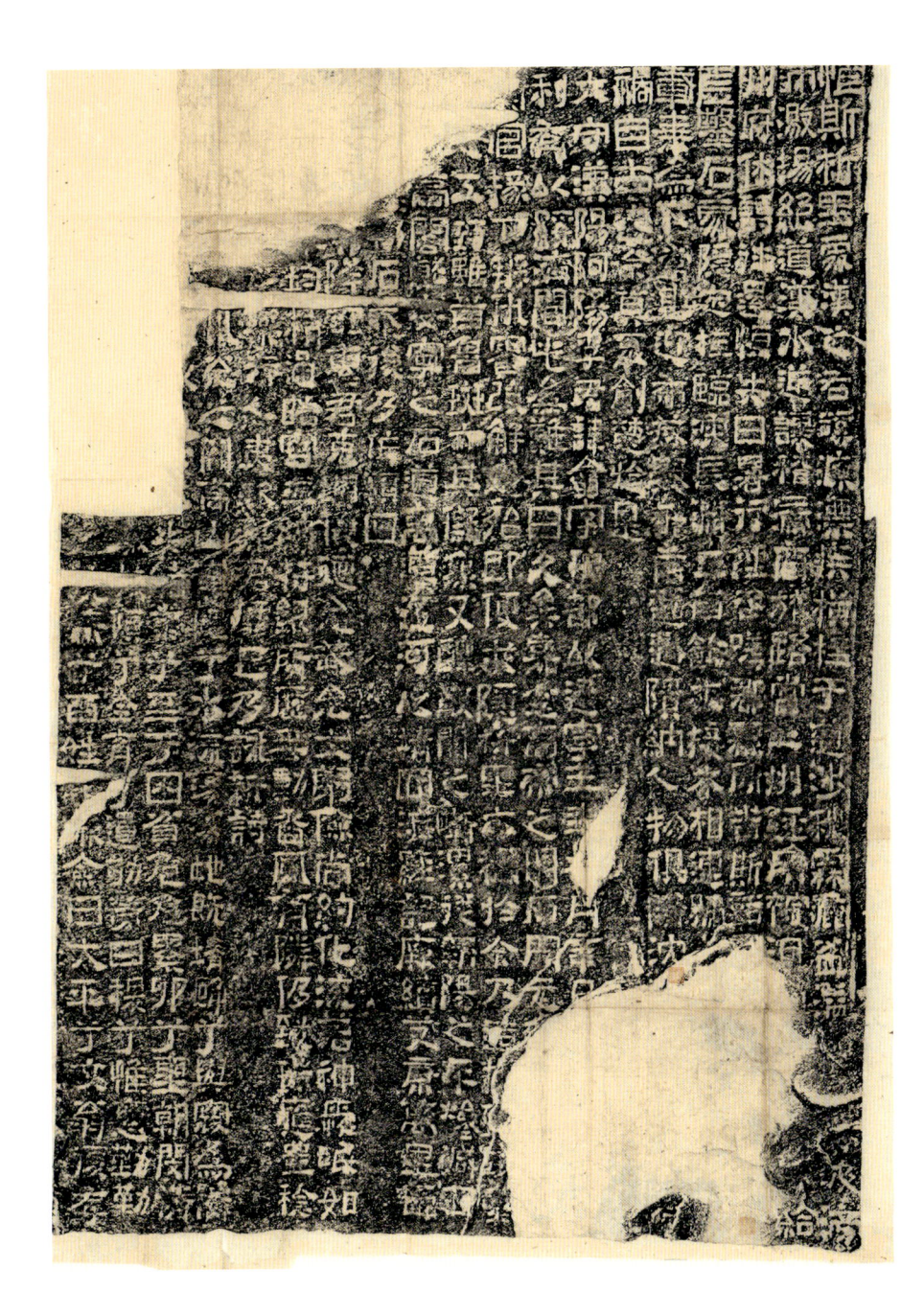

《郙阁颂》未损前之拓本

逐渐漫漶不清。南宋绍定三年（1230），沔州（治今陕西略阳）知州田克仁鉴于《郙阁颂》原刻"岁久昏蚀，殆不可读"，为免其磨灭沦丧，便在略阳县城之南的灵岩寺石壁上依其旧制，重刻上石，以永其传，使《郙阁颂》的文字内容得以完整保存。20世纪70年代在修筑公路时，《郙阁颂》原刻遭到严重损毁，文物部门虽将其凿迁至灵岩寺，但它已是满目疮痍了，是"汉三颂"中遭际最令人痛心的一方摩崖石刻。

秦岭是南宋抗击金元的重要屏障，名将吴玠、吴璘兄弟曾据此控扼秦蜀要道，在大散关、仙人关一带抵御金兵达数十年之久，留有多处遗迹。1964年，在略阳县东八渡河出土一方南宋淳熙八年（1181）刻制的《仪制令》，规定"贱避贵，少避长，轻避重，去避来"。此为朝廷通令各州县普遍遵行的交通规则，这一规则至少在唐代已成为律令，明令遵守。

位于秦岭南麓的略阳县，自古就是秦蜀之要冲、陕甘之纽带。境内古道蜿蜒，摩崖石刻所在多是。据不完全统计，除了声名广布的《郙阁颂》等汉隶摩崖之外，魏晋以迄隋唐宋元以来的摩崖石刻，尚有30多处，主要分布在嘉陵江沿岸的陈仓古

南宋·《仪制令》石刻拓本

广元剑门关"剑阁"大字摩崖石刻

道上，有待于考古调查的进一步踏勘探寻。

被李白誉为"一夫当关，万夫莫开"的剑门关，峥嵘而崔嵬，雄居金牛道之锁钥，俯视百代，风物荟萃。这里也是历代碑刻的宝库，举其要者，则有唐刻《剑州重阳亭铭碑》、宋刻《种松碑》、南宋翻刻《大唐中兴颂》、南宋复刻《徽宗皇帝御笔手诏碑》、元刻《广元府记碑》、明刻《陆放翁诗碑》、明刻《报恩寺圣旨碑》、清刻《蒋恭侯传碑》等，既是历史沧桑的记载，也是书法艺术的长廊。

汉中通往巴中的米仓道沿途，也有大量的碑刻及题记，如南江县南江镇的太子洞，保存有宋代以来的石刻题记12通，多为雅集宴游之题咏，书法优劣不论，也能反映出士民生活的日常形态。另外如石板河碑刻、琉璃关的摩崖石刻、安辑寨碑刻等，都是散落在古道上的石刻遗珍，

第五讲 摩崖纪功 刻在石头上的蜀道修造史

南宋·《蒋城等游菖蒲涧题记》摩崖石刻

形态纷呈，各具风采。

  总之，蜀道延伸到哪里，碑刻题记就凿刻留存到哪里。自《何君阁道碑》《鄐君开通褒斜道碑》以及"汉三颂"以下，蜀道碑刻历代都有制作。这之中既有开通道路的功德记述，也有宦海游历的吟咏题记；既有精心擘画的鸿篇巨制，也有随意刻画的片言只语。其中不乏既有史料价值又颇具艺术魅力的历史丰碑，千年流传，历久弥珍。这些碑刻无疑是蜀道文化的重要载体，对于研究蜀道的历史、文化以及书法艺术等都具有重要价值。目前，蜀道沿线的碑刻大多已被列为珍贵文物而受到重点保护，蜀道碑刻的研究已蔚然成风。

| 二 |

刻石纪功，名传不朽：蜀道碑刻的历史文献价值

古代有"物勒工名，以考其诚"的传统，主要是为了落实生产责任，方便管理者稽查考核，类似于后世的商家制作牌记或为产品贴商标。这些镂于金石、琢于盘盂的铭刻文字，随着时代的更替，也成了考证历史的珍贵史料。

蜀道开凿"天梯栈道"的历史，传世文献记载甚少，而且大多文字简略，语焉不详。好在开通古道的先驱前贤们，在凿通天堑的同时，大多要摩崖题壁、刻石纪功，在"畏途巉岩"上书刻其事，留存其名，形成了一种凿壁题崖的传统，如同"物勒工名"一样，为后世留下了宝贵的史料文献。

根据历史文献的记载和田野考古调查，蜀道的大规模开凿和经营维护，主要在秦汉魏晋时期，这与中原王朝开拓西南地区、不断延伸大一统国家的战略纵深息息相关。经专家学者的研究统计，仅汉魏时期凿刻于各地蜀道绝壁上的摩崖石刻，就多达30余品（处）（参见附件：《蜀道汉魏石刻史料一览表》）。

《史记·货殖列传》记载："巴蜀亦沃野，地饶卮、姜、丹沙、石、铜、铁、竹、木之器。南御滇僰、僰僮。西近邛筰、筰马、旄牛。然四塞，栈道千里，无所不通，唯褒斜绾毂其口，以所多易所鲜。"唐司马贞《史记索隐》："言褒斜道狭，绾其道口，有若车毂之凑。"汉中石门所在的褒斜道，古来就是关中通往巴蜀以及滇黔地

区最为便捷的交通孔道。留存至今的石门石刻群，无疑是汉魏蜀道石刻中数量最多、史料价值最高、艺术品位最受瞩目的摩崖珍品。从东汉早期开凿的《鄐君开通褒斜道碑》开始，下迄北魏时期的《石门铭》，石门周边已发现汉魏石刻8种之多，记载了440多年间褒斜道兴工开凿、废弃凋敝、修葺复通的历史。

根据《鄐君开通褒斜道碑》摩崖刻石记载，此项工程兴工于东汉永平六年，由汉中太守鄐君受诏主持其事，召集汉中、广汉、蜀郡以及巴郡等地刑徒2690人，建造桥格（即栈道）623间，大桥5座，修治道路258里，并修治邮亭、驿置以及褒中县衙署等相关设施64处。此项工程规模浩大，前后历时三年有余，总计用工766800多人次，耗费瓦369804器，花费钱粮折1499400多斛粟。假定每年按360日计算，则三年期间，每天大约有700多人劳作在褒斜河谷中，在绝壁上凿穴插木，在湍流中立柱架桥，伐木浒浒，凿壁有声，万柱相连，高阁悬空——想必其场面也是非常壮观的。

汉中（南郑）是汉高祖刘邦的发祥之地。然而史籍对于汉王刘邦入主汉中以及其后出定三秦的路线，多有歧疑。《史记》《汉书》均言汉王受封之国，"从杜南入蚀中"。而《史记·留侯世家》记载，汉王既至汉中，"遣（张）良归韩。良因说汉王曰：'王何不烧绝

东汉·《鄐君开通褒斜道碑》拓本（局部）

所过栈道，示天下无还心，以固项王意？'……行，烧绝栈道"。后世学者多认为高祖入汉中时，由故道（今陕西凤县、甘肃两当境内）经留坝至褒城，而其后被烧绝的，就是故道上的栈道。《史记·高祖本纪》又载："（汉元年，即前206年）八月，汉王用韩信之计，从故道还，袭雍王章邯。"宋元以来的小说戏剧家，据此而演义成"明修栈道，暗度陈仓"的故事，用来赞扬韩信用兵的神奇莫测。但是故道既然已经"烧绝"了，又怎么能在短时间内修复通行呢？何况还只是做做样子、用来疑兵的"明修"？——岂不自相矛盾！

凿刻于东汉桓帝建和二年（148）的《故司隶校尉楗为杨君颂》（即《石门颂》）明确记载："高祖受命，兴于汉中。道由子午，出散入秦。建定帝位，以汉诋焉。"表明当年刘邦进入汉中时，取道子午道。而听从张良之计烧绝的栈道，正是子午道。由于此道已经烧绝，所以才取道石门，由褒斜道、陈仓道（即故道）而直取散关，平定三秦。北魏郦道元《水经注·沔水》所记"子房烧绝栈道处"，正在子午道上，与《石门颂》所记正好吻合。《石门颂》是汉代人记汉朝事，可谓千年迷案的直接证据，足见石刻文字的史料价值。

又据《石门颂》记载："至于永平，其有四年。诏书开余（斜），凿通石门。"于此可见朝廷要凿通石门、修复褒斜道的计划，早在永平四年就已着手准备了，至永平六年由汉中太守奉诏督修此道，至永平九年四月才告竣工。其间肯定存在规划、踏勘、设计、论证等前期准备工作，只是史籍失载，今天已无法确知其详了。而"凿通石门"，则是首开石门隧洞的确凿记载，在我国筑路史上具有里程碑意义。

《石门颂》又载："中遭元二，西夷虐残。桥梁断绝，子午复循。"这里的"元二"，当是东汉安帝永初元年（107）及二年。"西夷"则是凉州等地的先零羌人。《后汉书·安帝纪》：永初元年夏，"先零种羌叛，断陇道，大为寇掠，遣车骑将军邓骘、征西校尉任尚讨之"；又永初二年十一月，"拜邓骘为大将军，征还京师，留任尚屯陇右。先零羌滇零称天子于北地，遂寇三辅，东犯赵、魏，南入益州，杀汉中太守董炳"。这次先零羌的叛乱前后持续十余年，直至元初四年（117）渐告平息，给朝廷及边郡百姓的生产生活造成极大破坏，甚至祸及三辅及益州地区。褒斜栈道在这次祸乱中又遭焚毁，桥梁断绝，南北阻隔。

正是有鉴于褒斜栈道的焚毁阻隔，影响汉中等地与中原朝廷的转输交通，负责督察的司隶校尉杨涣（字孟文）多次向朝廷上书，力排众议，请开褒斜道。顺帝即位之初的延光四年（125），便下诏再次开通褒斜道，于是"废子（子午道）由斯（褒斜道），得其度经"，从此"自南自北，四海攸通。君子安乐，庶士悦雍。商人咸憘，农夫永同"。

时隔二十三年后的建和二年，时任汉中太守的王升再次募工修葺褒斜栈道。登临栈阁，极目远眺之时，他想到了同乡前辈杨涣（二人同为犍为郡武阳县人）曾建言修路的善举，思古之幽情慨然而生，于是"美其仁贤，勒石颂德"，留下了凿通石门隧洞及维修褒斜栈道的珍贵史

东汉·《石门颂》墨拓本

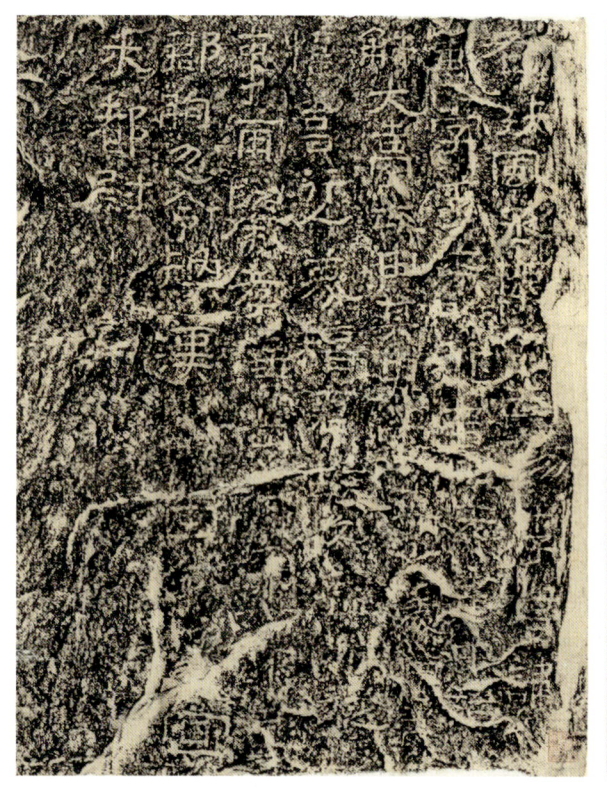

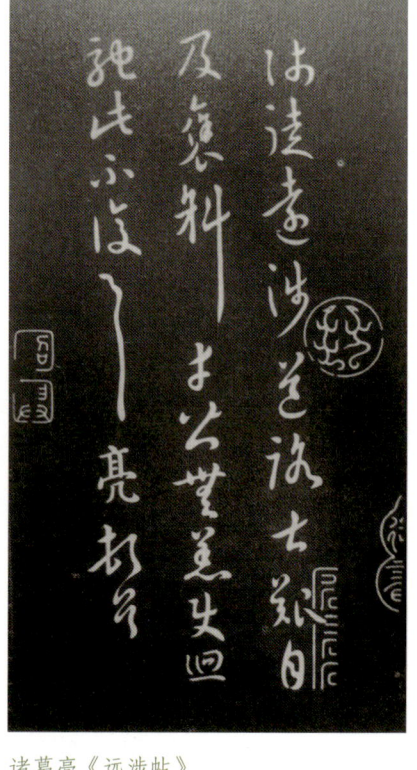

东汉·《右扶风丞李君通阁道》摩崖拓本　　　　诸葛亮《远涉帖》

料——《石门颂》；而其书佐王戎超凡绝伦的向壁挥毫，也使其成为汉隶书法的典范之作。

七年后的汉桓帝永寿元年（155），又有右扶风丞李禹主持整修褒斜道。镌刻于石门隧洞西壁的《右扶风丞李君通阁道》摩崖，记载这次整修工程主要是"始解大台"，可能是破除了石门附近的拦路巨石，于是"万民欢喜，行人蒙福"。

汉末中原板荡，益州牧刘焉遣张鲁为督义司马盘踞汉中。张鲁为了割据之便，截断褒斜谷道，斩杀汉使，从此益州与中原道路不通。此后魏蜀争雄，其战事多发生在秦蜀、陇蜀古道一线，褒斜道南端即褒水河谷不曾畅通。蜀汉建兴六年（228），诸葛亮扬言出兵斜谷夺取关中，而实际上只是派赵云、邓芝等率疲弱老兵于褒斜道布设疑兵，以迷惑魏军主将曹真，蜀军主力则经大散关攻打祁山。曹真大军压境，大破赵云、邓芝所部，赵云等不得已而烧毁赤崖栈道，事后诸葛亮曾组织人力修治。传世刻帖中有一纸诸葛亮致其兄诸葛瑾的《远涉帖》，其中就提到"道路甚艰，自及褒斜，幸皆无恙"。建兴十二年，诸葛亮亲率十万大军，出斜谷北伐曹魏，在武功五丈原与司马懿对阵百余日，病逝于军中，葬于沔阳（今陕西勉县）定军山，所谓"出师未捷身先死"。

石门隧洞的崖壁上还曾有曹魏景元四年（263）荡寇将军李苞"将中军兵石木工二千人始通此阁道"的凿刻题名，其旁侧又有西晋泰始六年（270）潘宗伯、韩仲元"造此石桥"的铭刻。李苞与潘宗伯、韩仲元的事迹，史书不载。这两处题名，因此更见其珍贵的史料价值。

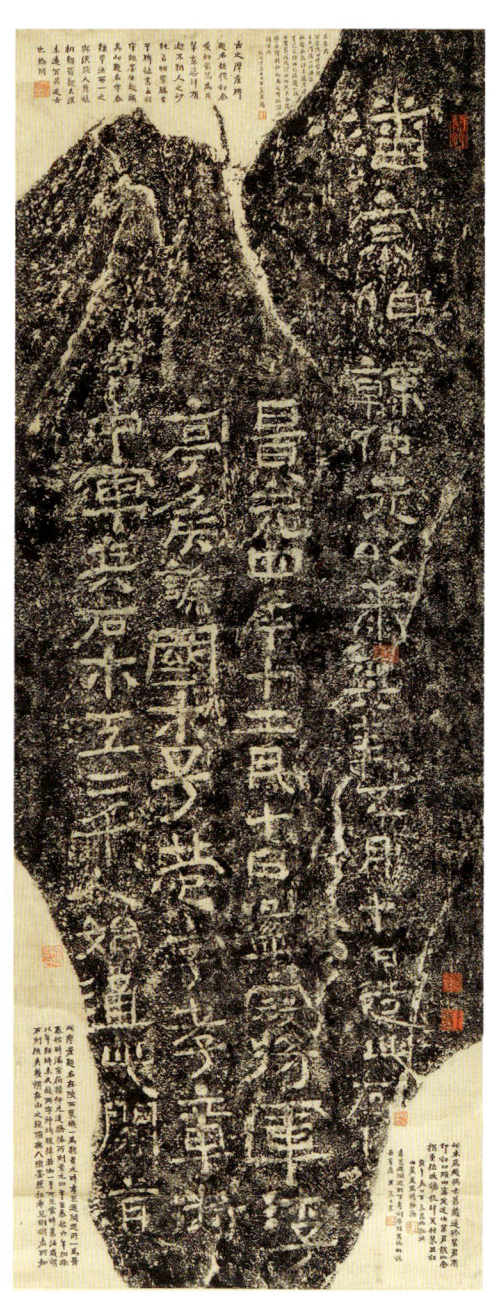

三国·李苞及西晋·潘宗伯、韩仲元石门题名

西晋末年，晋室南迁，中国历史进入政权林立的东晋十六国时期，蜀中先是有巴賨贵族李雄所建的成汉政权（306—347），其后为桓温所灭。此后又有谯纵的叛乱和刘裕的平叛，可谓兵连祸接，不曾稍息。这些偏安一隅的政权，为了与北方的强敌对抗，大多要切断交通，阻隔往来。到了北魏正始元年（504，南朝梁天监三年）底，南梁汉中守将夏侯道迁归附北魏政权。次年，北魏大将王足取道金牛道南下，攻掠蜀地，梁州刺史下辖郡全部被并入北魏版图。

北魏正始三年，龙骧将军羊祉出任梁秦二州刺史，"以天险难升，转输艰阻"，即上表请求重开褒斜道。朝廷派左校令（管理工程营造的主官）贾三德率领一万徒众，并上百名石师工匠，历经三年，重开褒斜古道。"阁广四丈，路广六丈，皆填溪栈壑，砰崄梁危，自回车至谷口二百余里，连辀骈辔而进。往哲所不工，前贤所辍思，莫不夷通焉。"这应该是自郙君开通褒斜道以来，近五百年间褒斜道上最大规模的一次拓宽加固工程，从此"穹隆高阁，有车辚辚。咸夷石道，驷牡其骊"，堪称褒斜道开凿史上的壮举。

为了表彰羊祉、贾三德等人的事功，北魏永平二年（509）于石门洞壁上凿刻了《石门铭》碑刻，由羊祉的部属典签王远挥毫书字，由武阿仁凿石刻字。王远、武阿仁均是名不见经传的小人物，然而他们的合作却创造出了书法史上罕见的旷世奇作，这应该是石刻史料所具有的另一种文化力量。

羊祉为北魏泰山郡人，刚愎自用，好刑名，人称"天

《石门铭》20世纪80年代整拓本

狗",是有名的酷吏,《北史》《魏书》皆有传,但都没有记载其主持重开褒斜道之事。1964年山东新泰县天宝镇出土的《魏故镇军将军兖州刺史羊公墓志铭》中明确记载:"于是开石门于遂古,辟栈道于荒途。"与《石门铭》所记正合,可补史籍之缺。

在《石门铭》原刻的右下方,还有一通《贾三德题记》小幅摩崖,与《石门铭》互为补充。石门隧洞中原有《石门颂》摩崖,记载汉明帝永平四年开通褒斜道之事,而羊祉、贾三德主持的这次大修工程,也恰在北魏宣武帝永平二年,年号同为"永平",这引起了总工程师左校令贾三德"今古同无极矣"的感慨,希望"后之君子异世同闻焉"。面对历史的巧合,不知今夕何夕,于是凿壁以为留念。

蜀道碑刻中的重要史料还有《西狭颂》和《郙阁颂》,此两《颂》同为东汉武都太守李翕的德政碑。《后汉书·皇甫规传》载:"安定太守孙俊受取狼籍,属国都尉李翕、督军御史张禀多杀降羌,……而皆倚恃权贵,不遵法度。(皇甫)规到州界,悉条奏其罪,或免或诛。羌人闻之,翕然反善。"

第五讲 摩崖纪功 刻在石头上的蜀道修造史 179

这个"属国都尉",应该就是后来的武都太守李翕。李翕为官倚恃权贵而不遵法度,治理民事又多杀降羌,不加绥抚,引起羌人的大规模反叛。

《西狭颂》刻于东汉建宁四年,《郙阁颂》刻于建宁五年,均在李翕就任武都太守任上。《颂》文把李翕塑造成"敦诗说(悦)礼""允武允文""先之以博爱,陈之以德义"的儒臣循吏形象,到官则"思惟惠利,有以绥济","振敝救倾,全育孑遗",完全是良吏所为。钱大昕《潜研堂金石文跋尾》说:"盖后来治行或减于前,而石刻亦容有溢美也。"尤其值得注意的是,《西狭颂》碑文之前还刻有黄龙、白鹿、嘉禾、木连理、甘露等《五瑞图》,并附题铭一段:"君昔在渑池,修崤嵌之道,德治精通,致黄龙、白鹿之瑞,故图画其像。"可见修桥治路一直是李翕为官从政的功绩所在,而刻石纪功、留名青史也是他念兹在兹的情怀所在。

凿刻于东汉熹平三年的《武都太守耿君表》(《耿勋碑》),是另一款"美盛德而述形容"的颂扬之碑。根据碑文的记载推算,耿勋从熹平二年三月到官就任武都太守,至刻石颂德的熹平三年四月止,在任也就区区一年时间。这一年中,耿勋先是宣诏安抚百姓,赏恭罚否;然后"开仓振澹(赈赡)","捄(救)活食餐,千有余人";同时"赐给贫乏",将荒田发放无业者耕种,无业者多达三百余户;减省贪吏二百八十人;又"开故道铜官,铸作钱器,兴利无极";还"修治狭道",安抚氐羌等少数民族,使得"重译乞降"。凡是地方官该有的美政善举,耿勋在这一年中几乎都做到了!——这样的父母官，老百姓怎么能不爱戴拥护呢？

从《西狭颂》《郙阁颂》及《耿勋碑》的凿刻时间及所述内容来看，耿勋是李翕的继任者无疑。既然李翕在任时"强不暴寡，知（智）不诈愚"，"年谷屡登，仓庾惟亿。百姓有蓄，粟麦五钱"，为何耿勋到官伊始，就要"奉宣诏书，哀闵垂恩"，赈济贫苦，赏赐荒田，救民于水火之中呢？看来《西狭颂》《郙阁颂》所述李翕德行美政，必多揄扬溢美之词，但《耿勋碑》所记耿君之诸多善政，也未必尽合史实。

保存在《隶释》《隶释续》等金石学著述中的《广汉长王君治石路碑》（东汉）和《剑阁铭》（西晋），是汉魏时期修治金牛道的石刻史料，只是它们早已毁于兵燹人祸，无从索考。另外在松茂古道（松潘至茂县）的岷江峡谷中，也有不少摩崖石刻，如刻于西汉哀帝时期的《建平郫县碑》、东汉永平元年（58）的《汉石刻治道记》等，也是早已毁坏不存，给古道研究造成了极大的缺失。1929年发现于四川理番县（今四川理县）的隋开皇九年（589）《会州通道记》摩崖，是隋代会州刺史姜须达征调民夫修治旧道的珍贵史料。在理番县还发现唐开元十五年（727）《焦淑讨除吐蕃贼》摩崖刻石，焦淑其人两《唐书》不载，然刻石云焦淑为"朝散大夫检校维州刺史"，维州旧治在姜维故城，与《会州通道记》所记"蜀相姜维尝于此行"正合。

成都平原南接滇越地区的灵关道的各个险段上，也留下了不同时代的石刻史料，如雅安荥经县景谷崖的《何君阁道碑》，是蜀道现存最早的摩崖刻石，文字简洁，只记人记事，没有歌功颂德的谄谀之词。另有雅安境内金鸡山崖壁上的《青衣尉赵孟麟羊窦道碑》（东汉永初六年）、荥经县铜山峡中的《蜀郡属国辛通达李仲曾造桥碑》（东汉延熹七年），均是西汉司马相如奉诏开通西南夷之后灵关道的兴废见证。在东汉蜀郡太守何君督修的阁道附近，尚有何氏妇（即杨母）倡修的杨母阁，刘昭《后汉书·郡国志》引《华阳国志》曰："道险。有长岭若栋，八渡之难，杨母阁之峻。"此地曾发现过一通唐天宝六载（747）的《邛崃关开路记》石刻，此亦是灵关道上珍贵的石刻史料。

蜀道汉魏石刻除了补史证史的史料价值之外，还为我们提供了当时修建栈道的规模以及用工情况和营造方式等重要信息。如《何君阁道碑》提到："造尊楗阁，袤五十五丈。用功（工）千一百九十八日。"《鄐君开通褒斜道碑》更是提到调用民力2690人，用工766800余人次，耗资折1499400余斛粟，"始作桥格（阁）六百廿三口（间），大桥五，为道二百五十八里"。这些信息对于考察当时的考功制度、工程管理和劳动生产率等，具有重要价值。另外，这些石刻中多次提到"将徒治道"、徒多少人等有关"刑徒"和主管机构道桥掾、徒司空、衡官、左校令等的重要信息，也是研究这一时期大型工程营造方面的重要史料。

蜀道之难，在文人笔下是"难于上青天"的登临之叹，在凿山开路的石师工匠那里，却是"砯崖转石万壑雷"的天堑之险。如何凿通天堑，变出通途，既要实地勘察，还要构图设计，更要凿壁万仞，接木相连。《鄐君开

182　蜀道十讲

通褒斜道碑》记载：作桥阁623间，为道258里。据乐史《太平寰宇记》记载，自褒城县（今属陕西）至凤州（今陕西凤州）150里的驿道上，共有桥阁2989间，险板阁2892间，其中还不包括凿于石床起支撑作用的立柱石穴。如此浩大的工程，其耗用的人力、材料和财力，也是空前的。所以管理这些工程的太守、道桥掾、徒司空等，都得解决好勘察设计、工程预算以及管理调度等工程问题。北魏正始年间，梁秦二州刺史羊祉请求重开褒斜道，朝廷派遣左校令贾三德亲赴石门，带领上百名石师，指挥调度上万人劳作，历时三年，才打通自回车至谷口二百余里的道路。左校令就是专职负责营构、木作、采材等事的官员。

从蜀道石刻还可以看出历代修治蜀道的几种主要思路及经验：

首先是路线的选择。人类的生产生活方式均受到生产力水平的制约。古人对于道路的选择，总是受山川地形的影响。蜀道中通往陕西关中的金牛道、陈仓道、褒斜道、傥骆道、子午道等，均是选择山势相对平缓而河谷穿梭其间的地段，盘山缘河，曲折涉险，为的是尽量避免开山架桥。20世纪30年代修建的川陕公路，仍然取道褒斜河谷，同样为的是降低工程难度，采用迂回曲折的办法翻越秦岭天堑。20世纪50年代修筑的宝成铁路，有很大一部分线路与古代的陈仓道线路重合，沿嘉陵江河谷蜿蜒而行，为的也是减少高难度隧洞的开凿。从甘肃陇南通往四川成都、广元等地的几条国道，其走向仍然与古代的阴平道、金牛道以及岷江峡谷的线路高度重合，主要也是受山川地形的影响和生产力水平的制约。

其二是在蜀道的后续维修拓建中，尽力避免迂回取道，选择开凿短距离的直达栈道或隧洞等。如郫县东汉永元六年（94）摩崖刻石记载："攻此省三处阁。"定是凿石而取直。又四川夹江的《南安长王君平乡道碑》记载："取崖通道，车马驰驱，无所畏难。"因为原来的道路是"由涪山上，随沿回曲，……登高望天，车马不通"。雅安灵关道上的《青衣尉赵孟麟羊窦道碑》也载，"（故道）南上高山，下入深谷，危峻回远，百姓患苦"，经过穿崖改道，"行人去危即安"。《石门颂》所记载的东汉永平四年凿通石门隧洞的创举，更是避免子午道的迂回艰险。北魏时期大规模整修褒斜道，其中主要目的之一，就是为了避免"凿山为道，峭岨盘迂"，从而打通"九折无以加"的石栈巨碍，最后"咸夷石道，驷牡其驱"。

其三是尽量降低路基，避免"连峰去天不盈尺"的登攀之苦。如略阳的《郙阁颂》记载："又醳（释）散关之嶄漯（湿），从朝阳之平燥。减西滨之高阁，就安宁之石道。"可见这次修建不仅线路有改道，还有避高就低的"校致攻坚"改造工程。《石门颂》中也记载都督掾魏整差遣赵诵，"造作石蕝（积），万世之基。或解高格，下就平易"，避免了由于攀高而带来的心惊胆战，于是"行者欣然焉"。

其四是拓宽路基，打通瓶颈。成县的天井山峡谷，就是由于"两山壁立，隆崇造云"而以艰险著称，故名"西狭"。《西狭颂》记载此道改造之前是："陁苲促迫，财（才）容车骑。进不能济，息不得驻，数有颠覆霣（陨）坠之害"，而"过者创楚，惴惴其慄"。于是太守李翕命衡官李瑾、属掾仇审等"鑱烧破析，刻臽（陷）碓嵬。减高就埤（卑），平夷正曲。柙致土石，坚固广大"，从此"可以夜涉，四方无雍（壅）"。

道路开通之后，还有相应的配套设施，比如邮亭、驿置及日常维护机构等，这样才可以保证人员政令的畅通及地方税赋的转输。道路的畅通与否，与这些机构的存续运转息息相关，也与地方与中央的归属关系紧密相连。目前有关蜀道上邮亭驿置的考古调查几乎还是空白，还有很大的研究空间。

附：蜀道汉魏石刻史料一览表

碑刻名称	立碑时间 时代	立碑时间 帝号	立碑时间 公元	所处位置 地点	所处位置 相关古道	所处位置 缘河	所处位置 越岭	保存状况	著录情况
建平郫县碑（汉蚕崖石刻）	西汉哀帝	元寿元年	前2	四川都江堰	松茂道	岷江	紫屏山	已佚	洪适《隶释续》卷三
何君阁道碑	东汉光武	建武中元二年	57	四川荥经	灵关道	荥河	大相岭	原地保护	洪适《隶释续》卷四；2004年3月被重新发现
汉石刻治道记	东汉明帝	永平元年	58	四川都江堰	松茂道	岷江	紫屏山	已佚	王象之《舆地碑记目》卷四
鄐君开通褒斜道碑	东汉明帝	永平九年	66	汉中石门	褒斜道	褒河	秦岭	残损	晏袤《鄐君开通褒斜道碑释文》；原石已凿迁至汉中市博物馆
修道碑	东汉章帝	建初二年	77	重庆忠县		长江		已佚	王象之《舆地碑记目》卷四
郫县摩崖刻石	东汉和帝	永元六年	94	四川都江堰	松茂道	岷江	紫屏山	已佚	陶宗仪《古刻丛抄》
南安长王君平乡道碑	东汉和帝	永元八年	96	四川夹江	灵关道灵支线（平乡明亭大道）	青衣江		已佚	洪适《隶释续》卷十一

第五讲　摩崖纪功　刻在石头上的蜀道修造史　　185

续表

碑刻名称	立碑时间 时代	立碑时间 帝号	立碑时间 公元	所处位置 地点	所处位置 相关古道	所处位置 缘河	所处位置 越岭	保存状况	著录情况
青衣尉赵孟麟羊窦道碑	东汉安帝	永初六年	112	四川雅安	灵关道灵支线（羊窦道）	青衣江		已佚	洪适《隶释》卷四
汉安长陈君阁道碑	东汉顺帝	永建五年	130	四川内江		沱江		已佚	洪适《隶释续》卷十五
故司隶校尉楗为杨君颂（石门颂）	东汉桓帝	建和二年	148	陕西汉中	褒斜道	褒河	秦岭	完好	洪适《隶释》卷四；原石已凿迁至汉中市博物馆
广汉长王君治石路碑	东汉桓帝	和平元年	150	四川广汉	金牛道			已佚	洪适《隶释》卷四
冯君阁道碑	东汉桓帝	和平元年	150					已佚	洪适《隶释续》卷十五
右扶风丞李君通阁道（李君表）	东汉桓帝	永寿元年	155	陕西汉中	褒斜道	褒河	秦岭	残损	王森文《石门碑醳》；原石已凿迁至汉中市博物馆
张休崖涘铭	东汉桓帝	延熹二年	159	四川				已佚	洪适《隶释续》卷十九
蜀郡属国辛通达李仲曾造桥碑	东汉桓帝	延熹七年	164	四川雅安	灵关道	青衣江			洪适《隶释》卷十五
刘让阁道题字	东汉灵帝	建宁元年	168	重庆涪陵		长江			洪适《隶释》卷十六
西狭颂	东汉灵帝	建宁四年	171	甘肃成县	阴平道北段或故道南段支线	响水河	天井山	原地保护	洪适《隶释》卷四
郙阁颂	东汉灵帝	建宁五年	172	陕西略阳	故道（嘉陵道、陈仓道）南段	嘉陵江	秦岭	残损	洪适《隶释》卷四
武都太守李翕天井道碑	东汉灵帝	建宁五年	172	甘肃成县	阴平道北段或故道南段支线	响水河	天井山	不详	洪适《隶释续》卷十一

续表

碑刻名称	立碑时间			所处位置			保存状况	著录情况
	时代	帝号	公元	地点	相关古道	缘河	越岭		
杨淮、杨弼表记	东汉灵帝	熹平二年	173	陕西汉中	褒斜道	褒河	秦岭	完好	洪适《隶释续》卷十一；原石已凿迁至汉中市博物馆
武都太守耿君表（耿勋碑）	东汉灵帝	熹平三年	174	甘肃成县	阴平道北段或故道南段支线	响水河	天井山	原址保护	洪适《隶释续》卷十一
李苞通阁道题名	曹魏元帝	景元四年	263	陕西汉中	褒斜道	褒河	秦岭	残损	钱大昕《潜研堂金石文跋尾》续卷一
潘宗伯、韩仲元造桥阁题记	西晋武帝	泰始六年	270	陕西汉中	褒斜道	褒河	秦岭	残损	钱大昕《潜研堂金石文跋尾》续卷一；原石已凿迁至汉中市博物馆
晋泰康修栈道碑	西晋武帝	太康元年	280	陕西留坝	褒斜道	褒河	秦岭	已佚	罗秀书《褒谷古迹辑略》
剑阁铭	西晋武帝	太康初年	280—284	四川剑阁	金牛道		巴山		《晋书》卷五十五《张载传》
石门铭	北魏宣武帝	永平二年	509	陕西汉中	褒斜道	褒河	秦岭	完好	王昶《金石萃编》卷二十七；原石已凿迁至汉中市博物馆
贾三德题记	北魏宣武帝	永平二年	509	陕西汉中	褒斜道	褒河	秦岭	完好	《褒谷古迹辑略》；原石已凿迁至汉中市博物馆

| 三 |

赓续前修，踵事增华：蜀道碑刻的绵延不绝

蜀道碑刻中除了记载道路开凿及颂扬功德的纪功碑、德政碑之外，还有大量的题记铭刻，多是后来者游历蜀道时缅怀先贤或题咏山川风物之作。时代愈后，这类题咏碑刻就越丰富，给蜀道碑刻增添了丰富的历史人文信息。

凿刻于东汉熹平二年的《杨淮表记》，原刻位于《石门颂》摩崖的南侧，与《石门颂》同为"石门十三品"之一。这通摩崖为黄门（令）卞玉所刻。卞玉为犍为郡武阳人氏，熹平二年二月廿二日，谒归故里，路过石门，见洞壁《石门颂》摩崖中有颂扬其乡贤杨孟文的文字，念及杨氏祖孙两辈都出任过司隶校尉之职，且为官清廉，多有建树，于是镌刻杨淮、杨弼二人履历小传于《石门颂》之旁侧，以旌表杨氏一门的功德。

《杨淮表记》无论从内容还是从书法风格来说，都可以看作是《石门颂》的续篇，珠联璧合，在蜀道碑刻中非常罕见。自有《杨淮表记》以来，蜀道碑刻中游历之人的题刻就渐次丰富起来了。

根据郭荣章《石门石刻大全》一书的著录统计，汉中石门隧洞的东西两壁上，除了汉魏时期留下的开路纪功碑之外，历代仕宦游客的题记就多达30余处，其中南宋人的题记最多。从这些题记中可以看出，两宋时代的地方官吏或文人学士，已把石门作为历史古迹来游览凭吊，或观摩汉刻，或携友宴饮，或发思古之幽情，不一而足。清代的几处碑刻，则比较具有文献和艺术价值，如清同治时期褒城教谕罗秀书撰《汉忠武侯诸葛公八阵图注说》和《游石门题诗》，再如倪兰畹撰《石门道记》和潘矩墉《游石门题记》等，都侧重于考证记事，而不是泛泛题咏。清代中后期金石考证之学兴起，这一风气无疑也影响带动了石门碑刻的调查研究，罗秀书以及其后的王森文等人就是石门碑刻考古调查的先行者。

另外，在石门隧洞的南北口外壁上，还有众多题名，多是两宋人的铭刻。清代金石学者王昶《金石萃编》将其命名为"石门题名十八段"，不仅详述其形制，也有录文和考证。

在石门附近的褒河两岸，除了《鄐君开通褒斜道碑》《潘宗伯、韩仲元造桥阁题记》之外，还有诸多摩崖石刻，最为知名的有隶书大字"石虎"及"衮雪"摩崖。

"石虎"大字摩崖在褒河东岸的石虎峰下，与石门隧洞隔河相望。"虎石啸风"是汉中二十四景之一，清人王晚香有诗题咏："山君爪牙势峥嵘，高踞能教百兽惊。雾豹何年同炳变，大王风自谷中生。""石虎"摩崖字径30厘米，气象正大，传为西汉隐士郑子真所书，应是后人的附会，不足为信。此摩崖书刻工稳有余，朴茂不足，与汉代摩崖书风迥然有别，大概是宋代人的依托之作。

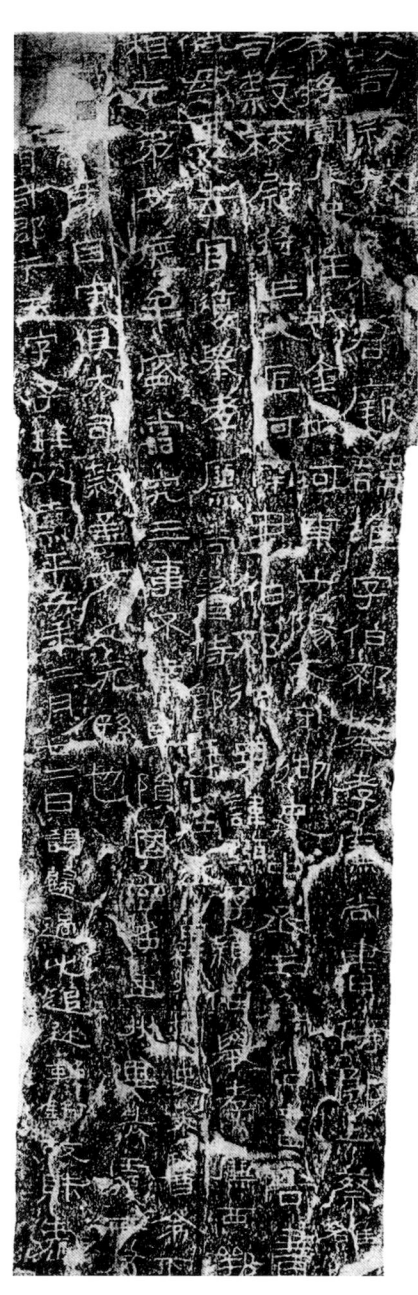

东汉·《杨淮表记》拓本

第五讲　摩崖纪功　刻在石头上的蜀道修造史　　189

在石门隧洞以南的褒河激流中，另有"衮雪"二字大书摩崖，传为魏王曹操所书，也是附托名人，难以凭信，其实也是宋代人的托古之作。历史上曹操曾两至汉中，建安二十年（215）七月，亲征张鲁，来到汉中，于当年十二月离去。建安二十四年三月，曹操爱将夏侯渊被黄忠斩于定军山下（在今陕西勉县），阳平关告急，曹操亲率大军驰援，再次来到汉中，与蜀军相持两月之后退还长安。后世好事者仰慕曹操之名，便加以附会，谬称"衮雪"为曹操所书。"衮雪"二字虽比"石虎"摩崖显得灵动流利，但柔软有余而苍劲不足，缺乏汉代隶书浑厚朴茂的气息。

南宋绍熙、庆元年间的南郑县令晏袤，是一位博学好古之士。在任期间，他踏访石门周边的汉魏石刻，详加辨识考证，并将录文和考释文字刻于原刻的下方，以广流传。晏袤是最早调查研究石门石刻的学者官员，在石门石刻的调查、考释、保护、流传等方面均有开创之功，其书法也造诣深厚，被誉为"宋人隶书第一"。在被视若拱璧的"石门十三品"中，就有三品出自晏袤的手笔。

《〈鄐君开通褒斜道碑〉释文及题记》完成于绍熙五年（1194）。这一年，

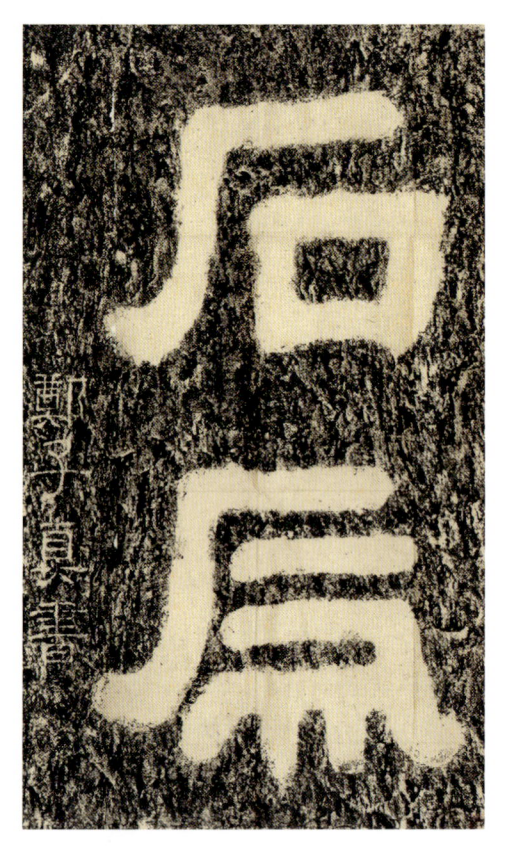

《石虎》摩崖石刻拓本

晏袤因勘察修筑山河堰之事，来到褒谷，在石门西南的断壁绝崖上发现了凿刻于东汉永平九年的《鄐君开通褒斜道碑》，于是扪萝履险，剥剔苔藓，披览文字，感慨兴寄，逐字对《鄐君开通褒斜道碑》作了释文，并撰写长篇题记，考证梳理了相关史实。释文为楷书，题记为隶书，凿于《鄐君开通褒斜道碑》的下方，成为石门石刻的重要组成部分。

此外，晏袤还对石门隧洞内的《潘宗伯、韩仲元造桥阁题记》和《李苞通阁道题名》作了释文和题记，分别以楷、隶书体凿于原刻的下方，是石门石刻最早的考释题记之作。

从宋代开始，石门周边就留下了诸多文士游客的题名之作，可见时人已把石门古道的隧洞栈道作为游览必到的古迹名胜，到此一游，凿壁题名，留下了许多重要的历史信息。比较有名的有《宋积之等南宋庆元题名》《郭公绪等南宋嘉定题名》《鲜于申之等南宋嘉定题名》《李炳文、范季和等题名》和《明崔应科游褒谷题诗摩崖》等。

《衮雪》摩崖石刻拓本

值得一提的是，民国二十九年（1940）落成的《褒河大桥创修记》，记载了汉中至宁强公路修建第一座现代化公路大桥的创举。从此，褒斜古道完成了从隧洞栈道到现代桥梁隧道的转变，古道历史翻开了新的一面。

另外，在褒河谷地，还有"玉盆题名十四段"等著名石刻群留存。宋人王象之《舆地纪胜》记载："白玉盆，在褒水中，大石光白，其中歘然可实五斗。"东汉时有横刻"玉盆"擘窠隶书大字于河中巨石上，至南宋时，闾丘资深等人又以竖式重刻"玉盆"二字，现全部移存于汉中市博物馆。

"玉盆题名"主要包括：《张元翊等北宋崇宁题名》《李道若等北宋宣和题名》《李彦萃等南宋建炎题名》《晏德广等南宋淳熙题名》《石邵、段雄飞等南宋淳熙题名》《闾丘资深等南宋庆元题名》《曹济之等南宋绍定游玉盆题名》《郭嗣卿等南宋庆元题名》《牟节甫等南宋开禧题名》《安丙等南宋嘉定题名》《何武仲等南宋嘉定题名》《李士熊等南宋嘉定题名》《李一鳌明万历题名》等。

在今天陕西略阳县城东南三公里处的灵岩寺，藏有自东汉以来的各种碑刻130余通，堪称古蜀道上的又一个"小碑林"。

南宋·《玉盆》仿刻及题记

灵岩寺始建于唐代开元年间，距今已有1300多年的历史，这里自古以来就是川陕古道的必经之地，也是凭吊古迹的胜地，唐宋以来有许多名人到过此地，其中就包括李白、杜甫、吴道子、苏轼、雷简夫、吴璘等。

刻于东汉的《郙阁颂》是灵岩寺内时代最早的石刻，前已述及，在南宋时期又得以重刻，至今尚存。

另有江边摩崖刻石两方，一图一文，图已毁，文字也磨灭几尽，仅能辨识"顺政郡"等字，据此推测约刻于西魏至唐。

唐代的石刻有唐顺政郡守房涣撰书《宴游记》摩崖石刻（天宝八载）、《石室》摩崖刻石（天宝八载）、《杜甫诗碑》刻石和《开成题书》石碑（开成二年，837）等。

灵岩寺的宋代石刻为数最多，主要有《刘拱题记》石碑（至和三年，1056）、《新修白水路记》摩崖（亦名《大石碑》，嘉祐二年，1057）、《翠峰亭铭》摩崖（嘉祐七年，1062）、《张石记等游记》（元丰元年，1078）、《刘忱等游记》（元丰元年）、《鲜于侁诗碑》（崇宁三年，1104）、《吴公崖刻》摩崖（绍兴年间，1139—1163）、《张子固题记》（淳熙五年）、《仪制令》（淳熙八年）、《王元□游记》（淳熙十一年）、《李廷献等游记》（绍熙元年）、《蔡□卿等游记》（庆元六年，1200）、《易珙夫题记》（嘉定四年，1211）、《重建宣相安公生祠碑》（嘉定十四年）、《宝庆题记》（宝庆二年，1226）、《虞刚简题诗》（宝庆二年）、《郭公褒等题名》（宝庆三年）和《忠清萃德之碑》（绍定

第五讲 摩崖纪功 刻在石头上的蜀道修造史

三年）等二十余通。其中比较出名的是雷简夫撰文并书丹的《新修白水路记》摩崖，记叙了李虞卿与田谅主持新修白水路，避开青泥岭险段这一工程的情况。雷氏的书法取法颜真卿，工整典重，宽博疏朗。清王昶《金石萃编》评论说："雷简夫此文，可与汉之《鄐君开通褒斜道》、魏之《李苞通阁道题名》并垂不朽。"《忠清萃德之碑》原刻于元祐三年（1088），本为十三岁的哲宗皇帝赵煦为名臣司马光御书的神道碑碑额。南宋绍定三年，沔州（治今陕西略阳）知州田克仁因追慕司马光的名节风范，依式重刻，立于沔州署衙公宇，后移至灵岩寺。

在《新修白水路记》摩崖东南约500米处，有明万历十六年（1588）凿刻的"钟公路"大字摩崖，字径60厘米。署款"邑民罗文光等商旅万事通等三百余名叩头镌石"，额画一大圈，内有一"佛"字。此钟公即钟化民，居官亲民，遍历八府，关心百姓疾苦，人称"钟佛子"。钟公巡案至略阳，看到北宋所修的白水路栈道已年久毁坏，商旅难行，便带头捐银主持另开新路。竣工后，当地百姓在路旁崖壁上凿刻"钟公路"三个大字，以示纪念。

在金牛道的重镇广元，也留下了大量的石刻碑记，是蜀道碑刻文化的重要组成部分，也是碑刻书法艺术的长廊。现存主要有：

《筹笔驿道途次舍碑》，北宋重刻，位于广元市朝天区嘉陵江朝天峡（即明月峡）的古栈道上，记载了蜀汉丞相诸葛亮派遣费祎修筑剑南栈道的情况，是研究蜀汉北伐的一通重要石刻。

《剑州重阳亭铭》，唐碑，在剑阁鹤鸣山。唐大中年间

北宋·雷简夫《新修白水路记》拓本

（847—849），蒋侑任剑州刺史，在东山（今鹤鸣山）建重阳亭，延请在梓州（治今四川三台）任职的李商隐撰写《剑州重阳亭铭》，并刊石立碑，因名人名作而见重于艺林。

《种松碑》，南宋重刻，今存广元觉苑寺内。晋代郭璞撰文，碑文为："县路翠，武功贵。县路青，武功荣。岷山河，榜兹地。勉忠孝，翊圣世。"郭璞曾在武功县（后更名为武连县）整治道路，倡导广植松柏，营造绿色走廊，山清水秀，以之为荣。相传此碑原由北宋大文学家苏轼书写，南宋时重刻，今碑文已残。

《大唐中兴颂》石刻，南宋重刻，在剑阁鹤鸣山。原碑由唐代诗人元结撰文，大书法家颜真卿书丹，唐大历六年（771）首刻于永州浯溪（今湖南祁阳西南）石崖，南宋绍熙年间翻刻于剑阁。此碑书法端庄雄健厚重，气势恢宏开张。

《广元府记碑》，现存广元皇泽寺内，元碑。碑文云"广配乾坤，元归宗主"，此为广元得名之由来。

《陆放翁诗碑》，现存广元觉苑寺内，明碑。南宋乾道八年（1172），著名诗人陆游从南郑返成都，路经剑阁武连县时写下《宿武连县驿》一诗。明正德十三年（1518），巡按御史卢雍游觉苑寺时应住持之约题诗留念，与陆游诗作同时书刻上石。

遗落在蜀道上的汉魏摩崖石刻，无一雷同，件件精绝，不仅具有极高的史料价值，更具有无与伦比的艺术魅力，历久弥新，蜀道因之而丰富多彩，蜀道因之也文质彬彬。

第六讲

古木森森

蜀道与行道古树

『行道树』是中国传统社会中在官方修建、养护和管理的驿道两旁种植的路标性树木。金牛古道上的翠云廊是现在世界上最大的人工古柏林，仅仅剑阁段的行道古柏就达7778棵。据科学检测，这些古柏有秦汉魏晋的，也有南朝隋唐的，而更多是宋元明清时期的。

我们不禁想问：这些行道古树是怎样栽种的？又是如何保存至今的？

清光绪二十八年（1902），著名学者俞陛云从北京去成都主持四川乡试，途经翠云廊时，深为从昭化牛头山到梓潼七曲山三百余里的夹道古柏所震撼，即兴创作《翠云廊歌》云：

华阴有古柏，传自犹龙李。其旁汉晋物，历劫剩无几。
吴中有古柏，过客必称美。清奇与古怪，其数止四耳。
今我来剑关，深入翠云里。长廊接天末，绵亘三百里。
巨者五六围，小亦如桐梓。高柯耸轮囷，低枝互牵倚。
或焦讶中空，或结成连理。旁生荔偶似，倒出榕可拟。
古质坚如钢，清阴碧如绮。剑州有贤令，爱护戒伤毁。
屈指逾万本，一一木牌纪。蜀汉传至今，消沉几年祀。
爝火看兴亡，韶华委流水。后凋见贞心，奇观叹止矣。

历代题咏蜀道及其行道树的诗歌很多，唯有俞陛云此作对翠云廊行道树的描写最为真切。诗歌首先将华阴所剩无几的古柏、吴中仅存数株的古柏与翠云廊"长廊接天末，绵亘三百里"的古柏规模进行比较；接着描绘这些古柏的大小和造型；最后赞扬剑州长官爱树护树、禁止毁伤、挂牌管理的行为，成就了翠云廊行道古柏的奇观。

翠云廊

| 一 |

古人智慧：行道树的种植传统

早在先秦时期，我国便有了种植行道树的文献记载。据《周礼》，"野庐氏掌达国道路至于四畿，比国郊及野之道路、宿息、井、树"，野庐氏的职责就是管理国都通往四方的官方道路，并巡视考查国郊及野地的道路，在沿线修建可供行人住宿、休息和饮水的设施，还要在沿线栽种树木。而沿着道路两旁栽植的树木被称作行道树。

在古人那里，栽植行道树至少有四大好处：

表道是第一大好处。行道树就是国家交通干线"官道"的标识。在中国传统社会里，国家主持修建、养护和

管理的驿道，包括道路本身的基础设施和道路两旁的树木都为国家所有，即为官家或皇家所有。在剑门山区至今还流传着这样的说法："路是官道，树是皇柏。"正因为如此，明清以来行道古树就成了官道的标志，人们便以树名道，米仓道上南江至巴中段的行道古柏林被称为"皇柏林"，金牛道上的翠云廊段被称作"皇柏大道"。

　　护路是第二大好处。兴修道路总是要动土的，那些动土的地方在暴雨时很容易出现滑坡，或者路面被冲毁的情况，进而影响路基的稳定和道路的畅通。栽种行道树就可以避免路基和路面被洪水冲毁和垮塌，使其坚实稳固。

　　遮阴是第三大好处。历代对行道树的种植和保护，使官道两旁的古树遮天蔽日，正如清朝剑州知州乔钵所描绘的"如苍龙蜿蜒，夏不见日"，因此行人在夏天得以遮阴乘凉。

　　计程是第四大好处。与现代公路交通一样，古人也要标记出驿道的里程。其办法之一就是建立"堠"，即用泥土垒成标记里程的土堆。西魏时，京兆人韦孝宽担任雍州刺史时，发现驿道上计程的堠遇到风雨就毁坏了，因而需要经

翠云廊的行道古树

常维护，耗费不少工夫。于是，勒令所辖地区在原建堠处种植槐树，用以取代土堆。西魏雍州主要管辖的区域在关中平原，其南境正是蜀道北段，以植树代替土堠的办法必然在蜀道的这些地段上得到了施行。这一创举可谓一举三得，既可标记里程，又可使行人享受阴凉，还能免除反复修筑的劳苦。因此得到了太师宇文泰的高度赞赏，他说："岂得一州独尔，当令天下同之。"便下令把韦孝宽以树代堠的办法推广到全国各州，所谓"令诸州夹道一里种一树，十里种三树，百里种五树焉"。也就是距城一里种一棵树，距城十里种三棵树，距城一百里种五棵树。这样，行人在官道上行走，见到几棵树便知走了多少里，此不失为一个计程的好办法。

正是基于对这些好处的认识，历代中央政府和地方官府都热衷于行道树的栽种和保护。除驿道铺兵随时在官道两旁补栽树木外，有文献可考的大规模植树至少有八九次，并直接涉及蜀道。

| 二 |
道旁葱茏：蜀道行道树的种植

蜀道穿行的秦巴山区虽然是崇山峻岭，深沟险壑，无法绝对按照朝廷的标准规定，每几丈就种一棵，但因蜀道沿线的气候和土壤适宜柏木生长，以至今天仍然可以在各条古道上看到数量不等的古柏。褒斜道之张良庙、金牛道之翠云廊、米仓道之皇柏林就是古柏相对集中的区域。

根据林学专家鉴定，翠云廊及邻近地区现存古树

20973棵,而古柏占97%以上。我们这里所说的古树是指百年以上的树。如此众多的古树自然不会是一朝一代,更不会是某一个人能够完成栽种的,而是经过多次大规模栽种、无数次小规模补植,以及不断地加以保护而形成的。

从历史文献上看,种植行道树是官道通过的州县和驿铺的职责之一。唐代宗大历八年(773)就诏令全国官道通过的州县,其辖区内的行道树如有损毁,要及时进行补栽。这种有缺即补的现象应该是各个历史时期官道管理的普遍行为,却鲜见于史料,只有关于大规模种植行道树的记载才可以在历史文献中找到。

第一次是秦朝。秦始皇统一天下,修建以咸阳为中心、通往天下的驰道,用以维护大秦帝国的统治。当时的驰道就有每三丈栽种一棵行道树的规定。汉朝人贾山在其《至言》中说秦朝"为驰道于天下,东穷燕齐,南极吴楚,江湖之上,濒海之观毕至。道广五十步,三丈而树,厚筑其外,隐以金椎,树以青松"。这里提到的每三丈栽种一棵青松,就是指行道树的栽种。虽然历史文献中没有秦朝在蜀道上植行道树的直接记载,但可以推断,作为最先融入秦国版图的巴蜀地区,对驰道修建的要求应该是落到了实处的,或许现在翠云廊中最老的古柏就是秦朝修建驰道时栽种的。据此,在蜀道两旁栽种树木,至少已有两千年的历史。

第二次是蜀汉。据说蜀汉大将张飞为巴西(今四川阆中)太守时,为确保蜀道畅通,曾率领士兵在蜀道两旁修路植树。虽然"张飞植柏"只是一个传说,但却给翠云廊打上了三国文化的印记,沿线百姓至今口口相传,深信不疑。

第三次是西魏。据《周书·韦孝宽》，韦氏在担任雍州刺史时，发明"以树代堠"的计程办法，并在整个西魏辖区内推广。虽然西魏以关中为腹地，其统治范围相当有限，但蜀道北段之陈仓道和祁山道都在其统治范围内，其推广以树代堠，必然带来蜀道北段的一次大规模的行道树种植。

第四次是宋大中祥符九年（1016）。据《宋会要辑稿》，这年六月二十七日，太常博士范应辰上疏真宗皇帝，认为全国各地官府缺乏木材，建议朝廷命令驿铺负责"马递铺卒"在官道两旁种植榆树和柳树，或者栽种沿线土地适宜的林木，这些树几年后便可成材，供官府使用，还能在夏天"荫及路人"。这条记载虽然没有明确提到蜀道，但在宋朝历史上，蜀道已是西部最重要的南北交通体系，必然执行这

天雄关外的古柏

道政令。

第五次是宋庆历三年（1043）。这次行道树的栽种在历史上有着直接而确切的记载。据《宋会要辑稿》，当年七月二十七日，兴元府褒城县（今属陕西汉中）知县窦充上奏宋仁宗，说从凤州（今陕西凤州）至利州剑门关，直至益州（今四川成都），路程遥远，桥阁达九万余间，每年驿铺兵士都要砍伐大量树木来维修桥阁，一年复一年的开采，导致现在要入山二三十里才有树木可采伐，伐木十分艰辛。因而，他请求朝廷下诏沿入川官道，令驿铺兵士每年在道路两旁栽植土地所宜林木，以备修葺桥阁之用。窦充还建议，管理蜀道的路一级官员和沿线知县等都要负责行道树的栽种工作，并在年终将栽种数目和栽种时间报送朝廷，朝廷将以此作为政绩考核的内容之一。宋仁宗批准了他的奏请，诏令陕西、益州两路地方当局转运司相度施行，组织和督促沿线栽植土地所宜树木。

第六次是宋徽宗政和六年（1116）。据《剑阁历史年表》，当年剑州及所辖各县县学增修学舍。剑州知州执行朝廷颁发的关于行道树栽植、管理、采伐的命令，要求知县和县丞劝谕所辖乡、保，在驿路两畔普遍栽种杉、松、柏等木。

第七次是宋宁宗庆元三年（1197）。南宋剑州武连县（今四川武连）知县何琰率领官民整治官道，并在官道两旁种植松柏树。完工后，这位知县还把晋人郭璞的《县路谶》刻碑立石，以示吉祥。其文云："县路翠，武功贵。县路青，武功荣。岷山阿，榜兹地。勉忠孝，翊圣世。"这块《种松碑》至今保存在武连镇觉苑寺，只是碑文剥落严重，许多字已无法辨识。

第八次是元世祖至元年间。在汉文史籍中没有忽必烈诏令种植行道树的记载，但当时意大利旅行家马可·波罗来到中国，从至元十二年（1275）到二十八年游遍中国各地，把穿行蜀道的情况写入了他的游记，其中记有元初诏令种植行道树的事。他写道："在大汗的治国方针中……，他命令在大道两旁广泛种植一种长得很高大的树木，夏季可以得到遮阴乘凉的益处，冬季大雪封路时，可以起路标作用……给旅客的旅途生活带来许多利益和舒适。"他所看到的高大树木当然不会是元初种植的，但这段游记表明元代统治者承袭了前朝的树护路传统。

第九次是明武宗正德年间。据清代《剑州志》，康熙六年（1667）剑州知州乔钵在其《翠云廊》诗序文中写道："自剑阁南至阆州，西至梓潼三百余里。明正德时知州李璧，以石砌路，两旁植柏数十万，今皆合抱，如苍龙蜿蜒，夏不见日。钵因题曰翠云廊……"小序对翠云廊行道古柏的规模、大小、形状和作用都有交代，并明确了翠云廊这个名字是乔钵取的，但并无当今所说翠云廊"北起昭化"的表述。明代昭化与剑州虽同属保宁府，但时任剑州知州的李璧不可能越境整修昭化到剑州段；当今把昭化至剑阁段纳入翠云廊，应该是出于保护古道和古树的实际需要。

值得注意的是，李璧不仅沿着金牛道向梓潼方向修路植树，还朝保宁府方向进行修建种植。这是因为明朝之剑州隶属于保宁府，李璧由此整修了通往保宁府治所阆中古城的道路。

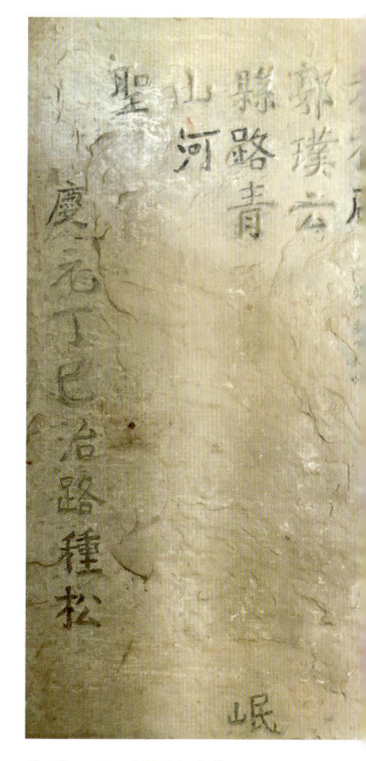

庆元三年《种松碑》

七曲山大庙内的《七曲山栽柏碑记》

  第十次是乾隆年间。据现存于梓潼七曲山大庙内的碑记，乾隆四十年（1775），梓潼县石牛镇青龙湾的贡生潘浡见金牛道演武至水观音段柏树稀疏，便举家迁入大庙内，带领其子潘子羽、潘子黛，孙潘永楠，及邻近乡民，在十年间进行了两次大规模栽树，种植量达24000株，加上原有的16000多株，共计40000余株。于是，在大庙别院悬匾题作"四万株松之斋"。到乾隆五十年，特在庙内刻立《七曲山栽柏碑记》，用以纪念潘氏植柏护路的功德。

第十一次是嘉道年间。嘉庆二十二年（1817），保宁府札令下辖各州县沿官道两旁大量种植柏树、柳树和桑树。行道树的树种选择原则是"土地所宜树木"，而蜀道行道树主要是柏树、松树、柳树、榆树，但也有例外。时任广元知县的曾逢吉就没有组织栽种柏树和柳树，而是全部种植桑树。民国《广元县志》载，嘉庆十七年，湖北京山举人曾逢吉来任昭化知县，四年后改任广元知县。当保宁府札令下属州县沿官道两旁种植柏、柳时，曾逢吉请示知府徐秋山，说广元土地贫瘠，不适合树柏、柳，要求只种桑树，认为种桑既可护路遮阴，又可增加沿线百姓的收入。在得到知府应允后，曾逢吉立即对通往县外的各条道路进行丈量，规定每里驿道两旁栽桑360株，还建立了谁种植、谁管理、谁受益的管理机制，确定了四级奖励办法：植50—100株者奖小银牌一面；植150—200株者奖大银牌一面；植300—400株者奖布一匹；植500株以上者奖绢一匹，并亲写匾额，旌表勤劳。结果县境各道路两旁种桑达231633株。到道光七年（1827）曾逢吉离任时，"千里驿道，皆桑树成荫，胜过河阳桃花，江南柳色"。这无疑是历史上又一次大规模的行道树种植。广元皇泽寺的蚕桑亭内至今还保存着曾逢吉所绘制的《蚕桑十二事图》。

曾逢吉离任二十年后，范涞清担任广元知县，再次在广元境内的金牛道旁种植行道树。据其《增修广邑道路碑记》，道光末年范涞清聚集各方力量整修金牛道之七盘关到榆钱树段的古道，并在古道两旁大量栽种树木。与曾逢吉不同的是，他不仅栽桑树，也栽柏树，所谓"所植之树，惟柏与桑，相间而植，柏以表道，桑以养蚕，行人更

广元皇泽寺蚕桑亭

便于憩息"。这是历史上又一次大规模的柏树种植，而种桑应该是在曾逢吉基础上的补栽。相比起来，柏桑间种在初期更具经济价值，在后期更具护路作用。

| 三 |
官民携手：蜀道行道树的保护

无论是谈及行道树的种植还是行道树的保护，都得提到明朝正德年间剑州知州李璧。据地方文献记载，李璧字白夫，号琢斋，广西武缘（今南宁武鸣）人，明正德十年（1515）至十五年担任剑州知州。在任期间，李璧勤政务实，整修水利，劝民耕织，修建州城，兴办教育，尊贤敬老，是剑阁历史上政绩最为突出的长官，也因此受到后世的崇敬。不仅在剑州名宦祠中有神位，而且在当地还一直有专祠。在翠云廊大柏树湾里有今天人们为纪念他而修建的小庙，在剑州古城普安镇还有民众捐资铸造的李璧铜像。

李璧在任期间，不仅在从剑州城普安出发，东南到阆中古城、西南至梓潼七曲山的驿道两旁，种植柏树数十万株，而且颁布禁令："官民相禁剪伐。"这道政令的特点在于它不仅禁止民间砍伐，而且也明文禁止官府砍伐，还有官民相互监督的意味。正因为如此，习近平总书记在视察翠云廊后，对这道政令与县长交接时实行的"交树交印"制度一并予以肯定。

这是官方制度性保护古树名木的优秀传统。当然对蜀道上古树名木的保护绝不仅限于明朝，更不仅限于一个剑州知州李璧。我们现在还能够看到不少从唐朝以来保护蜀道行道树的文献记录。

唐代宗大历八年颁布敕令："诸道官路，不得令有耕种及斫伐树木，其有官处勾当填补。"这是唐朝留下来的护树和补栽行道树的诏令。

宋徽宗政和六年四月，知福州黄裳申报朝廷，他组织所辖八个州军遍于驿道官路两畔共栽植杉松等木338600株，请朝廷定立保护法条。工部回奏宋徽宗，已有现成法条可依，即《政和令》："诸系官山林，所属州县籍其长阔四至，不得令人承佃。官司兴造须采伐者，报所属。"《政和敕》："诸系官山林辄采伐者杖八十，许人告。"《政和格》："告获辄伐系官山林者，钱二十贯。"因而，工部建议依据这些法条管治诸路即可。

在宋人心目中，驿道旁的行道树树林就是官山林，理所当然地可以用保护官山林的法条予以保护。

明清时期官方对蜀道行道古树的保护更加到位。至迟在明弘治年间，这些古树已有统计数据了。南宋隆庆府（治今四川普安）人黄裳（1146—1194），字文叔，号兼山，在宋孝宗、光宗、宁宗三朝做官，精通天文、地理和制图，是宋宁宗的老师。黄裳学识广博，绘制了《天文图》《地理图》和《帝王绍运图》等八幅教学用图，此三图被后人刻在石碑上，至今保存于苏州博物馆，具有很高的科学价值。黄裳的坟墓就在剑阁兼山脚下，这里也是蜀道之翠云廊经过的地方。明代弘治年间，钦差彭泽出使云南，途经墓地时发现。其神道碑上附刻着古柏的统计数据。这就是说，自南宋以来这些古柏就得到了地方官府的保护，并留下了统计数据。

清朝官方对行道古树的保护已经进入挂牌编号的阶段了。大诗人张问陶在其《剑州官道古松歌》中云："卿胡为此鄙琐事，细看悬佩书官字。"由此可知，当时行道古树上已经悬挂了写有"官"字的标牌。

光绪年间，大学者俞陛云在去成都主持乡试时，途经翠云廊，看到当时剑州知州方德堃对古柏进行了编号管理，便在《蜀輶诗记》中写下："光绪辛巳，知州方德堃以木牌悬柏上，标著其数。余仅行至剑州，已五千余株，合计数当逾万。"

这些行道古树能够保存下来，只凭历代官府的努力是不够的，因为官府对行道树的保护效果主要体现在和平年代，一旦进入动乱时期，官府连自身都难以保全，更无心无力保护这些行道古树了。这个时候，行道古树的保护只能全凭沿线的老百姓了。

老百姓对行道树的保护既有对强硬乡约规定的履行，也有出自内心的自觉行动。乡约对保护行道古树有这样的约定："截枝剁手，砍树断头。"这八字约定具有极大的威慑力，意味着损坏古树会受到十分严厉的惩罚，即会付出损害身体甚至失去性命的巨大代价。事实也是如此。明朝时有一个姓贾的财主，盗伐了一棵古柏，被百姓告发。在知县立案查实后，财主被押解到衙门大堂，并被处以五百两银的罚款，财主在当堂羞辱和经济重罚下一命呜呼了。

这样的强硬约定是基于人们对官道和古树性质的认知，即官道是国家交通干线，行道古树归属国家所有。正如当地流行的一种说法："路是官道，树是皇柏。"

在中国传统社会里，国家、官家或皇家是一体的，皇家的也就是国家的。因而行道古柏在明清时期普遍被称为"皇柏"，而"皇柏"维护的这条道路便被称作"皇柏大道"。不仅翠云廊如此，在米仓道南江至巴中段，至今仍保存着绵延数里的"皇柏林"。

可以说，当地百姓保护古树的行为源于对古树"存有敬畏之心"。中国有不少民族都有古树崇拜的风俗。蜀道沿线百姓把植树护路视为积德行善、造福子孙、培养风水的行为。剑门山区至今还流行这样的说法："树大有神，女大有人。"也就是把古树神化了。当地百姓每遇结婚、生子、祝寿等喜庆的日子便要给这些古树披红挂彩；而遇到大旱洪灾等天灾的时候又要给这些古树焚香行礼，以求免灾；久而久之，也给一些代表性古树编织了神话。

在翠云廊拦马墙段有一棵八人才能合围的巨柏，被称作"状元柏"。这棵古柏的得名就源于当地的一个神话传说。从前有一个秀才进京考试，途经此地突遇暴雨，秀才便在这棵树下躲雨。神奇的是这棵古柏瞬间发出了许多新枝叶，把秀才遮蔽得严严实实，没让一滴雨水淋在他身上。秀才十分感动，当即向这棵古柏跪拜，立志发奋读书，并在后来的乡试、会试和殿试中都考取了第一，连中三元，随后专程给这棵古柏培土祭拜。这棵柏树也越发高大起来，变得出类拔萃，成为翠云廊古柏中最大的一棵。

| 四 |
生态文明：蜀道行道树的现状

今天的行道树及其所依附的蜀道本体早已卸下了沉重的历史使命，正逐渐实现华丽转身，成为举世瞩目的文化遗产、自然遗产和文化景观遗产。

1913年，国民政府正式下令取消邮驿设置，废止邮驿制度。20世纪30年代，随着近代公路交通在蜀道穿行的广大地区逐渐兴起，蜀道驿铺原有的传递上下公文、接待往来官差、维护官路畅通等官方职能随即消失。这意味着这些通行数千年的南北官道及其行道树走进了历史深处。

不可否认，川陕公路（国道108线）的修建是对蜀道最为严重的一次破坏。现在看来，蜀道区域内的公路修建对蜀道及其行道树的破坏主要有两种情况：一是公路与古道完全重合的，古道和古树均遭到严重破坏，只有不影响汽车行进的行道树得以保留下来。二是公路靠近古道的，古道上的石质材料被移用作公路修建材料，仅古树得以保存下来，翠云廊之大柏树湾就是如此。

当时正值民族抗战时期，抢修这条连通关中平原和四川盆地两大战略后方的公路，直接关系国家存亡，况且当年公路修建者也在尽可能地保护这些古树，因而，今天的人们要理解他们，不能苛求他们。当然从国力和技术层面来讲，当时是无法真正做到很好地保护行道古树的。

只有远离公路的地段才幸免于难，由此绵延千里的蜀道变得断断续续，变成了若干个彼此独立的小段。其中广元昭化之松宁桥、剑阁之拦马墙和石洞沟等地段的行道树、青石板、拦马墙、錾痕线、饮马槽、驿铺遗址和塘汛遗址等都保存得较为完好，成为蜀道文化遗存的重要标本。

神奇的是，蜀道本体虽然没有得到有效保护，但原本依附于蜀道的行道树却在近百年间得到了官民持续、切实的保护。1935年，时任四川省专员兼剑阁县县长的田湘藩发出训令："查川陕公路沿途禁柏甚多，若屹立妨碍汽车者，准予采伐，以利通行。"由此造成不少路段的古柏惨遭砍伐，也由此激起民愤，当地绅民联名上告当局。幸而四川省政府及时下令切实保护古柏，翠云廊古柏才避免了毁灭性的灾难。1941年4月19日，四川省政府再次发出《四川省政府为保存古物严禁砍伐古柏的训令》，要求剑阁、梓潼两县"就境内古柏依序编号，饬令该管乡镇保甲人等，切实保护，严禁砍伐，并列册备查，以备县长交接"。剑阁县遵照这道训令，成立了"剑阁县古柏保护委员会"，令县长兼任主任委员，并在有古柏的乡镇成立分会。这个保委会的主要职能就是制定保护古柏的办法，并组织和监督实施，包括对古柏进行清理、登记、编号、悬挂木牌，列册备查，以备县长交接等。

中华人民共和国成立伊始就开始了对蜀道古树的保护。1950年，剑阁县人民政府向全县人民发出了《严禁放火烧山及砍伐川陕公路剑阁段古柏的通令》，以避免行道古柏因政权更迭而被毁坏。随后川北人民行政公署发来电令：严禁砍伐川陕公路之皇柏，并要求调查辖境内古柏树实有株数上报。这是新中国成立后第一次发布的保护古柏的禁令和清点古柏数目的要求。随后剑阁县遵循这道政令，对其境内凉山、柳沟、抄手、汉阳、剑门等17个乡、48个村的驿道古柏进行逐棵编号、挂牌、登记，实行专人专户管理。其后每年或每间隔数年，就有这类通令、布告、函件、通知、决定等下发执行，内容大同小异，都是加强对古柏的管理保护。应该说，这些政令和措施得到了很好的执行，因此在1958年大炼钢铁时期山上树木被砍伐殆尽时，也没有人敢打这些古柏的主意。即使在动荡的60年代，对行道古树的保护工作也没有中断。1964年，剑阁县的行道古柏划归林业局管理。林业局随即对行道古柏进行重新编号、登记，用规格一致的新木牌统一替换旧的，登记的古柏达8103棵。

改革开放以来，地方政府对行道古树的保护更加有力，也更加科学有效。1979年，剑阁县林业局再次对沿线古柏进行清理，发现十多年来古柏减少了155棵，尚存7948棵。于是林业局将木牌全部更换为金属标牌，并从此开始每年划拨专款对古柏进行支撑、砌石、培土。1983年，四川省林业厅制发了《关于进一步加强剑阁古驿道上古柏的保护管理的意见》。剑阁县又一次清理境内行道古柏，1985年公布清理古柏7863棵，发现又减少了85棵。为了加大保护力度，1987年剑阁县各乡镇成立林业工作站。1996年夏天，剑阁县林业局按照四川省林业厅的要求实行一棵一卡的填报制度，从而使古柏的统计更加精准。统计出南路4291棵，西路1992棵，北路1722棵，共计8005棵。

2002年，四川省翠云廊古柏省级自然保护区成立。2008年汶川地震后，广元抓住灾后重建的机遇，将经过蜀道保护区的公路、铁路进行改道，并对景区划定区域，予以保护。2012年，剑阁县成立了专门的保护管理机构"剑阁县翠云廊古柏自然保护区管理局"。2014年，剑阁县出台《剑阁县翠云廊古柏自然保护区管理办法》，要求保护区实行县乡（镇）两级政府负责制。2017年，四川省林业科学研究院、广元市城乡规划建设和住房保障局、剑阁县翠云廊古柏自然保护区管理局相关人员联合对剑阁县驿道古柏资源开展调查研究，包括运用树木交叉定年法采集年轮样本并分析古柏树龄，依据《中国植物志》进行种类鉴定，逐株测量并记录其坐标、树高、胸围、冠幅、生长势和树木特殊状况等。2020年，四川省出台《四川省古树名木认养办法》，引入社会力量参与古树的保护工作。2022年，广元市出台《广元市剑门蜀道保护条例》，规定县（区）人民政府应当建立剑门蜀道保护行政首长负责制，县（区）、乡（镇）行政首长在离任时应当对古柏的保护情况进行工作交接。这些保护办法和保护条例，使行道古树的保护更加精准、更加细致。

通过这些办法和条例的颁布及施行，我们会发现这样一个奇异的现象：自驿铺制度废除以来，蜀道保护的重点就悄然发生了变化，即由"护路"变成了"护树"。

据植物学家研究，造成古树衰亡的原因主要有七个：第一，气象灾害，包括大风、雷电、暴雪、干旱。第二，地质灾害。第三，病虫危害。第四，土壤条件恶化。第五，生长空间受限。第六，环境污染。第七，人为直接损害。这些因素都曾不同程度地危及翠云廊行道古柏的生存。而今的保护制度和保护措施已简明扼要地归纳为"一

九子古柏

翠云廊已成为广元重要景区

树一档""一树一策"和"一树一人"。所谓"一树一档",是指为每一棵古树都建立了身份证式的纸质档案和电子档案,档案内有这棵古树的编号、年龄、时代等全部信息。人们通过手机扫描树脚下的二维码,就能便捷地掌握这棵古树的生命信息。"一树一策"是指针对衰弱古柏和濒危古柏量身制定保护对策。不同的古树面临着不同的生存危机,而不同的危机就有着不同的化解办法。"一树一人"是指每一棵古树都由一个主要负责人进行管护,责任人的信息公开透明,可查询。更让我们欣喜的是,政府不仅为剑阁境内的7803棵古柏购买了保险,还号召全县人民要"像保护大熊猫一样保护蜀道古柏"。

今天翠云廊行道古柏的保护，首先继承了行之有效的传统办法，如设置围栏，护根堆土，筑台固基，挂牌编号，禁止盗伐，严禁烟火等。其次是采取了常规保护措施，如加固支撑以防倒塌，修复枝干伤口和树洞，松土灌水施肥等。最终也是非常重要的是注入了现代科技手段，如安装消防栓，架设避雷针，建立身份识别系统等。可以说，行道古树的保护进入了一个全新的时代，也进入了一个历史上保护成效最好的时代。

第七讲

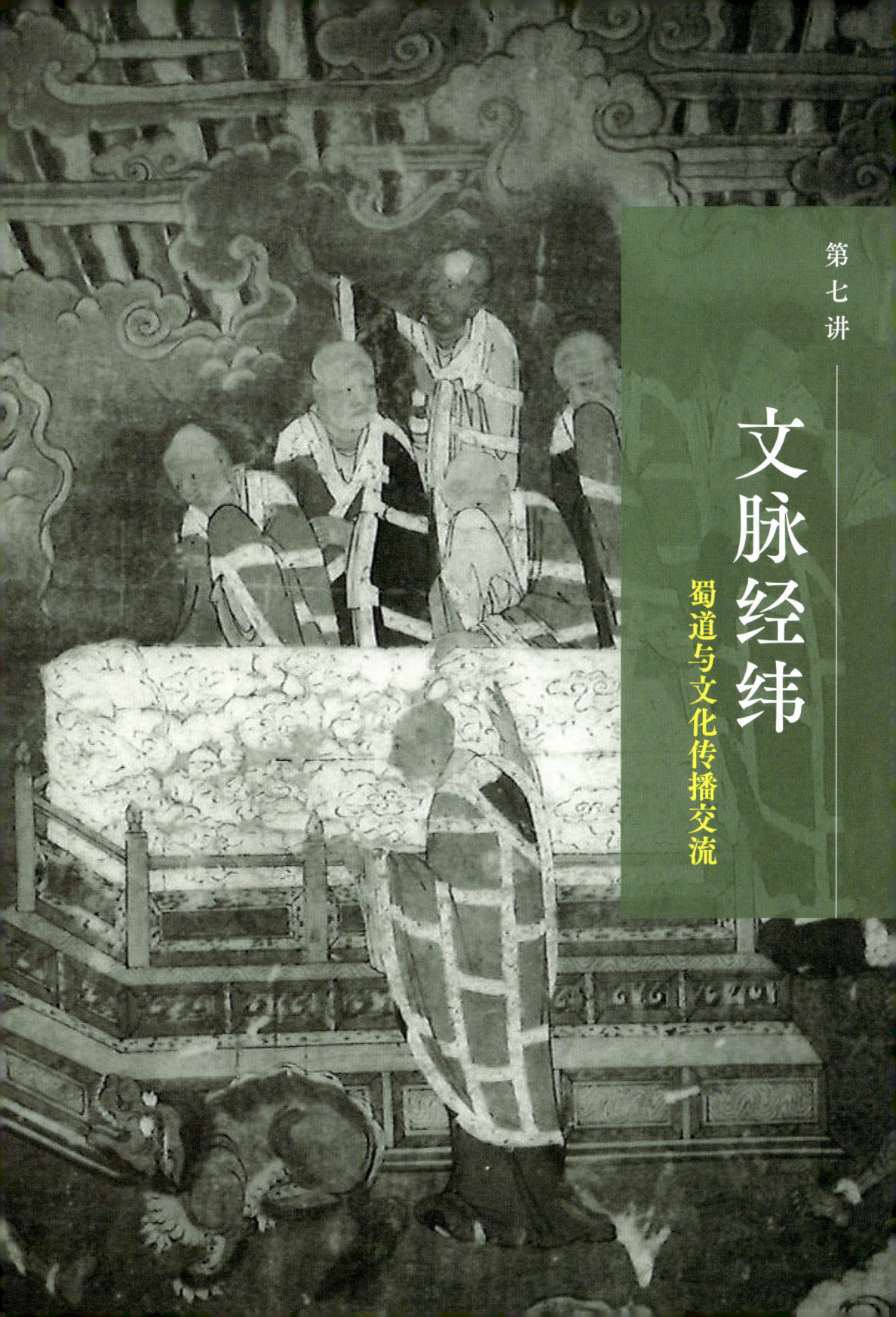

文脉经纬

蜀道与文化传播交流

蜀道交通与文化传播存在着密切的关系。蜀道的通达对文化的传播和交流起着重要的推动作用，不仅促进了蜀地文化的兴盛，还推动了南北文化的交流与繁荣。

一

儒学：从文翁化蜀到书院繁荣

蜀道的开辟，不仅有利于统一王朝对巴蜀的统治，而且客观上为巴蜀文化与中原文化的融合提供了有利条件。秦灭巴蜀后，通过蜀道不断向巴蜀地区迁移人口。秦统一全国后，又实行"车同轨，书同文"等政策。这都推动了儒学向巴蜀的传播。西汉景帝末年，蜀郡太守文翁从教育入手，切实推动了儒学在巴蜀的传播与融合，《汉书·循吏传·文翁》载："巴蜀好文雅，文翁之化也。"

（一）文翁兴学化蜀

文翁，庐江郡舒县（今属安徽舒城）人，在西汉景帝、武帝时，为蜀郡郡守。当时文翁是翻越崇山峻岭，经蜀道进入四川成都的。文翁在蜀兴修水利，《华阳国志》卷三载文翁"穿湔江口，溉灌繁田千七百顷"，造福了四川人民。更为重要的是他开巴蜀文教之风，以儒学教导蜀民。《汉书·循吏传·文翁》对文翁兴学化蜀有详细记载：

> 景帝末，为蜀郡守，仁爱好教化。见蜀地辟陋有蛮夷风，文翁欲诱进之，乃选郡县小吏开敏有材者张叔等十余人亲自饬厉，遣诣京师，受业博士，或学律令。减省少府用度，买刀布蜀物，赍计吏以遗博士。数岁，蜀生皆成就还归，文翁以为右职，用次察举，官有至郡守刺史者。

> 又修起学官于成都市中，招下县子弟以为学官弟子，为除更繇，高者以补郡县吏，次为孝弟力田。常选学官僮子，使在便坐受事。每出行县，益从学官诸生明经饬行者与俱，使传教令，出入闺阁。县邑吏民见而荣之，数年，争欲为学官弟子，富人至出钱以求之。由是大化，蜀地学于京师者比齐鲁焉。至武帝时，乃令天下郡国皆立学校官，自文翁为之始云。

从引文可知，文翁兴学化蜀的措施，主要有二：

一是在成都创办了第一所地方官办学校。学校招收下县子弟为学官弟子，免除他们的徭役。文翁本人精通《春秋》，因而他还到校亲自任教。《汉书·地理志》云："文翁为蜀守，教民读书法令。"学生除正常上课外，还要参加实践，以培养自己处理公务的能力。文翁不时会选择一些优秀学子到政府进行实习，文翁办公时，令学子从旁观摩与协助。相传，文翁教过书的地方，就是今天有名的成都市石室中学，学校因有文翁修的石室而得名。石室是当年学校的礼堂，两旁石壁上刻有历代文教先贤及三皇五帝的像，做勉励和教育学生之用。

二是文翁选派蜀士张叔等十余人，到京城长安学习，"东受七经，还教吏民"。为资助在长安学习的学子，激励他们认真学习，文翁缩减郡府各项开支。数年之后，这些学子学成回到蜀地，或被分派到学校担任先生，或担任郡县各级官吏。他们在参政、治理及教化民众的过程中，进一步传播中原文化。这些到京城学习的学子们至少两次行经蜀道，蜀道成为名副其实的文化传播通道。

文翁石室故址牌

　　文翁的上述两项措施对儒学在巴蜀的传播产生了深远影响。文翁引进与教授的内容主要是儒家经学及律令之学，将中原主流文化传播到了巴蜀地区。外来儒学与巴蜀文化相互渗透，深度融合，形成了独具特色的"蜀学"。巴蜀地区文风大盛，甚至可以与孔孟之乡、儒学兴起之地齐鲁媲美。直至东汉末期，儒学在巴蜀地区的发展一直都较为平稳，文人辈出。据《华阳国志·先贤士女总赞》，两汉巴蜀地区有名的文人四五十人，其中接近一半是儒家学者。蜀地的经学大家，逐渐迈向全国，成为影响全国经学发展的大儒。东汉杨终，成都人，十三岁时由当时的蜀郡太守送至京师学习儒家经典。汉明帝时，杨终被征召到兰台，拜为校书郎。章帝建初四年（79），杨终认为经学向烦琐的方向发展，破坏大道，要求依照西汉石渠阁会议，讨论五经异同。汉章帝首肯其建议，下诏在白虎观召开会议，对儒家经典的版本、内容等加以统一。博士赵博和校书郎班固、贾逵等均认为杨终"深晓《春秋》，学多异闻"。

随着蜀地学子从蜀道走向京城，文翁在四川开创地方官学的模式得到推广，巴郡、汉中郡也相继开办郡学。汉景帝对文翁给予嘉奖。汉武帝下诏令天下郡国都设立地方学校。可见，文翁设立学校，不仅促进了儒学在巴蜀地区的传播，还影响了全国的教育与文化传播。

（二）私学推动儒学传播

东汉时，不仅官学繁荣，民间私学也相当繁盛，《后汉书·周磐传》记载，周磐"教授门徒常千人"，《后汉书·儒林列传下》记载，蔡玄"学通五经，门徒常千人，其著录者万六千人"。不少学子不远千里，跋山涉水，去异地求学，"诸生自远方至者，著录数千人"。巴蜀地区的学子也纷纷踏上蜀道，出川求学。什邡人杨宣，从河内郑子侯学天文、图纬，后又拜杨翁叔为师。四川新繁人任末，十四岁时，学无常师，负笈不怕险阻，游学京师。梓潼人景鸾，年少时跟随老师学经，后与任末、广汉郝伯宗等一起游学七州。广汉绵竹人任安，"少游太学，受孟氏《易》，兼通数经"。可见，东汉时，正是私学的兴盛，让更多的蜀地学子们可以由蜀道去往京师，甚至更远的地方学习儒学。

不少出蜀求学的学子回到巴蜀地区后，效仿各地对儒学的传承模式和教学方式，也在巴蜀地区开设私学。《后汉书·儒林列传下》载,犍为人杜抚先是受业于淮阳人薛汉,无意仕宦,"后归乡里教授",弟子多达千余人。任安自京师回蜀后,又从同郡杨厚学习图谶,"学终,还家教授,诸生自远而至",被尊称为"任孔子"。《华阳国志》载,任安之母姚氏"早寡。立义资安"。任安传业授道,她便从经济上资助其弟子,并勉励他们上进,"于是安之门生益盈门"。任安与杜抚的弟子中不仅有巴蜀的学生,还有外地学子。如杜抚弟子中有会稽人赵晔、南阳人冯良。东汉时,儒学世家开始形成,这正是在私学兴盛的基础上发展起来的。

蜀地学子往返京师多经由蜀道,而外地学子来到巴蜀,很大可能也是利用蜀道。正是由于有了文化交流的孔道——蜀道的存在,才有频繁的文化交流与融合。巴蜀地区也出现了不少儒士,《新唐书·薛登传》亦云:"文翁以经术教而蜀士多儒。"

（三）巴蜀理学的繁荣

理学起于北宋,兴盛于南宋,到南宋理宗时,成为官方哲学。明清时,理学成为官方意识形态。巴蜀理学思想的发展演变与整个宋明理学思想的发展是同步的。蔡方鹿先生指出,宋代四川理学不仅代表了整个巴蜀文化发展的高峰,还以其丰富的内涵和独特的理论深刻地影响了宋代理学,乃至整个宋代中国文化的发展。这与蜀道的通达有密切关系。

由于蜀道的连接,北宋时,不少理学大家或因仕宦或因游历而来到四川,促进了理学的传播。北宋嘉祐年间,宋代理学的开山鼻祖周敦颐任合州通判，不少四川士人向其学习，度正《濂溪先生周元公年表》载："当时乡贡之士，闻先生学问，多来求见耳。"他与蜀中学人往来甚密，讲道论学朝夕不断。遂宁人傅耆是周敦颐的蜀中传人里最著名者，周敦颐与他讲学甚多，书信不绝。理学大师邵雍也曾在四川夔州地区活动，传播理学思想。宋明理学的奠基者程颐、程颢多次入蜀讲学。元祐年间，程颐被贬至涪州，其重要著作《伊川易传》正是在涪州完成的。涪州也成为理学文化的传播地，当地人谯定拜在程颐门下学习。程颐授其《中庸》诸书。正因有程颐的指导，谯定才成为北宋末年有名的理学家。程颐大赦回洛阳后，谯定去到京城，教授、传播理学。谯定培养了张浚、张行成、冯时行等一大批著名理学家。

四川理学对整个理学的流传发展起到了重要作用。程颐在去世之前将《伊川易传》传授给弟子尹焞。北宋末年发生战乱，尹焞保存的《伊川易传》散佚。后尹焞入蜀避难，在蜀中各地查访《伊川易传》，最终寻得全本，此书才得以流传至今。

南宋出现了闻名全国、造诣颇深的川籍理学大家，张栻、魏了翁便是其中的代表。

张栻，号南轩，今四川绵竹人，他自幼跟随其父张浚学习。青年时，拜二程再传弟子五峰先生胡宏为师。最终他青出于蓝而胜于蓝。正如黄宗羲所说："南轩之学，得之于五峰。论其所造大要，比五峰更纯粹。盖由其见处高，践履又实也。"张栻还与朱熹等人交往密切，共同辩论切磋。

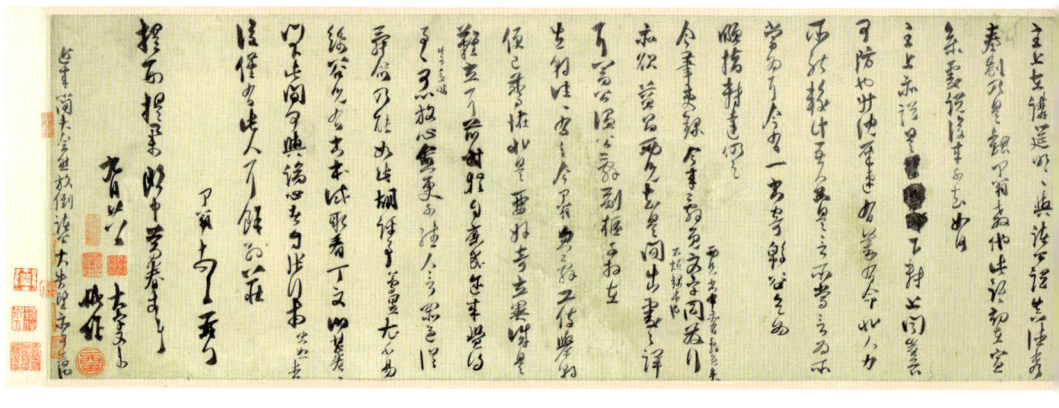

南宋·魏了翁《行书文向帖卷》

　　魏了翁，鹤山先生，今四川蒲江人。魏了翁在学术上主要承袭朱熹的理学，但并未独宗一家，而是博采众家之长。同时魏了翁致力于树立理学的正统地位。理学自北宋形成以来，并未受到最高统治者的重视，庆元三年（1197），理学还被视为"伪学"，朱熹等五十九人被视为"逆党"。至嘉泰二年（1202），宋廷才弛伪学党禁。弛禁后，魏了翁为代表的士人积极宣传周敦颐及二程功绩，多次上疏请求表彰周敦颐及二程，为理学争取社会地位。最终在理宗时，理学成为南宋的官方哲学。

　　南宋时期，书院的繁盛吸引了大量士人往来于蜀道之上，他们进出四川游学、求学及讲学。书院始于唐代，唐贞元九年（793），张九宗书院在四川遂宁创建。至宋，创建书院成为士大夫们的一种时尚。

　　乾道年间，张栻主持岳麓、城南书院。他的学生中有不少都是四川人。这些川籍学生学成之后，又回到四川

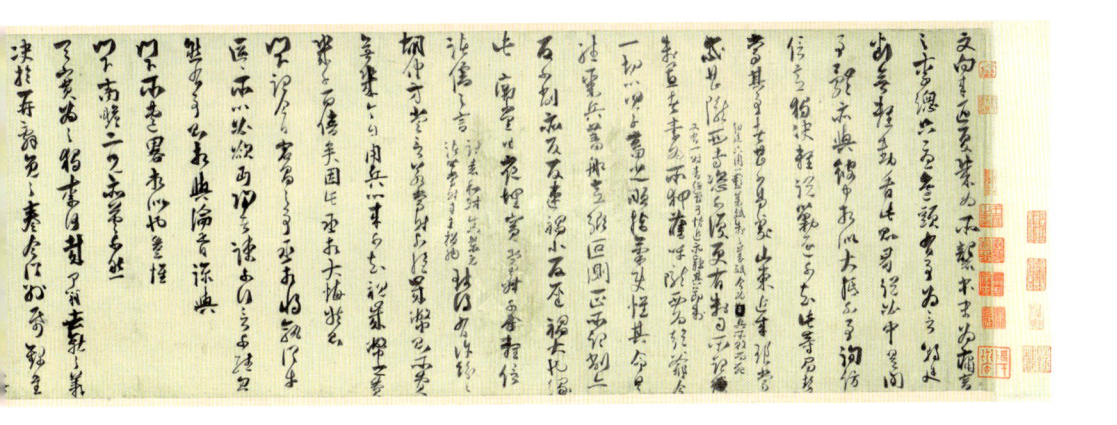

传播张栻理学。虞允文之孙虞刚简在成都创建沧江书院。常在沧江书院讲学的范仲黼即师承张栻。虞刚简说从范仲黼处"尽闻"张栻之学。正是在范仲黼、宇文绍节、陈概等南轩门人的努力下，"乾、淳以后，南轩之学盛于蜀中"，"南轩之学，盛行于湖湘，流衍于西蜀"。学者们在沧江书院会文讲学，活动长达二十年之久。魏了翁在蒲江开设的鹤山书院影响也颇大，"士争负笈从之，由是蜀人尽知义理之学"。王万里、吴泳、史绳祖及高斯得等著名学者曾在蒲江鹤山书院求学。端平二年（1235），宋理宗"御书严武诗及'鹤山书院'四大字"赐魏了翁，以表彰他的书院教学活动。

　　书院为教育者与受教育者提供了更为广阔的学术天地，造就了一大批人才，吸引蜀地士子外出求学，同样也吸引了不少外地士人经蜀道来蜀游学。

|二|
道教：从五斗米道北上到杜光庭入蜀

五斗米道是中国道教的源头之一，诞生于巴蜀地区。东汉后期，五斗米道北传。门阀士族逐步对其进行了改造与充实，五斗米道实现了从民间原始宗教向官方正统宗教的转变，并被传播到全国。蜀道成为道教文化双向传播的通道，五斗米道的北传出蜀，改造后的道教南传入蜀，均依靠蜀道。

（一）五斗米道的北传

东汉顺帝时，张陵"闻蜀人多纯厚，易可教化，且多名山，乃与弟子入蜀"，居于今四川大邑县境内的鹤鸣山，创立了"五斗米道"。张陵死后，其子张衡、孙张鲁相继掌教，尊老子为教祖。在鹤鸣山、青城山、瓦屋山等名山胜地修建了不少道观，道教逐渐成为西南地区重要的宗教。东汉末年，张鲁依靠益州牧刘焉的势力，占据汉中，建立政教合一政权。《三国志·魏书·张鲁传》对此有较详的记载：

明·陈槐《天师图》

> 鲁遂据汉中，以鬼道教民，自号"师君"。其来学道者，初皆名"鬼卒"。受本道已信，号"祭酒"。各领部众，多者为治头大祭酒。皆教以诚信不欺诈，有病自首其过，大都与黄巾相似。诸祭酒皆作义舍，如今之亭传。又置义米肉，县于义舍，行路者量腹取足；若过多，鬼道辄病之。犯法者，三原，然后乃行刑。不置长吏，皆以祭酒为治，民夷便乐之。

这样张鲁"雄据巴、汉垂三十年"。张鲁的活动区域有一个从巴郡扩展到汉中的过程。米仓道是巴郡与汉中联系的纽带。张鲁已经认识到道路的重要性，重视米仓道的建设和维护。张鲁在辖区道路设置"义舍"，即无偿供给五斗米道道徒食宿的邸舍。义舍的设置不仅帮助、招徕流民，促进五斗米道的传播，还加强了公共交通建设。另外张鲁还规定"有小过者，当治道百步，则罪除"。这无疑是对道路的养护，也带来了米仓道的繁荣。王子今先生则根据张鲁的"五斗米道"雄据于巴汉，刻意经营和频繁使用米仓道，认为米仓道得名或许与此有关。

建安二十年（215），曹操率兵十万攻入汉中，张鲁归降，随曹操移居邺城（今河北临漳）。通过蜀道，巴郡、蜀郡及汉中数万户的五斗米道信徒也被北迁到长安、洛阳、邺城等地。移民的过程往往是宗教或信仰的影响力扩大或中心转移的过程，五斗米道道众的北迁，造就了五斗米道向北传播。东汉、三国、两晋及北朝前期，蜀道一直是五斗米道北传的主要路线。中原曹魏集团优待五斗米道的上层，张鲁家族及其重要部下均被加官授爵。五斗米道在中原文化的影响下逐渐改变，并在魏晋上层流行起来。曹魏集团虽对五斗米道的下层信徒有所限制，但五斗米道仍在民间流行。

（二）蜀道与道教传播

以葛洪、陆修之、寇谦之为代表的士人，对北传的五斗米道进行了一系列的改造。改造后的道教再通过蜀道南传入蜀，并在各条入蜀干道沿线留下或多或少的遗迹。

剑阁鹤鸣山紧临剑州古城，位于金牛道要冲。鹤鸣山现存道教造像21龛，形态各异的人物88个，道教造像的年代以中晚唐为主。其1号龛、3号龛及4号龛均供奉长生保命天尊。为何在鹤鸣山会出现如此多的天尊造像呢？南北朝时期，道教上清派与灵宝派最为流行，上清派崇祀元始天尊，灵宝派则以老君为尊。后经葛洪改造的灵宝派也转尊元始天尊。天尊造像在魏晋南北朝时多见于关中地区。至隋唐时，天尊造像通过蜀道传入，流行于蜀中。剑阁鹤鸣山不仅是祈福场所，还是道教修炼之地。修凿时代有可能早于唐的6号龛是十二天尊养生修炼龛，龛内分为两排共12个小龛，每个小龛内的天尊坐像或在收腹，或在吐气，好似他们正按道家吐纳炼气之法进行修炼。开凿此龛或正是为了方便信众对照修炼。

子午道上的金仙观，不仅是道教修炼的"洞天福地"，还是韩国道教祖庭。子午道入口子午峪（即子午谷）内，围绕西汉时期的玄都坛，道观林立。唐代，道教发展至巅峰时，许多著名道士都隐居于此，如被司马承祯讥讽走"终南捷径"的卢藏用即隐居在此。现存于子午峪

子午峪金仙观

的《新罗人金可记摩崖碑》，记叙了留学长安的新罗学子金可记毅然放弃学业在此修道的事迹。金可记在终南山子午峪修道，学成后回国，成为朝鲜半岛道教创始人。不久金可记又回到中国，继续在此修仙。崇道的唐宣宗曾一度征其入朝为官，被他婉拒。最终，金可记在子午峪羽化升天。

（三）道教大家与巴蜀

由于蜀道的通达，许多外地的高道来巴蜀地区著书立说，弘扬道法，蜀中道学大家也不断涌现，对道教的发展起到了重要作用。

唐末五代的"道门领袖"杜光庭曾三次入蜀，弘扬道法，并最终在成都青城山跌坐而化。唐僖宗乾符三年（876）春，杜光庭第一次来到成都，并至青羊宫。中和元年（881），他又随唐僖宗避乱入蜀，还奉诏到青城山

剑阁鹤鸣山道教石窟

做斋醮法事。光启二年（886），他再次随僖宗逃到兴元，之后杜光庭就长留蜀地，其足迹遍布蜀地的许多地方。他一直大力弘扬道法，搜集、整理道经，编成《三洞藏》，并自己创作道书。他是道教斋醮科仪的集大成者，积极开展斋醮活动并整理统一了当时废弛的斋醮科仪。杜光庭的道教活动促进了道教的振兴繁荣，尤其是对蜀地道教的发展做出了巨大的贡献。

随着道教在蜀地的传播发展，一些道学大家在蜀地成长起来。蜀人李荣便是其中的翘楚。李荣出身于天师道世家，吸收融合了灵宝派、楼观道等各派思想，留有《老子注》《西升经注》等著作。他与卢照邻、骆宾王等相交甚好。因其声名，唐高宗时他被召入长安。李荣能言善辩，多次与僧人进行辩论，竞佛道优劣，甚至还作为道教代表进宫与佛门代表进行论辩。《太平广记》卷二百四十八《诙谐》记载了李荣与僧人法轨相互嘲谑的小故事：

> 唐有僧法轨，形容短小。于寺开讲，李荣往共论议。往复数番。僧有旧作诗《咏荣》，于高座上诵之云："姓李应须李，言荣又不荣。"此僧未及得道下句，李荣应声接曰："身长三尺半，头毛犹未生。"四座欢喜，伏其辩捷。

法轨之诗应是早已写好的旧作，而李荣的则是临时应对之作，且诗句工整，从中不难看出李荣文思敏捷、诙谐尖锐。

|三|
佛教：玄奘等名僧出入蜀地

佛教是世界三大宗教之一，发源于古印度的迦毗罗卫国。巴蜀地区是我国佛教较早传入并较快普及的地区之一。东汉末三国初，带着虔诚信仰的僧人，经过蜀道进入巴蜀地区，弘扬佛法，从而使佛教在蜀地逐步传播开来。巴蜀地区陆续发现的一些东汉末年的佛教遗迹正说明了这一点。如绵阳何家山的青铜摇钱树、忠县涂井的三国铜佛像、彭山陶座佛像、什邡佛塔画像砖、乐山麻浩一号崖墓佛像及乐山柿子湾一号崖墓佛像等。南朝时，无论是西域僧人来中土传法，还是汉地僧人西行求法，均将蜀地作为中转之地，巴蜀地区被视为传法通道。隋唐时期，西安成为全国政治中心，蜀道交通畅通安全，大量僧侣往来于蜀道之上，巴蜀佛教繁荣。佛教寺院规模宏大，数量增加。当时仅成都一地，著名的大中型寺院就有43所之多，其中最有影响力的是龙渊寺、昭觉寺及大慈寺。巴蜀各地在唐宋时大规模兴造佛教石窟、摩崖造像，广元千佛崖、皇泽寺摩崖造像、安岳石窟、巴中石窟均是巴蜀佛教造像的精粹。巴蜀地区成为天下名僧会集的佛教圣地，以及佛教的传法通道。

（一）名僧入蜀

玄奘，俗姓陈，名祎，洛州缑氏（今属河南）人。他是唐代著名高僧，被尊称为"三藏法师"，与鸠摩罗什、真谛并称为中国佛教三大翻译家。他是中国四大名著《西游记》中唐僧的原型。贞观三年（629）他孤身一人从长安出发，西行五万里，到达天竺，带回大量珍贵梵文佛经。不过玄奘深入学习，参悟佛法，奠定一生事业基础的地方是蜀地。至今，成都文殊院还供奉着玄奘的顶骨舍利。

玄奘幼时家道中落，父亲去世后，他前往洛阳寻找出家为僧的二哥陈素。隋大业十一年（615），洛阳度僧，十三岁的陈祎破格入选，获法名玄奘。唐王朝刚建立，"国基草创，兵甲尚兴，所以京城未有讲肆，然绵蜀之中法事甚盛"。玄奘与兄长决定前往蜀中避乱，并继续深造佛学。据唐释智昇《开元释教录》记载，陈氏兄弟是"经子午谷入汉川"至四川成都空慧寺的。在这里，玄奘一边随其二哥学习佛法，一边到成都各大佛寺聆听寺僧讲授佛法，集各家之长，佛学修养得到快速提升。唐武德五年（622），玄奘在成都接受具足戒。佛教的具足戒是僧尼受持的最正式戒律。五年后，玄奘对成都各大寺院所传佛学已全面吸收并做了充分研究，认为留在蜀地已经不能使自己提高佛学水平了，才去到长安求学。

东汉·彭山陶座佛像

对成都佛教影响颇深的另一位僧人是无相禅师。无相禅师是新罗国王圣德王的第三子，年轻时在新罗群南寺剃度出家。开元十六年（728），他来到长安，受到唐玄宗的召见，并被安置于长安禅定寺。不久无相禅师便离开长安，通过蜀道，前往巴蜀，自此长居成都。入蜀后，他到资中拜谒处寂禅师。处寂之师智诜禅师受学于五祖弘忍，学成后在四川传法，是禅宗第一位在巴蜀地区开宗立派的传法者。无相禅师一边学习蜀地佛法，一边传播新罗佛教。他因俗姓金而被民众称为"金和尚"。无相禅师继

新都宝光寺大雄宝殿

承了智诜、处寂的禅法，又创造出新的禅法，成为巴蜀净众—保唐禅派的关键人物。禅宗洪州宗的祖师马祖道一就曾师从无相禅师。安史之乱时，唐玄宗避难入蜀，来到成都，再次召见无相禅师，并请他监制净众寺、大慈寺等重要寺院。此后，无相禅师在成都佛教界的地位与影响力迅速提升。

（二）蜀地高僧

佛教在四川的盛行，除因有大量外来僧人的推动外，

还得益于四川本地的高僧辈出。据《续高僧传》《宋高僧传》，隋唐时期巴蜀地区高僧多达二十八人，数量仅次于长安与洛阳。四川僧人不但在巴蜀声名显赫，还能进入唐朝的政治中心，知玄就是其中的代表。

知玄，眉州洪雅（今四川洪雅）人，俗姓陈。知玄生于官宦之家，从小饱读诗书，倾心佛法，十一岁便出家为僧，早慧持重，才华横溢。杜元颖为西川节度使时，命十三岁的知玄于成都大慈寺普贤阁讲经，使其声望大振，成为享誉成都的佛学大师，蜀人称其为"陈菩萨"。民间流传着一种说法，即知玄是北周护法高僧智炫和尚的转世。唐文宗时，知玄随其师，从蜀地到达长安资圣寺。知玄不仅刻苦研习佛法、儒家经典等，为方便讲听交流，还学会了当时的标准语"秦语"。知玄终获成功，声名大噪，受到文宗的召见、赏识，从而与当时的达官贵族频繁交往，在佛教界的地位迅速提升。唐武宗上台，实行灭佛政策，知玄只能返蜀。唐宣宗即位，恢复佛教，兴建佛寺，特召知玄入京，封其为统领儒、释、道的"三教首座"。大中八年（854），知玄又由长安返回蜀地，广宣佛法，受益者甚多。广明二年（881），僖宗幸蜀，召见知玄，赐号悟达国师。相传正是知玄在四川新都宝光寺随侍僖宗时，发现了地下所藏的十三颗佛骨舍利。知玄两进长安，两次返蜀，说明蜀道是佛教文化交流的通道。唐时众多高僧如知玄一般，通过蜀道往返于长安与蜀地，学法传法，使巴蜀与长安的文化交流日益密切。

（三）巴中佛教造像与米仓道

今四川省巴中市，处于米仓山南麓，位于古代南北交通要道米仓道的南端。蜀道南段的主干道有三，除荔枝道外，一条是途经广元的金牛道，另一条就是经过巴中的米仓道。巴中市境内存有不少佛教造像遗址，其中隋唐时期的共有19处，450余窟，分布在南龛、北龛、西龛、水宁镇水宁寺、三江乡龙门山等地。这些佛教造像与唐宋米仓道的繁荣有密切关系。

巴中佛教造像，始凿于隋，唐代大兴，宋有续凿。可见龛窟的开凿时间与米仓道的发展基本同步。这些石窟造像多位于与米仓道相连的古道旁。南龛位于巴中市城南五公里的南龛山上，是巴中石窟中保存最完好、规模最大的石窟。水宁寺也处于米仓道的必经之路上。龙门山摩崖石刻造像的所在地三江乡龙门村，是古代从南江、巴中到重庆的水路交通要道，即是米仓道南下重庆再到江南水道的必经之处。

巴中石窟造像的题材、组合及风格多样。就题材而言，既有长安、洛阳流行的阿弥陀佛与五十二菩萨等，又有来自西北地区的毗沙门天王像、双头瑞佛像。毗沙门天王因有许多庇佑君王、平定乱事的传说，所以在西北地区广受崇祀。巴中南龛也出现了毗沙门天王造像——第65龛与94龛的主尊都是毗沙门天王。敦煌莫高窟中唐时期的第231与237窟，五代的第72窟壁画有双头瑞像图。巴中南龛第83龛的主尊也是一尊双头瑞佛像，且是四川境内仅有的一尊。显然，巴中石窟造像受到西域的影响。巴中有道路与西北地区乃至西域相通，文化交流频繁，然而同为川北

巴中南龛石窟外景

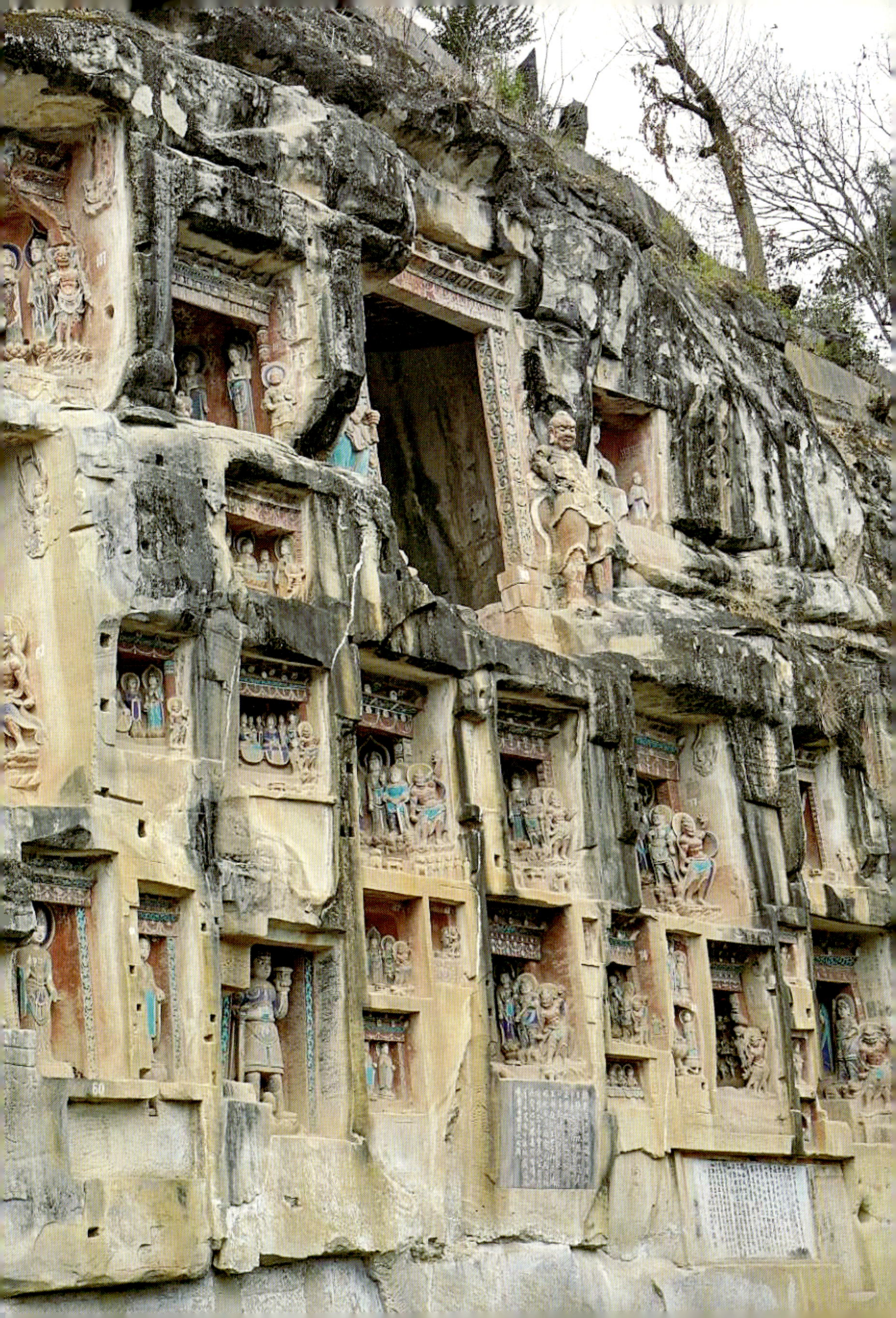
60

南龛石窟毗沙门天王像　　　　　南龛石窟双头瑞佛像

门户的广元却没有以上题材的造像，无疑说明这些题材是经米仓道传入巴中的。这一方面是因安史之乱后，唐与吐蕃的战场东移，金牛道交通受到影响，行旅越来越依赖米仓道。另一方面，从西域通过河西走廊南下，有一路可经秦州到达汉中，与米仓道相接可达巴中，这也可以解释巴中南龛题刻中为什么会出现"秦州""凉商"等字样。

第八讲

纪行感怀

蜀道与中国文学

蜀道是连接巴蜀与中原的交通要道,古往今来,无数文人行走于其中,受山川风物的感发,创作了数量众多的文学作品,成为蜀道文化遗产的重要组成部分,极大丰富了蜀道的文化内涵。

可以说蜀道之路就是一条丰富多彩的文学之路,既在见证往昔岁月、文化变迁的过程中体现出历史的厚重感,又在雄奇壮美的蜀道山水描写与羁旅愁思的情感抒写中挥洒诗情画意。因此,蜀道与中国文学密不可分,相得益彰,共同组成了中华文化的宝贵遗产。

| 一 |
难于上青天：文学中的蜀道印象

西晋太康六年（285），即蜀汉灭亡二十三年后，一位踌躇满志的青年才俊，从都城洛阳出发，一路西行，入函谷，出潼关，历蜀道，经千难万险，终于来到剑阁，正式进入蜀地。立于剑门之下，他思绪涌动，感慨良久，挥毫写就《剑阁铭》一文。文曰：

> 岩岩梁山，积石峨峨。远属荆衡，近缀岷嶓。
> 南通邛僰，北达褒斜。狭过彭碣，高逾嵩华。
> 惟蜀之门，作固作镇。是曰剑阁，壁立千仞。
> 穷地之险，极路之峻。世浊则逆，道清斯顺。
> 闭由往汉，开自有晋。秦得百二，并吞诸侯。
> 齐得十二，田生献筹。矧兹狭隘，土之外区。
> 一人荷戟，万夫趑趄。形胜之地，匪亲勿居。
> 昔在武侯，中流而喜。山河之固，见屈吴起。
> 兴实在德，险亦难恃。洞庭孟门，二国不祀。
> 自古迄今，天命匪易。凭阻作昏，鲜不败绩。
> 公孙既灭，刘氏衔璧。覆车之轨，无或重迹。
> 勒铭山阿，敢告梁益。

这位青年才俊名叫张载，字孟阳，西晋安平（今河北安平）人。为人性情闲雅，博学能文，与弟张协、张

亢并称"三张"，是太康文学的代表作家。张载之所以入蜀，是为探望时为蜀郡太守的父亲张收。

　　文章首先突出剑阁形势之重要，远与荆山、衡山相接，近与岷山、嶓冢山相连，南可通邛僰，北可达褒斜，四通八达，镇扼秦蜀，为咽喉要塞之地。继而描绘剑阁之雄奇险峻。曹学佺《蜀中名胜记》卷二十六引颜师古注云："栈即阁也。"剑阁，即剑门栈道。剑门两岸山势峻拔，壁立千仞，盘石架阁为道，险峻之极。大概与今剑门关风景区的鸟道、猿猱道类似。叙写至此，文章转入议论。虽然剑阁险峻，易守难攻，"一人荷戟，万夫趑趄"，但公孙述败亡、蜀汉投降等殷鉴不远，警示世人切勿据险倡乱，唯兴德政才是王道。文章由于维护中央王权大一统，反对据险割据，故得到当朝统治者的嘉赏，据《晋书》记载："益州刺史张敏见而奇之，乃表上其文，武帝遣使镌之于剑阁山焉。"

　　此铭文文辞畅达，立意高远，刘勰在《文心雕龙·铭箴》中有赞："其才清采，迅足骎骎，后发前至，

清·孙世享《剑阁图》成扇

第八讲　纪行感怀　蜀道与中国文学　　253

勒铭岷汉，得其宜矣。"明人张溥《汉魏六朝百三家集题辞注》更是称其为"文章典则"，评价极高。后世受《剑阁铭》影响的模仿之作甚多，仅唐代就有柳宗元《剑门铭》、欧阳詹《栈道铭》、李德裕《剑门铭》等，而以诗歌吟咏之作则更多。这些仿作不厌其烦地反复渲染剑阁的险峻，但主题思想基本没有超越此铭的范围。

此外，张载还有《叙行赋》，此赋记录了他行经蜀道的全过程。"缘阻岑之绝崖，蹈偏梁之悬阁。石壁立以切天，岌嵚隗其欲落。""造剑阁之崇关，路盘曲以腌蔼。山峥嵘以峻狭，仰青天其如带。"赋中描绘的蜀道的艰险程度超过了《剑阁铭》，虽然文中无一"难"字，但字里行间却处处透露出蜀道之难。不过，这篇赋文甚少有人关注，故影响远不及《剑阁铭》。

总体来说，张载以自己的亲身经历验证了蜀道之难，并形诸笔墨，以文学的形式将个人感受固定下来，给后人

北宋·郭熙《寒林蜀道图》

留下"蜀道难"的深刻印象,为后世蜀道文学奠定了基调,影响深远。

　　大约在张载创作《剑阁铭》的前后时期,以《蜀道难》命名的乐府古辞也开始出现。北宋郭茂倩编撰的《乐府诗集》中收录有《蜀道难》这一歌辞,在考证其来源时,郭茂倩引《古今乐录》中的话,言王僧虔《技录》中载有《蜀道难行》歌辞。按郭茂倩之意,"蜀道难"应该又名"蜀道难行",二者应为同一歌辞。王僧虔为南朝宋齐时人,出身士族,为东晋名相王导之玄孙,是当时著名的音乐家和书法家。《南齐书》有其传记,其卒于永明三年(485),时年六十。依据王僧虔的生平推测,《蜀道难》这一乐府歌辞极有可能产生于魏晋时期。随着张载《剑阁铭》、左思《蜀都赋》等描写蜀道艰险的文学作品的广泛传播,"蜀道难"出现在乐府古辞中是完全可能的。酝酿至南朝,《蜀道难》歌辞开始流行,梁简文帝、

刘孝威、阴铿都创作过《蜀道难》诗。不过，由于他们都没有亲临蜀道的经历，缺乏真切体会，只是借用古辞，运用想象，凭空而作，故情感空洞，对后世影响不大。

随着唐诗帝国的崛起，当天才诗人李白以他激昂的创作热情，登高而呼，吟诵出这首《蜀道难》时，几乎所有人都为之倾倒。

> 噫吁嚱，危乎高哉！蜀道之难，难于上青天！
> 蚕丛及鱼凫，开国何茫然！尔来四万八千岁，不与秦塞通人烟。西当太白有鸟道，可以横绝峨眉巅。地崩山摧壮士死，然后天梯石栈相钩连。上有六龙回日之高标，下有冲波逆折之回川。黄鹤之飞尚不得过，猿猱欲度愁攀援。青泥何盘盘，百步九折萦岩峦。扪参历井仰胁息，以手抚膺坐长叹。
> 问君西游何时还？畏途巉岩不可攀。但见悲鸟号古木，雄飞雌从绕林间。又闻子规啼夜月，愁空山。蜀道之难，难于上青天，使人听此凋朱颜。连峰去天不盈尺，枯松倒挂倚绝壁。飞湍瀑流争喧豗，砯崖转石万壑雷。其险也如此，嗟尔远道之人胡为乎来哉！
> 剑阁峥嵘而崔嵬，一夫当关，万夫莫开。所守或匪亲，化为狼与豺。朝避猛虎，夕避长蛇。磨牙吮血，杀人如麻。锦城虽云乐，不如早还家。蜀道之难，难于上青天，侧身西望长咨嗟！

据晚唐孟启《本事诗》记载，李白初至长安，太子宾客贺知章闻其名而前往拜访。时贺知章已八十高龄，身份高贵，声名显赫，而李白只是一布衣，初出茅庐。贺知章不拘小节，亲身前往，足见其对李白之看重。既见其人，"奇其姿，复请所为文"。李白出《蜀道难》示之，贺知章"读未竟，称叹者数四"，以为天仙下凡，从此号为"谪仙"。既而以金龟换酒，倾尽而醉，结为忘年交。多年后，当李白忆及此事时仍引以为荣，在《对酒忆贺监二首》中云："四明有狂客，风流贺季真。长安一相见，呼我谪仙人。"可以说李白以《蜀道难》一诗彻底征服了贺知章，为其赢得了极大的声誉，在京城长安一鸣而惊人。

李白这首《蜀道难》诗显然受到了张载的很大影响，是在《剑阁铭》的基础上将蜀道之难渲染到极致，可谓登峰造极，无以复加，最终将"蜀道之难，难于上青天"固化为人们对蜀道的基本认识。与张载的写实不同，李白采用的是浪漫主义的写法，运用想象与夸张、虚实结合的方式，反复渲染蜀道之难。如写山的高峻，都极尽夸张之能事，但又各有各的不同。太白山"上有六龙回日之高标"，其孤峰之势，甚至挡住了日车，太阳都无法运行；翱翔的黄鹤，虽然善飞，却也无法越过；身手矫捷的猿猱，想要逾越，也会忧愁攀缘。黄鹤、猿猱尚如此，行人之难则可想而知。又如青泥岭，悬崖万仞，岩峦之上可以"扪参历井"；其高如此，道路又迂回曲折，萦绕而上，哪怕只有百步的距离，也不能轻易到达，行人只能抚膺长叹。还有连绵的群峰"去天不盈尺"，高耸入云，几与天齐。悬崖之上，枯松倒挂；山涧之间，急流飞湍，水瀑轰鸣。行人至此，无不胆慑。凡此种种，无不说明蜀道山路险峻，人行其中，举步维艰，惊险万状，怎不让人心畏。

明·徐贲《蜀山图》　　　　　　陆恢《蜀道难图》

加之悲鸟号叫，子规夜啼，更让人愁肠百结。

除了天险，还有人祸。剑门雄关，易守难攻，一夫当关，万夫莫开，若为图谋不轨之人窃取，则恐生战乱，百姓遭殃。这里化用了张载《剑阁铭》中"一人荷戟，万夫趑趄。形胜之地，匪亲勿居"等语，显示了二者的前后相承关系。二人都在承平之世展露了危机意识，不过张载更多的是对历史教训的总结，而李白则敏锐地预感到唐王朝的危机将到来，且不幸言中，故明人孙慎行言《蜀道难》是"明皇将幸蜀之兆"。

《蜀道难》是首乐府古辞，但李白对其进行了直接的改造。句式参差不齐，变化多样，内容量也扩大数倍，使得它能够进行充分的描摹、刻画、渲染。加上浪漫主义的表现手法，丰富的想象，强烈的夸张，充沛激烈的感情，把"蜀道之难，难于上青天"表现得淋漓尽致，奇之又奇，顿时吸引了古今所有人的目光。"难于上青天"的蜀道印象从此深入人心。

明清时期有诗人仿作《蜀道难》，如吴国伦、顿锐、方孝标、汤鹏等，但少有长篇，多为短制，且并无创新，故不引人注意。另外，唐人又有反弹琵琶者，如陆畅为《蜀道易》，赞美韦皋，辞今不存。明方孝孺也有《蜀道易》美化明王朝，首开台阁体之风；但与李白《蜀道难》相比，高下立判。

| 二 |
宇宙之绝观：蜀道文学的山水书写

千里蜀道，虽然艰难，但名山大川，奇观异景，亦在其中，宛若一幅幅雄奇壮美的山水图画，任凭行走于蜀道的文人们用他们的如椽巨笔书写描画，将其毫无保留地展示在世人面前。

西晋太康年间，张载曾入蜀，有《叙行赋》对蜀道山水做了一些粗线条的勾勒，但缺乏细致刻画，没有给人留下太多的印象。初唐时，"初唐四杰"先后入蜀，对蜀道山水有了更为直观的认识，他们惊叹于蜀道山水之奇绝，开始用更多的笔墨对蜀道山水做精细刻画。也由此揭开了蜀道山水神秘的面纱，吸引了越来越多文人的关注，使他们纷至沓来。

王勃年少成名，原为沛王府修撰，陪王子李贤读书。沛王与英王斗鸡玩乐，王勃戏作《檄英王鸡》文助兴。事情传到唐高宗耳里，高宗认为这不利于王子之间的团结，易引发日后的权谋之争，因而大怒，立即将王勃斥出沛王府。遭此打击，年轻的王勃郁闷至极，于是决定离开长安，前往蜀地散心。唐高宗总章二年（669）五月，王勃从长安启程，经过始平（今陕西兴平）、扶风、长柳（今陕西南郑附近）、普安（今四川剑阁）等地，抵达绵州（今四川绵阳），历时一月有余。受蜀道山川风物感召，王勃兴致很高，一路吟咏。抵绵州后，王勃择其中三十首编成集，命名为《入蜀纪行诗》，自为序。序云：

> 总章二年五月癸卯，余自长安观景物于蜀，遂出褒斜之隘道，抵岷峨之绝径，超玄溪，历翠阜，逾弥月而臻焉。若乃采江山之俊势，观天下之奇作，丹壑争流，青峰杂起，陵涛鼓怒以伏注，天壁嵯峨而横立，亦宇宙之绝观者也。……嗟乎，山川之感召多矣，余能无情哉！爰成文律，用宣行唱，编为三十首，投诸好事焉。

王勃用"宇宙之绝观"来评价蜀道山水景色，这是个极高的赞誉。所谓"绝观"，是指世间罕有之景，如范成大《吴船录》云："盖大峨峰顶，天下绝观，蜀人固自罕游。"又文同《南康军妙明庵记》云："此尤天下之胜处，世间不复更有之绝观也。"王勃对蜀道山水的盛赞一定是情不自禁、发自肺腑的，不然他就不会诗情勃发，一路有如此高的兴致，连续作诗三十首了。这也就是刘勰所说的得"江山之助"吧。可惜的是王勃《入蜀纪行诗》集没有保留下来，我们只能从他现存的几首蜀道诗中一窥究竟。如《普安建阴题壁》：

江汉深无极，梁岷不可攀。
山川云雾里，游子几时还。

普安，唐剑南道剑州治所，即今剑阁县。这首诗应该是王勃途经剑阁时所作。剑阁是入蜀的大门，形胜之地；由大、小剑山山脉组成的七十二峰，连绵不绝，层峦叠嶂，莽莽苍苍；汉水从群山中穿流而过，奔流而去。在一片云雾之中，山川若隐若现，场面极其壮观。身处其中，不能不惊叹于大自然的鬼斧神工。水之深，深不可测；山之高，高耸入云，两种自然奇观出现在同一画面中，称其为"宇宙之绝观"一点也不夸张。这不禁让人想起李白在《蜀道难》中所言"连峰去天不盈尺，枯松倒挂倚绝壁。飞湍瀑流争喧豗，砯崖转石万壑雷"。虽然惊险之极，却可以从中体会到一种奇险之美，所谓无限风光尽在险峰，正是如此。

又如《泥溪》诗：

弭棹凌奔壑，低鞭蹙峻岐。
江涛出岸险，峰碛入云危。
溜急船文乱，岩斜骑影移。
水烟笼翠渚，山照落丹崖。
风生蘋浦叶，露泣竹潭枝。
泛水虽云美，劳歌谁复知。

宋郭允蹈《蜀鉴》卷七言："泥溪在利州西南，今米仓山间道也。"据此可知泥溪在利州（今四川广元），但具体地点已不可考。《泥溪》当是诗人停留该地游玩时所写。诗歌重点在描绘泛舟和山行时所体验到的不同乐趣。山险路陡，行走其上，战战兢兢，如履薄冰，但可欣赏到晚照落丹崖的美景；岸岩壁立，高耸云天，水急浪高，泛舟峡道，虽紧张凶险，但让人激昂兴奋。这些都是平常无法体验到的胜处，也是王勃对于巴山蜀水最为深刻的印象。

卢照邻入蜀比王勃更早，时间大约在龙朔二年（662），中间还奉使至长安，再返蜀中，直至咸亨二年（671）才出蜀。逗留蜀中时间长达十年，流连忘返，在蜀道上留下不少诗歌，对蜀道山水多有描摹。如《葭川独泛》：

清·弘历《蜀山行旅图》

> 倚棹春江上，横舟石岸前。
> 山暝行人断，迢迢独泛仙。

葭川，即葭萌水，在白水江下游，为嘉陵江支流，在今广元昭化。据张志烈《初唐四杰年谱》，唐高宗麟德二年（665）卢照邻出狱后，大概是为了放松心情，往返于剑州、梓州、利州等地，栖迟山水间，遂有此作。临近傍晚时分，行人稀少，诗人独自一人在江中泛舟，闲适、宁谧，怡然自得，仿佛神仙一样，忘却了人世间的烦恼。诗虽短，但意境开阔悠远，有一种娴静之美，将蜀道山水宁静秀美的一面展现出来。

这类诗在卢照邻的蜀道诗中尚多，但他也有描写蜀道雄奇险峻的诗篇，如《早度分水岭》：

> 丁年游蜀道，班鬓向长安。
> 徒费周王粟，空弹汉吏冠。
> 马蹄穿欲尽，貂裘敝转寒。
> 层冰横九折，积石凌七盘。
> 重溪既下漱，峻峰亦上干。
> 陇头闻戍鼓，岭外咽飞湍。
> 瑟瑟松风急，苍苍山月团。
> 传语后来者，斯路诚独难。

唐高宗咸亨二年，在蜀中蹉跎多年后，卢照邻终于出蜀返长安，途经分水岭时有感而发作此诗。分水岭，指嶓冢山，在今陕西宁强县。《水经注》云："嶓冢以东，水皆东流；嶓冢以西，水皆西流。"故以嶓冢山为分水岭。诗歌先回述自己在蜀中的蹉跎岁月，感叹一无所成，然后转入对蜀道山水风物的描写——百步九折的青泥岭，山石嶙峋的七盘山，冲荡回旋的激流，高耸入云的危峰，沉沉的戍鼓，轰鸣的飞瀑，瑟瑟的松风，苍茫的山月，等等，勾勒出一幅幅雄奇险峻、宏伟壮阔的山水图，而蜀道之难也得到凸显。最后，诗人由蜀道险阻想到人生的艰辛、理想的困顿，通过末两句传递出训诫之意。显然，李白的《蜀道难》受到卢照邻此诗的影响较大。

"初唐四杰"中的另外两位是骆宾王和杨炯。骆宾王《畴昔篇》对蜀道山水有精彩描写，如"阳关积雾万里昏，剑阁连山千种色""华阳旧地标神制，石镜峨眉真秀丽"。出蜀后仍对巴山蜀水不吝赞美之辞。杨炯则在出蜀时经三峡，有《广溪峡》《巫峡》等诗写三峡风光。

"初唐四杰"在蜀中的创作，给初唐文坛带来清新之气的同时，也改变了人们对巴蜀的认识，减少了人们对入蜀的畏惧感。这犹如开启了一扇天窗，让人们真切体会到蜀道之难的同时，也意识到蜀道及巴蜀山水之美。这对于喜欢漫游和四处寻找山水之趣的唐代文人来说无疑是好消息，因此也激发了他们入蜀的热情。此后，蜀道逐渐变得热闹起来。

清代蜀中才子李调元有诗言"自古诗人例到蜀"，这虽然有些夸张，但盛唐及之后重要的文人几乎都曾入蜀却也是不争的事实。自然，对蜀道山水的书写也是他们文学表现的重要主题。入蜀诗人中影响最大的当数诗圣杜甫。

唐肃宗乾元二年（759），杜甫举家入蜀，自秦州

（今甘肃天水）至成都，有感于沿途山川形胜和风土人情，写下了两组山水行旅诗，共二十四首，笔参造化，穷形尽相，具体形象地刻画和展现了空间跨度极大的蜀道山水。第一组，写自秦州到同谷（今甘肃成县）的秦陇古道，共十二首，分别是《发秦州》《赤谷》《铁堂峡》《盐井》《寒硖》《法镜寺》《青阳峡》《龙门镇》《石龛》《积草岭》《泥功山》《凤凰台》。十月从秦州出发，十一月到达同谷。杜甫之所以离开秦州，是因为秦州无可依靠，生计困难。然而历经艰难，长途跋涉抵达同谷后，杜甫发现此地依然如此。停留了一个多月后，百般无奈的杜甫被迫带上家人再次踏上征程，继续南行，前往成都，于是有了第二组诗。第二组写自同谷到成都的金牛道，也是十二首，分别是《发同谷县》《木皮岭》《白沙渡》《水会渡》《飞仙阁》《五盘》《龙门阁》《石柜阁》《桔柏渡》《剑门》《鹿头山》《成都府》。十二月一日出发，岁末至成都。这二十四首山水行旅诗，旅程清晰明了，历历可考，杜诗也因此有"图经"的美称。而杜

明·张宏《蜀道难图卷》

甫本人就像一位导游，带领我们详细领略了蜀道山水的雄奇伟丽。

先让我们随着诗人的笔触一一欣赏蜀道山水。从秦州到同谷，多穿行大山中，峡谷最常见，故诗中描写尤多，先后有赤谷、铁堂峡、寒硖、青阳峡。谷深、壁立、风大、天寒、路难是诗中这些峡谷的共同特点。

晨发赤谷亭，险艰方自兹。
乱石无改辙，我车已载脂。
山深苦多风，落日童稚饥。
（《赤谷》）

山风吹游子，缥缈乘险绝。
峡形藏堂隍，壁色立积铁。
径摩穹苍蟠，石与厚地裂。
修纤无垠竹，嵌空太始雪。
威迟哀壑底，徒旅惨不悦。
（《铁堂峡》）

行迈日悄悄，山谷势多端。
云门转绝岸，积阻霾天寒。
寒硖不可度，我实衣裳单。
（《寒硖》）

清·刘泮生《蜀山行旅图》

  冈峦相经亘,云水气参错。
  林迥硖角来,天窄壁面削。
  溪西五里石,奋怒向我落。
  仰看日车侧,俯恐坤轴弱。
  魍魅啸有风,霜霰浩漠漠。
       (《青阳峡》)

  时值寒冬,诗人一家忍饥挨饿,行色匆匆,穿行于这无尽的峡谷中,自然没有好心情来欣赏这峡谷风景。故在诗人的笔下,所有景象都染上了一层浓浓的忧悒色彩。在诗人眼中,险径通幽的峡谷,突兀横卧的巨石,壁立千仞的山崖,砭骨的寒风,密布的阴霾,等等,无不预示着自己前进道路的艰难。然而在读者看来,杜甫笔下的峡谷风光,形态各异,突兀宏肆,雄奇壮伟,这在之前的蜀道文学作品中从未出现过,而用组诗形式加以刻画更是杜甫的独创。

  从同谷到成都,特别是由秦入蜀这一段,道路更为艰险,过栈道、渡激流,更是常态。描写过栈道的诗有《飞仙阁》《五盘》《龙门阁》《石柜阁》。凌空飞架,势若云梯,曲折盘旋,惊险万状,是栈阁的主要特点。

  栈云阑干峻,梯石结构牢。
  万壑欹疏林,积阴带奔涛。
  寒日外澹泊,长风中怒号。
  歇鞍在地底,始觉所历高。
       (《飞仙阁》)

五盘虽云险，山色佳有余。
仰凌栈道细，俯映江木疏。
地僻无网罟，水清反多鱼。
好鸟不妄飞，野人半巢居。
　　　　（《五盘》）

清江下龙门，绝壁无尺土。
长风驾高浪，浩浩自太古。
危途中萦盘，仰望垂线缕。
滑石欹谁凿，浮梁袅相拄。
目眩陨杂花，头风吹过雨。
百年不敢料，一坠那得取。
　　　　（《龙门阁》）

石柜曾波上，临虚荡高壁。
清晖回群鸥，暝色带远客。
羁栖负幽意，感叹向绝迹。
信甘屏馁婴，不独冻馁迫。
　　　　（《石柜阁》）

　　从同谷向成都进发，诗人的心情明显与前一段不同。虽然阁道奇险无比，让人胆战心惊，但凌空四眺，风景自然不俗，紧张恐惧之余，也充满惊喜。故而诗人没有忧愁焦虑，反而从容淡定，并能以欣赏的眼光去发现这难得的蜀道山水美景，为我们呈现出精彩绝伦的蜀道山水风光。同样，历史上写蜀道栈阁的诗文不少，但像杜甫这样以组诗反复刻画描摹的却没有。这大概是因为杜甫意识到，作为蜀道标志性特征的栈阁，无论怎样描摹都不足以展现其雄奇险峻之美和带给人们的独特审美感受。

与穿峡谷、过栈道的惊险紧张不同，诗人渡激流时则显得轻松许多。如《白沙渡》诗，"高壁抵欹釜，洪涛越凌乱"是说渡船行至悬崖峭壁之下，水石相激，波涛汹涌，看起来很惊险，但诗人其实很放松。甚至看到"水清石礧礧，沙白滩漫漫"时，诗人心情大好，感觉一身清爽，"迥然洗愁辛，多病一疏散"——愁洗而病散，这种心情在杜诗中可不常见。

总体来说，杜甫这二十四首入蜀纪行诗详细记录了他的入蜀行程，连点成线，就构成了一幅精彩纷呈的蜀道山水长卷图画。山峰、峡谷、栈阁、激流、绝壁、寒烟、山花、修竹等，纷至沓来，"宇宙之绝观"可谓不虚。当然，杜甫的入蜀纪行诗不仅仅只有蜀道山水风光，乡关之思、家国之痛、民生之艰也贯穿其中，因此它们又被认为是杜甫"诗史"的典范。

唐以后的蜀道文学对山水的书写基本上沿着唐人开辟的道路前进，但更加丰富多样，描摹刻画也更加细腻，呈现百花齐放的盛况。限于篇幅，只能留待将来再探讨。

| 三 |

万里同为客：蜀道文学的情感抒发

唐高宗咸亨二年，游蜀近十年的卢照邻离任新都尉返京。在离开成都前，卢照邻作《还京赠别》诗与好友依依惜别。诗云：

> 风月清江夜，山水白云朝。
> 万里同为客，三秋契不凋。
> 戏凫分断岸，归骑别高标。
> 一去仙桥道，还望锦城遥。

卢照邻赠别的这位友人是谁，已经无从可考，但可以确定他也是一位游蜀文士。三年朝夕相处，让他们结下了深厚的情谊，特别是"万里同为客"的身份，更使他们感情无间，惺惺相惜。对于大多数旅行于蜀道的文人来说，这就是一种共同的情感认同，由此而产生的思乡念家、羁旅愁思之情便成为蜀道文学作品中最普遍的情感表达。请看张说的《再使蜀道》一诗：

> 眇眇葭萌道，苍苍褒斜谷。
> 烟壑争晦深，云山共重复。
> 古来风尘子，同眩望乡目。
> 芸阁有儒生，轺车倦驰逐。
> 青春客岷岭，白露摇江服。
> 岁月镇羁孤，山川俄反覆。
> 鱼游恋深水，鸟迁恋乔木。
> 如何别亲爱，坐去文章国。
> 蟋蟀鸣户庭，蟏蛸网琴筑。

张说（667—730），字道济，一字说之，洛阳人，是初唐向盛唐过渡时期的关键人物,先后三次任宰相,被封为燕国公。张说执掌文坛三十年,与许国公苏颋齐名,并称"燕许大手笔"。他先后两次出使蜀地,一次在武则天天授二年(691),一次在武则天证圣元年(695)。蜀道绝美的山水风光给年轻的张说留下了深刻印象,他在蜀中创作的十首诗歌皆属山水诗,但在呈现山水状貌声色之美时却常常流露出淡淡的哀愁——思乡念家之情尤为明显。《再使蜀道》前四句写景,葭萌道、褒斜谷,笼罩在烟云之中,云遮雾绕,缥缥缈缈,朦朦胧胧。但诗人多次往来于蜀道,对此美景早已习以为常,而由于长期出使在外,反而有厌倦感。此时诗人不到三十岁,正是壮志凌云、大展宏图之际,却离开京城,远道出使,显然并不情愿,故有"轺车倦驰逐"之言。自春至秋,时日漫长,诗人依然踽踽独行于蜀道,思乡念亲之情油然而生。游鱼和羁鸟尚且依恋自己曾经生活过的地方,何况是身在远方的游子。诗人后悔自己如此轻易地离开京城,远离亲人友朋,千里迢迢出使蜀地。接下来,诗人抑制不住自己的思念,想象自己离开后家里的情景:秋天已至,是不是有蟋蟀在庭外鸣叫?家里琴筑上的丝弦是不是结满了蛛网?诗歌至此戛然而止,但诗人绵长的忧思却留给后人无穷的想象空间。

与《再使蜀道》流露的绵长忧思不同,另一首《深渡驿》表现的是瞬间产生的羁旅愁思。

旅泊青山夜,荒庭白露秋。
洞房悬月影,高枕听江流。
猿响寒岩树,萤飞古驿楼。

> 他乡对摇落，并觉起离忧。

　　深渡驿，根据顾祖禹《读史方舆纪要》考证，在金牛道大小漫天岭之间，嘉陵江边。北宋初，王全斌伐蜀，别将崔彦进攻破大小漫天寨，与王全斌会师于深渡驿，可见深渡驿在唐宋时期是要隘之地。唐宋以后，深渡驿不见于文献记载，或许已经废弃。其具体位置已难以考证。诗中言"荒庭"，说明这里位置偏僻，大概只有一些偶然途经的旅客，其萧条冷落可想而知。诗人夜宿于此，不免有寂寞凄凉之感。看着窗外月光，耳边传来嘉陵江潺潺的流水声和树猿低回的鸣叫，诗人辗转反侧，长久无法入眠。此时正是深秋季节，草木摇落，不免叫人产生思乡的愁绪。

　　整首诗以写景为主，但一切景语皆情语，每一种景象都是为最后抒写离忧之情做铺垫。全诗语言清新淡雅，意境清远，格调谨严，体现出初唐诗向盛唐诗过渡的痕迹。

　　如果说卢照邻、张说等人的蜀道诗多表达的是传统文人的游子思归之情与行旅中的羁旅愁思，那么杜甫的蜀道纪行诗所抒写的情感则更加深厚宏大，往往将个人身世之悲与百姓、国家、社会的命运联系起来，具有历史沧桑感。如《发同谷县》诗，抒写离开同谷时的心境，令人潸然。诗云：

> 始来兹山中，休驾喜地僻。
> 奈何迫物累，一岁四行役。
> 忡忡去绝境，杳杳更远适。
> 停骖龙潭云，回首虎崖石。

> 临岐别数子，握手泪再滴。
>
> 交情无旧深，穷老多惨戚。
>
> 平生懒拙意，偶值栖遁迹。
>
> 去住与愿违，仰惭林间翮。

　　杜甫从秦州来到同谷县，待了一个多月，这是他一生中最为困苦的时期。他满怀希冀来到同谷，却大失所望，缺衣少食的局面不但没有得到改善，而且变得更为严重，致其经常处于挨饿状态。为此，诗人还像猴子一样在山中捡拾橡实，又手持长镵在积雪覆盖的山上挖掘黄独的块茎，所以《旧唐书》说杜甫"寓居成州同谷县，自负薪采稆，儿女饿殍者数人"。在此情形下，诗人不得不再次南行，前往成都，《发同谷县》就是诗人临行时所作的。杜甫在诗中说明了自己迫不得已离开同谷的原因，"奈何迫物累"，说得很含蓄，但字字血泪。"忡忡去绝境，杳杳更远适。"但前往成都的蜀道漫漫，艰难异常，诗人也忧心忡忡。这时同谷的亲朋好友前来送行。临岐分别之际，握手话别，老泪纵横。想到自己已是穷老之身，却碍于物累，为生计而再上路，怎不令人伤感、惆怅？其实诗人的要求并不高，只要能解决温饱问题，有安居之所就够了，可是在安史之乱造成的国破家亡的背景下，这些都是奢望。

　　他的《寒硖》一诗虽写旅途艰难，但能由己及人，想到百姓的苦难。诗云：

> 行迈日悄悄，山谷势多端。
> 云门转绝岸，积阻霾天寒。
> 寒硖不可度，我实衣裳单。
> 况当仲冬交，溯沿增波澜。
> 野人寻烟语，行子傍水餐。
> 此生免荷殳，未敢辞路难。

　　这是杜甫在由秦州向阳谷进发的途中所作的。据萧涤非主编《杜甫全集校注》，寒硖在今甘肃西和县西，俗名祁家峡，又名大晚家峡、大湾峡，全长十二里。杜甫大概是因其寒冷异常而名之"寒硖"的，说明诗人对此印象极为深刻。诗人行经此处时，已是仲冬之交，天气寒冷。诗人一家衣裳单薄，更兼忍饥挨饿，本已不耐寒冬；这时又遇峡谷寒风凛冽，傍水而行，寒冷更甚。其凄惨之状可想而知。然而诗人想到的不仅仅是自己的凄苦饥寒。安史乱后，国家正值艰难时刻，所有壮丁乃至妇孺老弱皆被征调，而自己可以免于租赋征伐，所以杜甫认为同普通百姓相比自己是幸运的，怎能因为路途艰险就抱怨哀叹，放弃行路呢？由己而及人，这就是杜甫仁民爱物精神的体现。

　　他的《龙门镇》《石龛》诗亦是如此。由己之行路艰难，引出戍卒、百姓服役之劳苦，在表达同情的同时，也对统治者不恤百姓表示愤慨，以及对国事日危表示担忧，忧国忧民之情溢于言表。此时的杜甫只是一介平民，自己都朝不保夕，但却有如此的家国情怀，令后人不得不为之动容。

　　杜甫之后，能在蜀道诗中将羁旅愁思与家国情怀结合起来的诗人不多，南宋陆游是其中之一。试看他的《三泉驿舍》：

> 残钟断角度黄昏，小驿孤灯早闭门。
> 霜气峭深摧草木，风声浩荡卷郊原。
> 故山有约频回首，末路无归易断魂。
> 短鬓萧萧不禁白，强排幽恨近清樽。

三泉驿，在今陕西宁强县西北的阳平关镇嘉陵江畔，南宋时属利州路大安军。此诗据钱仲联《陆游全集校注》作于宋孝宗乾道八年（1172）十月。就在这年三月，陆游踌躇满志地来到南郑（今陕西汉中），也就是当时抗金的前线，作为四川宣抚使王炎幕府的干办公事兼检法官，参赞军务，准备北伐，收复北方。这是陆游一生中最为辉煌的时期，置身金戈铁马中，开启了一段火热的战斗生活。但是好景不长，这年九月，王炎被调回京城临安，幕府解散，陆游也被调为成都府路安抚司参议官，结束了前线的战斗生活，北伐理想再次落空。这对陆游打击是很大的，在离开南郑前往成都的途中，陆游情绪低落，这首诗就是这种情绪的体现。

诗歌的首联和颔联写景，描绘的是一片萧瑟凄凉的初冬之景。之所以有这样的感触，大概是因为旅人稀少，黄昏时分，驿馆早闭，诗人夜宿其中，孤灯相伴，只能偶尔听到断续的钟鼓号角声。天气已入冬，馆外严霜寒气摧折草木，凛冽寒风扫荡原野。面对这凄凉萧杀之景，想到自己的命运遭际，诗人心绪哀伤，心境悲凉。故颈联、尾联转而抒情，抒写内心无尽的愁绪和悲愤。北伐无望，报国无门，诗人想要归隐田园，求田问舍，可是现实并不允许。真正是进无可进，退无可退，满腹哀怨，无奈愤懑，却无处述说，无人会意，只能独自忧愁。为此诗人两鬓斑白，唯有饮酒消愁，强作排解。整首诗写景抒情，借景写人，通过一系列悲凉意象，刻画出一个功业无成、穷途末路、黯然销魂的失意人形象。虽然诗人的情感表现得很含蓄，没有点明忧愁为哪般，但结合当时的背景我们就不难理解了，全诗看似都在表达传统文人的羁旅愁思之感，实则蕴含了陆游对报国无门和功业无成的哀叹。

另一首《木瓜铺短歌》则情感激越，直斥朝中台省官员畏难苟安，不思进取，贻误国事。诗云：

鼓楼坡前木瓜铺，岁晚悲辛利州路。
当车礧礧石如屋，百里夷途无十步。
溪桥缺断水啮沙，崖腹崩颓风拔树。

明·张宏《巴江剑道图》扇面

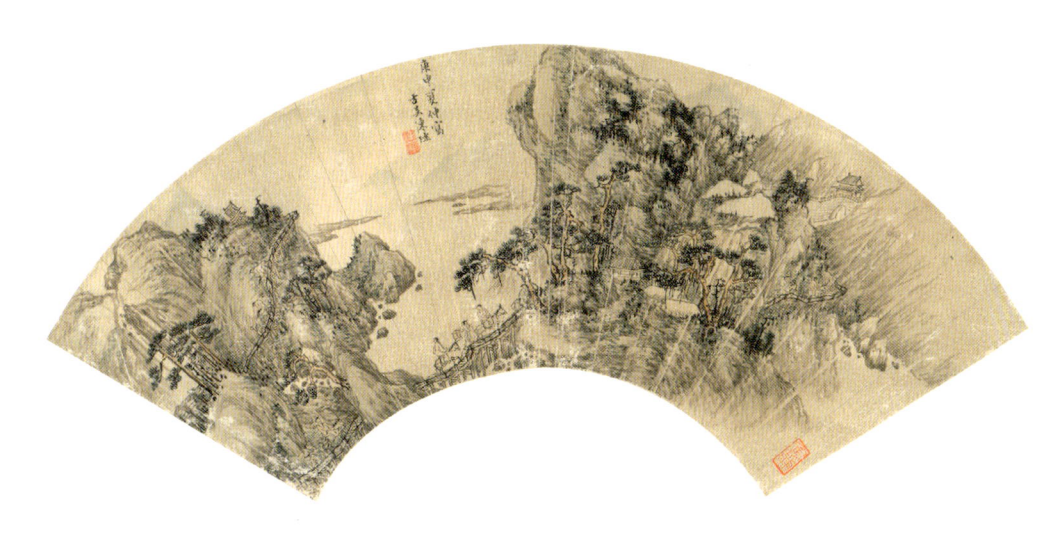

明·陈焕《栈道图》扇面

  虎狼妥尾择肉食，狐狸竖毛啼日莫。
  冢丘短草声窸窣，往往精灵与人遇。
  我生胡为忽在此，正坐一饥忘百虑。
  五更出门寒裂面，半夜燎衣泥满袴。
  妻孥八月离夔州，寄书未到今何处。
  余年有几百忧集，日夜朱颜不如故。
  即今台省盛诸贤，细思宁是儒冠误。

  木瓜铺，具体地点不详，据诗当在利州路境内。这首诗应该是陆游在王炎幕府解散后赴任成都路经广元时所作的。诗中表现出来的情绪十分激动。先是感叹道路艰难异常，一路崎岖不平，巨石挡道，溪桥缺断，更有虎狼咆哮，鬼怪同路。继而叙述自己为国事操劳的艰辛，半夜出门赶路，顶风冒雨，满身泥污。还得长期忍受与家人分别的痛苦：自从八月在夔州与家人分别后，至今没有他们的音讯，内心饱受煎熬。想到自己已是四十八岁，即将知天命，而功业未遂，空负理想，真是百感交集，焦虑忧郁。那么是谁导致了诗人理想的破灭？——"即今台省盛诸贤，细思宁是儒冠误"——只因朝中台省诸公苟且偷安，碌碌无为，不思进取，置大好河山而不顾。而自己空怀良策却不能用，空有满腔热情却报国无门，只能为琐事日夜奔走，蹉跎岁月。敢于直斥台省诸公，可见陆游难抑愤怒。

陆游蜀道诗中表达这类情感的作品还有很多，这里不再赘述。陆游之后，在蜀道文学中抒发羁旅愁思的文人有很多，但其作品基本上停留于个人情感的表达，很难将个人命运与家国情怀联系起来，也就难以达到杜甫、陆游的高度，故不多论。

| 四 |

思古之幽情：蜀道文学的怀古情结

蜀道自先秦开通以来，历经数千年，见证了历史的风云变幻，留下了无数人物的历史足迹，演绎了无数的人物故事和历史传说，任凭后人凭吊和议论。特别是踏迹而来的文人，往往会在此发思古之幽情，借古抒怀，以古讽今，寄寓现实，借他人之酒杯浇心中之块垒。

在与蜀道相关的历史传说中，五丁开山的神话故事最为大家所熟知。据西汉扬雄《蜀王本纪》记载："秦惠（文）王欲伐蜀，乃刻五石牛，置金其后。蜀人见之，以为牛能大便金。牛下有养卒，以为此天牛也，能便金。蜀王以为然,即发卒千人,使五丁力士拖牛成道。"神话故事当然不可信,但它反映了先秦时期人们开通蜀道之艰难。以神话传说为背景,唐人在武德二年(619)"分绵谷县通谷镇置金牛县,取秦五丁力士石牛出金为名"。后来又把由秦入蜀翻越大巴山抵达成都的这段道路称为金牛道。地名的使用,很快促成了五丁开山神话故事与文学创作的结合。李白的《蜀道难》应该是最早将五丁开山神话故事写进诗歌的:"蚕丛及鱼凫,开国何茫然!尔来四万八千岁,不与秦塞通人烟。西当太白有鸟道,可以横绝峨眉巅。地崩山摧壮士死,然后天梯石栈相钩连。"秦蜀相邻而不通,主要是受秦岭、巴山的阻隔。诗歌以夸张的表现手法,将这种阻隔形象地展现在世人面前。"西当太白有鸟道,可以横绝峨眉巅。"太白山高峻连天,其低缺处,只有飞鸟可以通过,非人类所能及。然而"地崩山摧壮士死,然后天梯石栈相钩连",是因为五丁力士劈山开路,悬空凿道,架阁设栈,蜀道由此畅通。李白化用五丁开山的神话故事是为了说明蜀道之难,即要在蜀道通行,非有神力不可,而并非歌颂五丁开山之功。

李白本人并没有亲身体验过蜀道的艰难险阻,所以只能用这种形象化的方式来表述。晚唐诗人雍陶则不同,他是深有体会的。唐宣宗大中八年(854),雍陶出任简州(今四川简阳)刺史,在赴任途中行经金牛道时,精疲力竭,不禁对蜀道的艰难发出"乱峰碎石金牛路,过客应骑铁马行"(《蜀路倦行因有所感》)的感叹。在危峰兀立、碎石满路的金牛道行进,普通的马匹根本承受不了,只有钢筋铁骨之马才能适应。雍陶的诗歌没有李白的想落天外、天马行空，但非常写实。在体验了蜀道难之后，他此时和李白大概有同样的感觉：唯有拥有神力的五丁力士才能开凿出蜀道，并自由通行于上。

因此，蜀道的艰险让人们自然联想到五丁开山的神话故事。唐肃宗至德二载（757），唐玄宗奔蜀返京时经过剑门关，有感于剑门关的雄奇险峻，题诗云：

剑阁横云峻，銮舆出狩回。
翠屏千仞合，丹嶂五丁开。
灌木萦旗转，仙云拂马来。
乘时方在德，嗟尔勒铭才。

据唐人郑綮《开天传信记》记载："上（唐玄宗）幸蜀回，车驾次剑门，门左右岩壁峭绝。上谓侍臣曰：'剑门天险若此，自古及今，败亡相继，岂非在德不在险耶？'因驻跸题诗。"剑门两岸壁立千仞，有若刀劈剑斩，中间微径钩连，通接秦蜀。如此鬼斧神工之奇观，自然让唐玄宗联想到五丁开山的故事，故有"丹嶂五丁开"之言。但唐玄宗还有言外之意。在经历了安禄山的反叛后，唐玄宗大概希望有五丁力士这样的壮士为其所用，助其平定叛乱，安定天下。所谓"在德不在险"，即不但要修明政治，还要重视人才。所以，唐玄宗鼓励部下早立功勋，刻石铭记。

当然，与五丁开山神话故事直接相关的是五丁峡，其名即来源于此传说。五丁峡又名金牛峡，明清以来以此为题的诗作不胜枚举。五丁峡位于今陕西省宁强县境内，据清人毕沅《关中胜迹图志》卷二十记载："五丁峡，亦曰金牛峡。相传即秦作五石牛绐蜀，蜀王令五丁开导引牛处。……为蜀道之最险者。"明人王士性《五丁峡》诗即以其事借古讽今。诗云：

> 连山跨陇蜀，地险绝跻攀。
> 秦人刻石牛，粪金山谷间。
> 欲诱五丁来，凿石夷险艰。
> 驱牛未至国，引盗已临关。
> 遂灭蚕丛祀，空余五丁山。
> 两崖高巇嶪，一水去潺湲。
> 铲石塞路逵，斧痕尚斑斑。
> 黄金与壮士，一去都不还。
> 剩得千秋客，鞭驰若等闲。

王士性（1547—1598），字恒叔，号太初，浙江临海人。喜游历，著有《五岳游草》。万历十六年（1588），王士性入川典试，仿陆游入蜀纪行之作写成《入蜀记》，后收入《五岳游草》中。据神话故事，秦惠文王想要吞并蜀国，因山路险峻，兵路不通，于是设下石牛粪金之计谋。在秦蜀交界处放置石牛，又铸金饼置于牛尾之下。蜀王贪财，暗中将金饼取走。旋取旋有，蜀王以为石牛真能粪金，于是派遣五丁力士开凿险路，运石牛入蜀。秦人帅师紧随其后，遂灭蜀国。这首诗中间八句即吟咏此事，后四句议论，感叹蜀王贪图小利，导致蜀国灭亡。黄金最终还是属于秦国，而五丁壮

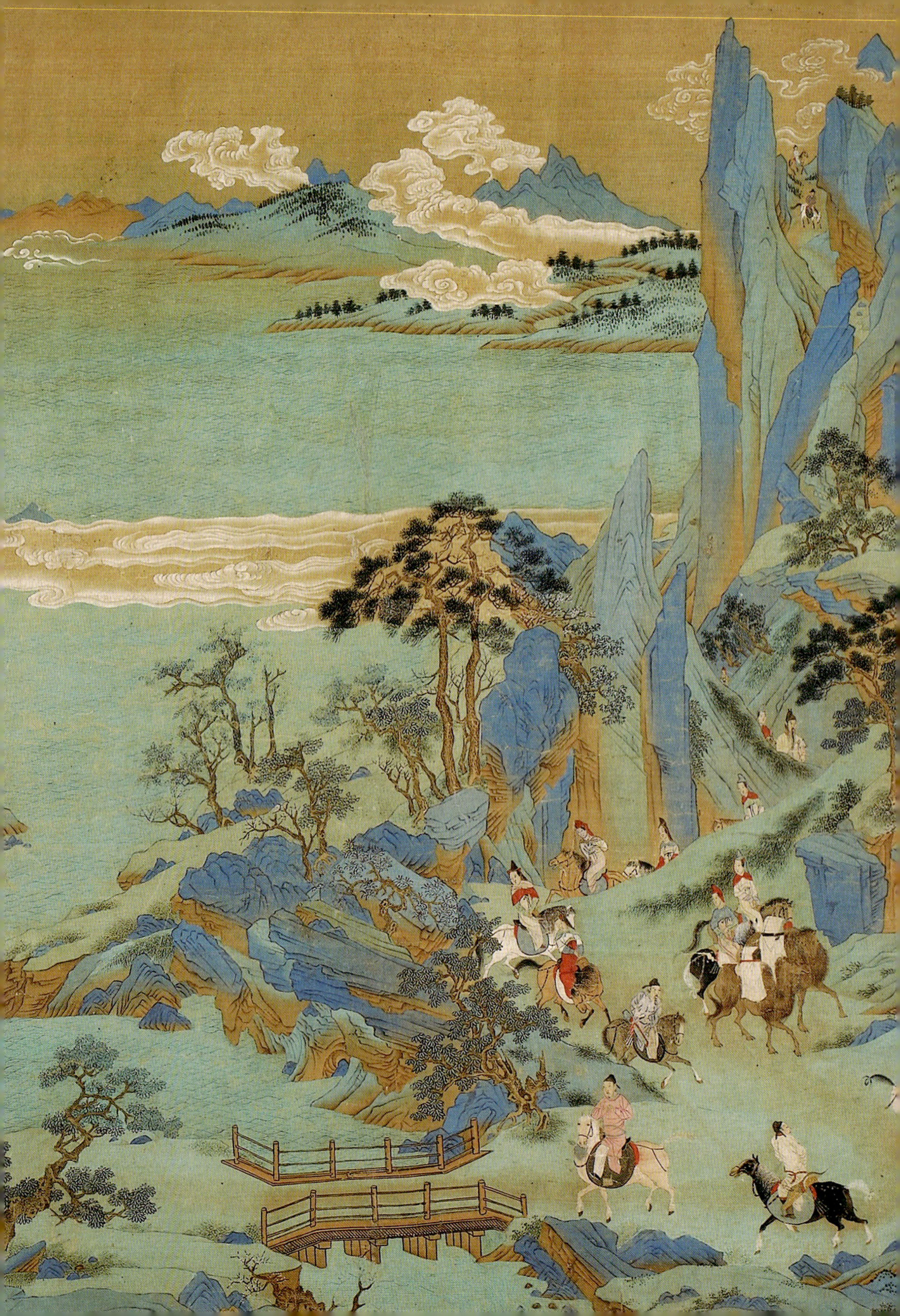

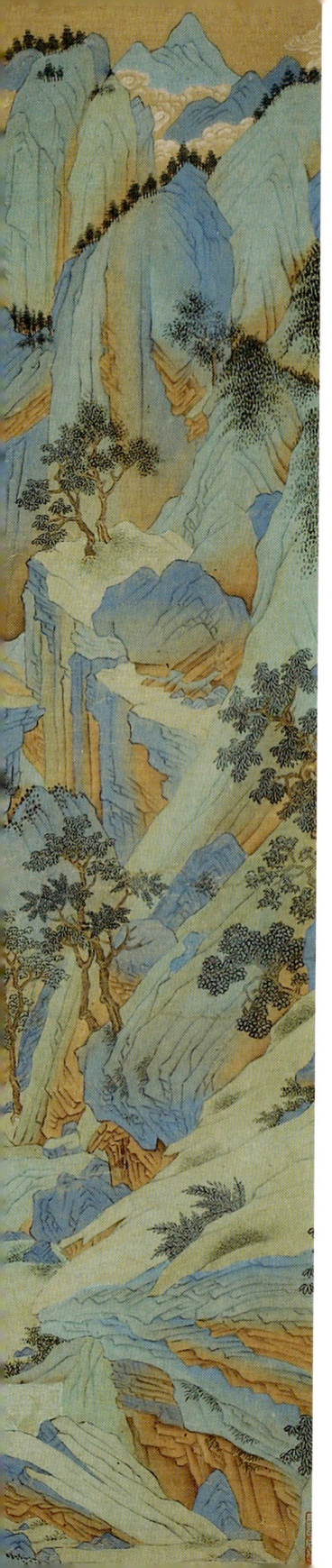

士却身埋五岭，令人哀叹。如今这一切都成为过去，随时间消失在历史之中；而五丁力士开凿出来的蜀道却成了便途，方便了古往今来无数行旅之人。

当然，明清时期的文人，如王士禛、李调元、汪仲洋、李化楠、常纪等，咏五丁峡之诗多以善于描写五丁峡之奇险著称，五丁开山的神话传说多被诗人们用来为作品增添一层神秘色彩，不再被寄寓更多的深意，故不多论。

另外，也有一些诗人，如明人薛瑄和杨慎，对五丁开山的神话故事表示质疑，认为五丁峡的形成乃自然化育。杨慎认为"五丁峡，旧传为力士开山之地。据史，秦用张仪、司马错之谋，以珍器美女赂蜀侯而取之，小说迂怪，传疑可也，遂赋此诗"。诗首句云："峡形千仞立苍颜，开辟从来有此山。"这种说法符合自然发展规律，反映了杨慎勇于求实的精神。

在蜀道文学中，吟咏三国时期蜀丞相诸葛亮的作品最多，其中往往有借他人酒杯浇心中块垒之意。诸葛亮以"鞠躬尽瘁，死而后已"的精神辅佐刘备父子，曾多次北上伐魏，戎马倥偬，奔走于蜀道，力图恢复汉室，但都无果而返。其际遇与事迹在后世引发文人的强烈共鸣，因而创作凭吊之作的代不乏人，最著名的当数杜甫，其《蜀相》诗可谓凭吊之作中的不朽名篇。

明·仇英《蜀川佳丽图》（局部）

> 丞相祠堂何处寻？锦官城外柏森森。
> 映阶碧草自春色，隔叶黄鹂空好音。
> 三顾频烦天下计，两朝开济老臣心。
> 出师未捷身先死，长使英雄泪满襟。

这是杜甫在入蜀的终点成都所作的，时间在唐肃宗上元元年（760）。此时的杜甫历经千难万险，辗转漂泊来到蜀中，目睹了山河破碎、百姓流离的现实，想到自己壮志难酬，只能苟全性命于乱世，不免与诸葛亮心有戚戚焉。诗歌首联以问答起句，交代丞相祠堂位置。次联写景，以"映阶碧草""隔叶黄鹂"，说明祠堂地处幽静之地，寄托斯人已逝、不可复见之哀伤。末二联抒情，对诸葛亮竭忠尽智、呕心沥血却大业难成、赍志而殁，深表痛惜。结合杜甫此时的处境和心情，此诗在凭吊诸葛丞相的同时，又何尝不是在哀悼他自己。故清人朱瀚说："武侯管、乐自命，少陵许身稷、契，武侯事昭烈、后主，雄图未竟，少陵遭玄、肃之际，亦有志莫展。其事正同，故感触倍深。"

李商隐的《筹笔驿》是另一首凭吊诸葛亮的名作。诗云：

> 猿鸟犹疑畏简书，风云常为护储胥。
> 徒令上将挥神笔，终见降王走传车。
> 管乐有才真不忝，关张无命欲何如。
> 他年锦里经祠庙，梁父吟成恨有余。

筹笔驿，在今广元市利州区，或言即朝天驿。旧传诸葛亮率军伐魏，在此驻军筹划军事，故名。李商隐于唐宣宗大中五年应剑南东川节度使柳仲郢之辟入蜀，至大中九年结束幕府生活出蜀返京。此诗即从蜀道返长安经筹笔驿时所作。诗人来到诸葛亮驻军的遗址，虽然当年的金戈铁马早已变成如今的荒凉冷寂，但诗人依然可以感受到当年的雄壮军威和浩然气势，从这里的山水草木、猿鸟风云中依稀可见诸葛亮的神采风姿。不过，尽管诸葛亮有雄才韬略，堪比管仲、乐毅，能运筹帷幄之中，决胜千里之外，但奈何时运不济，终无法实现其兴复汉室的宏愿，甚至无力扭转蜀汉集团衰亡的命运，令人不免唏嘘感叹，遗憾伤悲。数百年来，只留下这历史的遗迹，任人凭吊评说。李商隐早年陷入牛李党争的漩涡中，不仅满腹才华得不到施展，反而备受压制，抑郁难伸。诸葛亮时运不济的命运，让李商隐很难不想到自己，这也是这首诗的言外之旨，言有尽但意无穷。

此外，晚唐薛能、罗隐也有《筹笔驿》诗。两人入蜀都在咸通年间，薛能稍早，约在咸通五年（864），罗隐在咸通十二年，但两人的观点却完全相左：

葛相终宜马革还，未开天意便开山。
生欺仲达徒增气，死见王阳合厚颜。
流运有功终是扰，阴符多术得非奸。
当初若欲酬三顾，何不无为似有鳏。

（薛能）

抛掷南阳为主忧，北征东讨尽良筹。

时来天地皆同力，运去英雄不自由。

千里山河轻孺子，两朝冠剑恨谯周。

唯余岩下多情水，犹解年年傍驿流。

（罗隐）

薛能诗前有序，云："余为蜀从事，病武侯非王佐才，因有是题。"薛能认为诸葛亮不是王佐之才，缺乏谋略远见，逞一时之快，却于国事无补。出兵违背天意，连年征战，空耗国力，应该学圣人虞舜，无为而治，养精蓄锐，等待时机。此说似是而非，名为养精蓄锐，实则苟且偷安，不思进取，非英雄所为。罗隐秉持传统观点，在歌赞诸葛亮为蜀汉事业北征东讨、殚精竭虑的同时，又对其时运不济、功败垂成表示悲叹，与杜甫"出师未捷身先死，长使英雄泪满襟"可谓知音。

罗隐对投降派文人谯周的声讨最为激烈，同样，陆游亦严厉指责谯周，怒其不争。乾道八年，陆游受王炎邀请入其幕府，正月由夔州出发前往南郑，途中经过筹笔驿，感慨万分，遂题《筹笔驿》一绝，以古讽今。诗云：

运筹陈迹故依然，想见旌旗驻道边。

一等人间管城子，不堪谯叟作降笺。

这首诗虽然很短，但情感激烈，借古讽今之意十分明显。诗歌采用对比手法，一边是诸葛亮运筹帷幄，奋力讨伐曹魏；一边是谯周等人贪生怕死，因畏惧而投降。同为文人，一个竭忠尽智，鞠躬尽瘁，死而后已；一个懦弱无能，苟且偷安，恬不知耻。陆游明指谯周，暗喻南宋投降派，具有很强的现实针对性。

除了武侯祠、筹笔驿，陕西勉县定军山下的武侯墓也是文人途经蜀道时经常前往凭吊的遗址，尤以明清文人为甚。《三国志·诸葛亮传》记载："亮遗命葬汉中定军山，因山为坟，冢足容棺，敛以时服，不须器物。"唐朝贞观年间，唐太宗命人对武侯墓加以保护，禁止民人在此采樵。宋时陆游有《游诸葛武侯书台》诗云："定军山前寒食路，至今人祠丞相墓。"说明当时前往武侯墓吊祭的人很多，但凭吊之作甚少。明清时期，随着诸葛亮崇拜的盛行和对武侯墓的多次修葺，往来于蜀道的文人络绎不绝地前往瞻仰凭吊，薛瑄、赵贞吉、王士禛、杨思圣、郝浴等入蜀文人，皆有凭吊之作。如薛瑄《诸葛武侯冢》：

> 丞相孤坟何处寻，褒斜西去汉江阴。
> 青芜漠漠烟横野，翠柏萧萧风满林。
> 尚忆出师当日表，空歌梁甫旧时吟。
> 中原未复星先坠，长使英雄慨古今。

薛瑄（1389—1464），字德温，号敬轩，山西河津人。明代理学家，河东学派的创始人。景泰元年（1450），薛瑄以大理寺右寺丞身份奉敕赴四川协助平叛，因而入蜀。薛瑄此诗仿杜甫《蜀相》，从构思到用语甚至立意都很相似,所以在艺术上并无多少特色。作者的用意主要是通过此诗来表达对诸葛亮的敬仰之情,以及对其"出师未捷身先死"遭际的感叹。

第九讲

艺林之光

蜀道碑刻的书法艺术

蜀道石刻的一大魅力就是它的艺术价值，尤其是书法艺术。在汉末魏晋张芝、索靖、钟繇、王羲之等书法名家出现之前，中国书法已有悠久的历史和极为丰富的艺术积累。留存在蜀道上琳琅满目的各类碑刻，若论其字体，则篆、隶、真、行、草各体皆备；若论其风格，则朴茂雄浑和清秀流美各擅胜场、各有品貌。可以说，蜀道碑刻就是历代书法的另一种展现形式，堪称碑刻书法艺术的长廊。

| 一 |

雄视古今，独标书史：蜀道汉魏石刻中的隶书精品

蜀道上的汉魏摩崖石刻，是蜀道碑刻中书法艺术价值最高的艺术珍品，也是书法史上彪炳千秋的赫赫名作。究其原因，首先是因为这些碑刻各具特色，各美其美，无一雷同。清人王澍在《虚舟题跋》说："隶法以汉为极，每碑各出一奇，莫有同者。"其次，这些碑刻大多率性而为，不事雕琢而浑然天成，不刻意经营却天真烂漫、方雄朴茂，具有一种原生性的艺术魅力。另外，我们从这些碑刻中能感受到书刻者强烈的生命意识，特立而独行，自由且奔放，挥洒自如，痛快淋漓，具有后世书家难以企及的自由书写精神。

《何君阁道碑》刻于东汉光武帝建武中元二年（57），是古蜀道上留存的年代最早的摩崖石刻，全文共52字，分7行排列，随字赋形，字形大小不拘，每行字数不等。此碑文字结体的最大特点是以篆笔作隶书，宽博方正，削繁就简。笔法上则变圆为方，横平竖直，波磔不显，含蓄雅致；章法上参差错落，穿插有致，竖有行而横无列，浑然一体；整体风格古朴率直，毫无刻意求工之态，尽显自然天成之趣。其方笔内敛、圆转劲健，极具早期汉隶的典型特征，保留了由篆及隶的演变痕迹。宋代金石学家洪适《隶释》中评价此碑说："东汉隶书，斯为之首。字法方劲，古意有余，如瞻冠章甫而衣缝掖者，使人

东汉·《何君阁道碑》拓本

起敬不暇。虽败笔成家,未易窥其藩篱也。"

《鄐君开通褒斜道碑》刻于东汉永平九年(66)。其碑文隶书字体,兼采篆势,字形大小及笔画的粗细长短,皆参差不齐;每行文字的多少,随崖面石壁的起伏凹凸而不求一齐;结字古朴舒阔,外紧内松,气势饱满;用笔以圆笔为主,奇崛遒劲,收笔不作波磔,自然伸展。此刻整体雄强浑穆,朴拙率真,保留了早期隶书的诸多特点,加之岁月磨洗,自然剥蚀,更加苍茫朴茂,鬼斧神工,古今罕有其匹。清人刘熙载《艺概》评论说"《开通褒斜道》石刻,隶之古也",康有为《广艺舟双楫》也说"隶中之

东汉·《鄐君开通褒斜道碑》拓本

篆也",杨守敬《评碑记》更是极力推崇:"其字体长短广狭,参差不齐,天然古秀,若石纹然,百代而下,无从摩拟,此之谓神品。"

若论汉隶摩崖石刻中的巨擘翘楚,非《石门颂》莫属。此刻字体灵秀飞动,劲挺散淡,或势如长枪大戟,或宛若游鸿戏海,一任自然,不事雕琢,自清代中后期被学书者瞩目以来,三百多年间备受推崇,声誉日隆。究其原因,大致有以下几个方面:首先,《石门颂》格调高古,不同凡响,与常见汉隶碑刻中整饬方峻的字形风格大异,给人一种超凡脱俗的空灵朴秀之感,清人杨守敬《评碑记》说:"其行笔真如野鹤闲鸥,飘飘欲仙,六朝疏秀一派皆从此出。"其次,《石门颂》结字迭宕飘逸,开张舒展,因就崖壁凿刻,笔随崖走,任情恣性,随心所欲而不逾矩,颇得自然天成之趣,而无同时代隶书的精心安排巧为雕琢之痕,纵横肆意,时有奇趣。另外,《石门颂》用笔以中锋圆笔为主,上承篆籀笔意,间采隶草笔法,纵横捭阖,变化无方,既圆润畅达,得天然之气,又稳健朴拙,势如钢锥画沙。

无论从格调风貌,还是结体用笔,《石门颂》都给后世书法研习者留下了巨大的想象空间。其书法犹如天地间沙鸥翔集,又像是苍茫中野鹤振翅,飞鸣于青翠的山屏之间,回旋于湍激的渌水之上,时而上出白云,时而下临险峰,自适逍遥,惬意从容,体现出高超的自由之美,也实现了美的自由,是汉代摩崖隶书的登峰造极之作,具有常人难以企及的艺术高度。清代张祖翼《石门颂跋》说:"《石门颂》摩崖刻石,前代虽有著录,而名不甚显。至乾隆间太仓毕秋帆(毕沅)督关陇,始与《开通褒斜道》刻石同为艺林所重。然三百年来,习汉碑者不知凡几,竟无人学《石门颂》者,盖其雄厚奔放之气,胆怯者不敢学,力弱者不能学也。"民国时北京"四大书家"之一的罗复堪在《论书绝句》中也不无感慨地吟诵道:"高超奇逸石门颂,胆怯何由敢问津。合与《孟初》称草隶,苦心力学莫因循。"

自清代中晚期以来,学书者临摹《石门颂》蔚然成风,而自成一家者也不乏其人,最具影响力的有何绍基(1799—1873)、曾熙(1861—1930)、林散之(1898—1989)、萧娴(1902—1997)、龚望(1914—2001)、陆维钊(1899—1980)、章祖安(1937—)等。何绍基一生临摹《石门颂》不下数十遍,其临作镕铸自身的深厚学养,已成为汉隶学习的典范。康有为的弟子萧娴,毕生临写《石门颂》和《石鼓文》碑刻书法,不仅

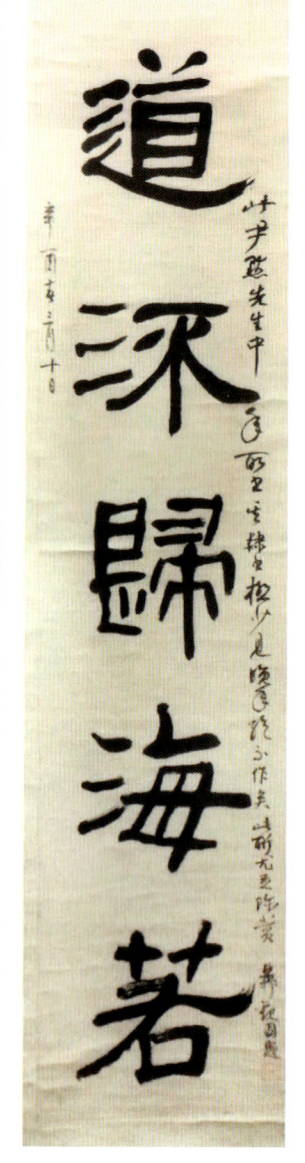

清·张祖翼节临《石门颂》轴　　　　沈尹默隶书《石门颂》集字联

何绍基临《石门颂》　　　　　　　　　　　钟谷善舟为石门石刻题字

得其面目，而且深谙其精神气韵，成为以雄浑疏宕而闻名的书法大家。帖学大师沈尹默（1883—1971）早年也对《石门颂》情有独钟，用力甚勤，并有集字作品传世。

《石门颂》高超的艺术魅力还深刻影响了日本的金石学研究和书法创作，书道博物馆的创立者中村不折就极力收藏《石门颂》等汉中石门石刻拓本，而全日本书道联盟副理事长钟谷善舟曾三次远赴汉中拜谒石门石刻，1985年3月还挥毫写下了"汉中石门，日本之师"的题词作品，表达了对汉中石门摩崖石刻的高山仰止之情。1986年4月，日本书法界泰斗、著名汉学家中田勇次郎也来汉中访碑，并即兴赋诗道："蜀道摩崖隶草奇，天然古秀入神技。春潭千丈绿依旧，移得巉岩中外知。"此后，日本金石书法界牛丸好一、西林昭一等众多名家纷至沓来，寻根

《石门颂》碑额朱拓本

石门，踏访褒谷，瞻仰古刻，添中日文化交流的佳话。

与《石门颂》在书法史上齐名的还有《西狭颂》和《郙阁颂》，合称"汉三颂"。

《西狭颂》是保存最为完整的一通汉代摩崖石刻，笔画清晰，字口完整。杨守敬《评碑记》说："方整雄伟，首尾无一缺失，尤可宝重。"此刻整体宽博遒古，雄浑静穆，给人以博大雍容之感。碑文用笔以方笔为主，间用篆籀笔法，故而圆浑厚实，舒展有致；结体方正宽博，疏宕冲和，朴拙中时含灵动，整饬中亦小有变化。此碑被誉为"汉代山林书风的代表"，被日本书法界奉为"汉隶的

东汉·《西狭颂》整幅朱拓本

正宗"。康有为在《广艺舟双楫》中对此刻"疏宕"书风倍加称赞,并将其与《鲁峻碑》和《韩敕碑》(即《礼器碑》)并论,谓之浑厚中极、飘逸潇洒。清人徐树钧《宝鸭斋题跋》评价此碑云:"疏散俊逸,如风吹仙袂,飘飘云中,非复可以寻常蹊径探者,在汉隶中别饶意趣。"梁启超谓其"雄迈而静穆,汉隶正则也"。

《西狭颂》的碑尾还有一长串人名题记,多是武都太守李翕的属从故吏,其中明确记录书碑者为下辨(今甘肃成县)人仇靖,字汉德,时任从史,即太守府不列入诸曹的散吏。除《西岳华山庙碑》的书佐郭香、《石门颂》的书佐王戒和《郙阁颂》的故吏仇绋之外,其他汉代碑刻的书写者几乎都没有留下姓名,因此三碑显得尤为珍贵。

《郙阁颂》比《西狭颂》晚出一年,是《西狭颂》的姊妹篇,由《西狭颂》的书写者仇靖撰文,由仇绋书写,在书法风格上有相近之处。然而由于岁月的磨洗剥蚀,此碑已经大自然的鬼斧神工,显得混沌苍茫,斑驳而朦胧。此碑总体上厚重简静,方整古拙,如巨象蹒跚,自在满足;用笔含蓄内敛,质朴沉实,稚拙中不无天真烂漫,蕴藉中别具情态意趣,给人一种藏巧守拙、意趣憨厚而回味无穷的艺术感染力,无愧于汉隶摩崖中的瑰宝之称。清方朔《枕经堂金石书画题跋》中说:"(《郙阁颂》)书法方古,有西京篆初变隶遗意。"万经《分隶偶存》评论此摩崖的书法为:"字样仿佛《夏承》,而险怪特甚。相其下笔粗钝,酷似村学堂五六岁小儿描朱所作,而仔细把玩,一种古朴、不求讨好之致,自在行间。"康有为在《广艺舟双楫》中说:"吾尝爱《郙阁颂》体法茂密,汉

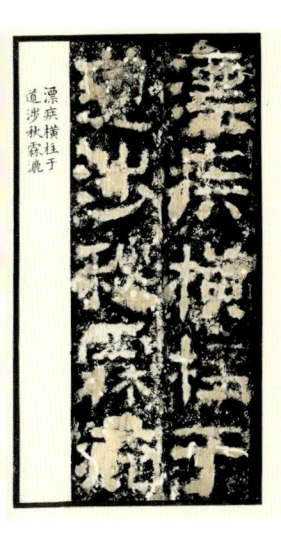

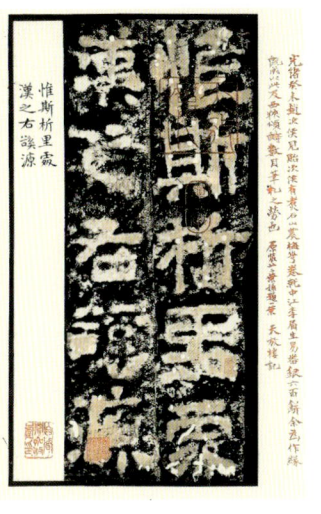

国家图书馆藏孙星衍、赵烈文递藏《郙阁颂》拓本（局部） 　　国家图书馆藏《杨淮表记》墨拓本（局部）

末已渺，后世无知之者，唯平原（颜真卿）章法结体独有遗意。"指出在宽博厚重这一风格上，颜真卿的楷书与《郙阁颂》有内在联系。

　　《杨淮表记》同样可以看作是《石门颂》的姊妹篇，原刻位于《石门颂》摩崖的南侧，书法风格与《石门颂》也比较接近，同样被列为"石门十三品"之一。此碑用笔雄古遒劲，笔势开张，沉着有力，古意犹存。结体则朴拙真率，因字立形，随方就圆，疏宕天成。章法安排上纵有行而横无列，参差错落，令人有迥出尘寰、飘然物外之感。

　　方朔在《枕经堂金石书画题跋》中说："《石门颂》刻于建和二年，此为熹平二年，其间相距二十有六年，书法朴茂如一，而古拙疏逸则更胜。"康有为《广艺舟双楫》评此碑云："润醳如玉，出于《石门颂》，而又与石经《论语》近，但疏荡过之。"确如康氏所言，此摩崖在书法上最大的特点就是古奇纵逸，疏荡天成，与后世之《爨龙颜碑》和《嵩岳灵庙碑》有共同之处。

| 二 |
承前启后，光照艺林：蜀道碑刻中的楷书名作

2000年6月，在四川雅安的芦山县姜城遗址，出土了刻立于东汉建安十三年（208）的《赵仪碑》，出土时砌在城墙之下，已断为三截，碑额缺失，故又称《赵仪残碑》。碑阳文字经过反复刊刻，已经漫漶不清，唯能辨识"蜀郡属国"等几个大字。东汉中后期，蜀郡的青衣、严道和旄牛等县诸羌经常叛乱，为了加强对诸羌的管理，朝廷在青衣县设置蜀郡属国都尉，领汉嘉、严道、徙、旄牛四城，三国蜀汉章武元年（221），废蜀郡属国，置汉嘉郡。

《赵仪碑》碑阴文字大多完好，有如新出。根据现存文字推断，此碑原为纪念蜀郡属国都尉赵仪所立，后遭战乱，碑文磨灭。赵仪为官清廉，深孚民望，功德事迹传颂不绝，于是新任汉嘉郡长张河率主簿、主记、功曹、掾史诸人在原碑的背面重新刻文褒扬，树立榜样，"以示后贤"。

从字体风格来看，《赵仪碑》已介于由隶到楷的转变之中。其笔画简约含蓄，以圆润为主，减少了隶书起笔和

东汉·《赵仪碑》拓本

收笔的蚕头燕尾之态，转折处已出现楷书的提按及方折之法，勾挑多不明显，或点到为止，或顺势出锋，减省了隶书固有的波磔之势。在结体上，此碑字形多呈方整之形，甚至出现纵向取势的特点，与汉隶左伸右展的扁平开张之势已大异其趣。在整体布局上，此碑因字赋形，大小参差，有行无列，疏落有致，平淡简约中有一种洗尽铅华、素面朝天、散逸自适而香远溢清的天然韵致。

《赵仪碑》是蜀道石刻中少有的呈现由隶到楷转变的代表性碑刻，其书法出自基层书佐小吏，而其刻工更是社会底层的"穷乡儿女"，故其文字时有讹误，而笔迹简约散逸，缺少庙堂碑刻的森严正大之气，也没有摩崖石刻的恣意挺拔，对研究汉魏时期字体的嬗变和书法风格的取向具有重要意义。1993年在山东兖州城东南泗河出土的《北齐沙丘城造像残碑》（即《北齐河清三年造像记》），书刻于564年，比《赵仪碑》要晚出三个多世纪，但书法风格有其相似之处，用笔安详从容，结体雍容大度，舒展自然而风神淡泊，于此可见由隶到楷转变的漫长过程以及审美取向上的共性。

如果把绵延不绝的蜀道碑刻比作一座书法艺术的长廊，则其压卷之作当为《石门铭》莫属。

《石门铭》无疑是北魏楷书摩崖石刻的代表，它不仅是研究褒斜古道的珍贵史料，更是书法艺术史上的一座丰碑。它上承《石门颂》的朴茂气象，下开魏碑圆浑之新风，大书深刻，雄强开张，戛戛独造中自具阳刚舒展之气，大朴不雕而又笔阵森严，雄视百代，彪炳艺林，堪称鸿篇巨制。

《石门铭》刻于北魏永平二年（509），上距《石门颂》已历360多年，

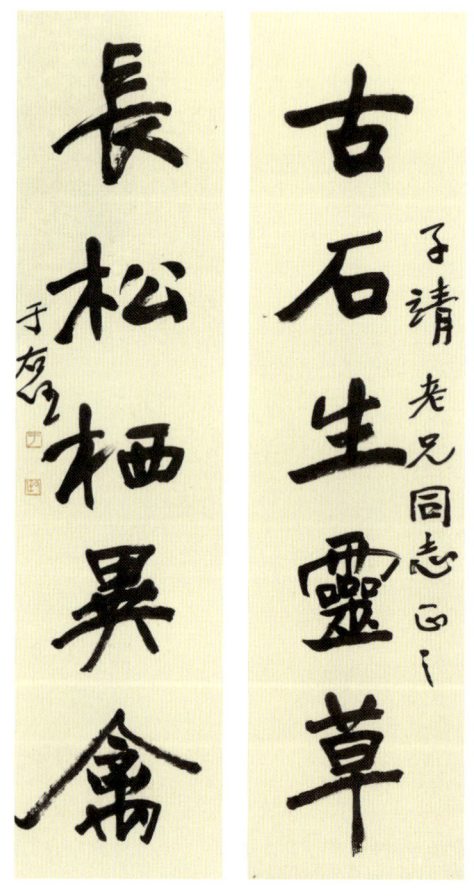

于右任书法

但是二者之间气息相通，艺境相似，风格相类，都是因崖就壁，充分利用石壁的广阔空间，纵情挥洒，摆脱了纸墨的限制，从而超逸绝俗，有如野鹤翩跹，欹侧跌宕，好似长枪大戟，雄健有力。

《石门铭》用笔圆浑苍劲，凝练挺拔：舒展处如苍鹰展翅，开阖自如；曲折处像万岁枯藤，寓刚于柔；遒劲蜿蜒，如锥画沙，如屋漏痕，如壮士拔山，如寒猿饮水，形态不一，变化无方。结体内紧外松，上密下疏，俊秀朗逸，跌宕奇崛，黜左而伸右，抑上而拓下，两角伸展，宽大开阔。总体分布疏宕自然，俯仰有致，书风浑穆高古，意趣天成，真可谓"前不见古人，后不见来者"，百代以下，罕有其匹。

清代中后期碑学兴起以来，以《石门颂》《石门铭》为代表的雄浑朴茂的摩崖石刻，备受学书者的推崇，赞誉备至，慕响不绝。康有为在《广艺舟双楫》中将《石门铭》列为"神品"，以其为"飞逸浑穆之宗"，并评价说《石门铭》分衍疏宕，翩翩欲仙，"若瑶岛散仙，骖鸾跨鹤"。梁启超在《碑帖跋》中也说："《石门铭》笔意多与《石门颂》相近，彼以草作隶，此以草作楷，皆逸品也。"

康有为本人的书法深受《石门铭》影

康有为书法

第九讲　艺林之光　蜀道碑刻的书法艺术

《石亭记千秋亭记》拓本

此方亭有送別之地也古漢國二
郊是子風謠之起歲有追送之篇章西作
郊士□□□減何獨古之使愴今之
衡乎粵英豪寮丞廣平宗元愍主簿太
郭欽識判傳陵崔文邑拾宏才且安□
發水洞歌文仁行輅寧之政能垂侯□
揮惜調故玉末賓朋不歡會於永日速近
迺歲延離一時供悵雖開野亭多閣
那乘藉芳菜秋倚高林賦詩贈行酌酒
勸亦廷美丑崔子名族之秀美鏗鏘
通於琦叟憑巖用為結援俯歟巖以為
逝谷峻峒傍開種柳橫階藹蘭約礎歟
月閬孀花亂入溽暑則新藤競垂條若
歲江解府伏江蒔徧聯道周遐以駐

响，同时也最得《石门铭》圆浑开张的正大气象，独创所谓"麻绳体"的自家面貌，对近代以来的书风走向影响甚巨。现代草书大家于右任早年也对《石门铭》情有独钟，《右任墨缘》中有一首广为传颂的诗作："朝临石门铭，暮写二十品。辛苦集为联，夜夜泪湿枕。"道出了其学习书法的门径和甘苦。中年以后，于右任以碑体入行书，自成一体，卓成大家。晚年又以碑入草，巧拙相生，生辣劲挺，创立了于氏独有的草书风格。

四川中江县广福镇曾有唐代摩崖石刻《石亭记千秋亭记》一通，刊刻于唐开元十九年（731），本为当时的铜山县尉崔文邕等人建造离亭所立，名《石亭记》。离亭即长亭，会饮饯别之地，位于铜山县城北五里的玉江边上。此为郪江之正源，故又名郪江亭。《石亭记》由飞乌县前主簿赵演撰文，铜山县前主簿郭延瑾书碑。其后崔文邕又撰《千秋亭咏并序》刊刻于后，并改"石亭"名为"千秋亭"。今石亭与刻石皆已毁灭不存，仅有拓片传世。

《石亭记千秋亭记》是唐代楷书摩崖石刻中的精品，其用笔结字与六朝碑刻的"简质朴拙"之风多有暗合，而与法度森严的唐楷则颇有不同。此碑用笔圆浑简约，起笔多露锋直入，收笔则简洁含蓄，中段多充实饱满，笔画之间多牵连呼应，时见行草书笔致，显得活泼灵动，较少唐楷的平整谨严之状。结体则横向取势，中宫疏朗，抑左扬右，欹侧相生。

《石亭记千秋亭记》自清代中后期被发现以来，旋即受到金石学家和书法家的青睐追捧。道光间担任四川按察使的金石学家刘喜海已将《石亭记千秋亭记》编入《三巴睾古志·金石苑》一书中，而大书法家康有为更是对《石亭记千秋亭记》情有独钟，坊间传说他晚年得此摩崖拓片之后，秘而不宣，"视为至宝，刻意摹写"，遂成自家面目。近代藏书家、校勘学家章钰和古文字学家、书法家商承祚等学

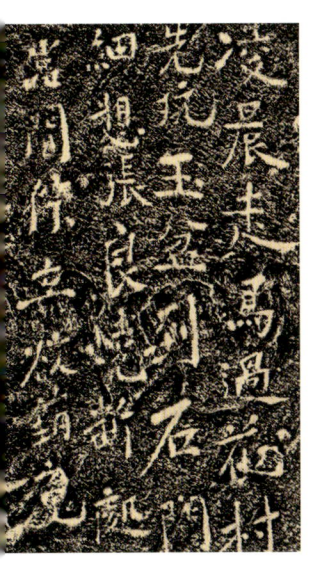

南宋・安丙石门题诗

南宋・游石门题名

界名流，都曾对此摩崖多有研究，并留下了相关题跋和评语。

唐宋以降，蜀道碑刻的数量虽在不断增多，尤其是题名题记类的石刻更是不可胜数，就其书法而言，绝大多数显得庸常无奇，乏善可陈。其主要原因是从魏晋六朝以来，书法逐渐成为文人士大夫的"专门"爱好，出现了名家书法，主要流行于文人士大夫阶层，书法的门槛被抬高了，即使刻石题铭，也以名家书法为尚。其次，文人书法的流传形式以书札和卷轴为主，底层民众由于受教育程度的限制，其书写水平已很难达到文人书法的技法高度和审美境界。另外，楷书自隋唐之际成熟定型之后，形成了严格的法度准则，用笔结构都有很高的要求，除专门用功学习者之外，一般人已很难达到艺术的技法高度，更不用说创造性发挥了。

而汉末魏晋之际，正是汉字形体大变的时代。汉代的基层书吏，大都要经过严格的书写训练，具备较高的书写水平。在这种背景下，不论是日常的文案处理，还是专门的刻石题铭，他们大都能手到擒来，触处皆有可观，"蓄素以弸中，散采以彪外"，所谓"穷则独善以垂文，达则奉时以骋绩"。对于那些具有较高书写水平者来说，更是纵情任性，落笔成趣，发挥事业，彪炳丹青，"谈欢则字与笑并，论戚则声共泣偕；信可以发蕴而飞滞，披瞽而骇聋矣"。当然，其中也有刻工的因素，单刀直冲与双边切刻的效果就大相径庭。此外，时代的悬隔，也会造成审美上的"距离感"。自然的风化剥落，不仅会增加碑刻的沧桑之感，还会增添浑朴苍茫之象。

清·俞樾节临《西狭颂》　　清·曾熙节临《石门铭》

自清代碑学大兴以来，学者和书法家毫不吝情地赞赏汉魏石刻，不惮其烦地从中寻求创作的灵感。"宗法汉魏"就像是迷途者寻找家园一样，前赴后继，至今方兴未艾，也正是看到了汉魏石刻中大朴不雕、率性自然的艺术特质。这是要极力摆脱唐楷法度束缚和文人书法隽秀流丽影响的真切表现，是"距离产生美感"的真实写照。

| 三 |

搜集考证，蔚成曲调：蜀道碑刻的传拓与题跋

蜀道碑刻还是中国传统金石学的研究对象之一。踏察古道，探寻古刻，摹工传拓，鉴藏考订，由蜀道碑刻而衍生的金石传拓及鉴藏考证之学，代不乏人，蔚成风气。

在宋代金石学兴起之前，蜀道碑刻因其史料价值已引起学者的注意。北魏地理学家郦道元在其《水经注·沔水》中已有关于石门的记载，"褒水又东南历小石门，门穿山通道，六丈有余"，并引《石门颂》碑文说，"刻石言：汉明帝永平中，司隶校尉犍为杨厥之所开。逮桓帝建和二年，汉中太守同郡王升嘉厥开凿之功，琢石颂德"。可见《石门颂》已作为史料进入研究者的视野。

唐末文学家孙樵曾多次由褒城入蜀，著有《书褒城驿壁》《梓潼移江记》《出蜀赋》《兴元新路记》等多篇反映蜀道山川风物及道里驿置的文字，《兴元新路记》堪称有关文川道走向、驿里、路况、沿途景致、古迹等情形的一份内容翔实的调查报告，其中就有关于西晋太康元年（280）《修栈道记》摩崖石刻的录文及辨识。尽管孙樵

的录文有误，但这已是宋代金石学的先声了。

欧阳修的《集古录》是宋代金石学的奠基之作，其中有《石门颂》（卷二）、《石门铭》（卷四）的题跋，另有《郙阁颂》（卷三）的全文著录。这些石刻的文字内容及复制拓本，很可能就来自曾任兴元知府的许逖。欧阳修《司封员外郎许公行状》中说："（许逖）出知兴元府，大修山河堰。"而欲修山河堰，就必须踏察褒河谷地，对周边的石刻遗存也会一并寻访调查。

在曾巩的《元丰题跋》中，则明确记载他的朋友晁仲约和马瑊前后馈赠他《郙阁颂》的事。晁氏所赠者，"翕"字残缺不可辨，而马氏所赠者文字完整，于是曾巩

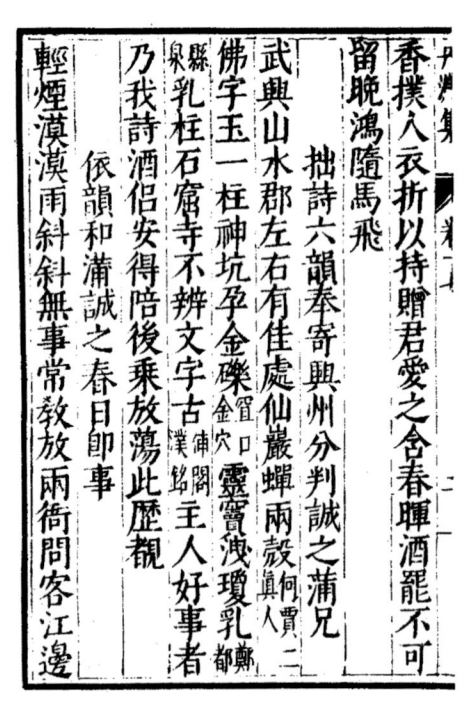

文同《丹渊集》书影

终于辨明了《郙阁颂》中的武都太守名李翕，而不是欧阳修《集古录》中所著录的"李会"。北宋的墨竹画家文同寄兴州（治今陕西略阳）分判蒲诚之的诗句"乳柱石窟寺，不辨文字古"下自注"郙阁汉铭"。可见至少在宋代，《郙阁颂》等"汉三颂"已成为当地的文化名片。而南宋绍定年间的沔州（治今陕西略阳）知州田克仕，赴任时即已随身携带着《郙阁颂》的旧拓，到任后又依其旧拓在灵岩寺重摹上石，以永其传。

蜀道汉魏石刻以其文字奇古和书法绝世，引起了两宋以来金石学家的不断关注。南宋洪适在编著金石学巨著《隶释》《隶释续》时，就颇仰赖于入蜀出川的军旅文人，比如员兴宗《答洪丞相问隶碑书》中就说：

> 咨以川蜀两汉碑墨之所从出，及古文奇字，……然丞相所以下询数十条者，文有主，字有体，意各有出。……自《司尉校尉杨厥开石门碑》《武都太守李翕析里桥郙阁铭》《石门》者，兴元旱山之东也。今《厥碑》在襃城斜谷，前人亦谓之襃谷。蜀使五丁开道，是谷矣。《析里桥郙阁铭》在利州西路兴州趋武道上。武都，汉白马氏之地。今阶州，即武都也。碑立于波夷江对，至今犹俨然。……东汉《为（冯）将军碑》在岩（宕）渠，碑字为众隶之冠，蜀之先达皆咨其法焉。《建武何君碑》，近世锄墓者得之，比众碑为最，在雅之严道。又得《大夫碑》，大夫者，（王）襃也。在今资州资阳县，闻好事者窃去矣。《黄龙甘露碑》，隶法可观，碑亦称之，眉州故石

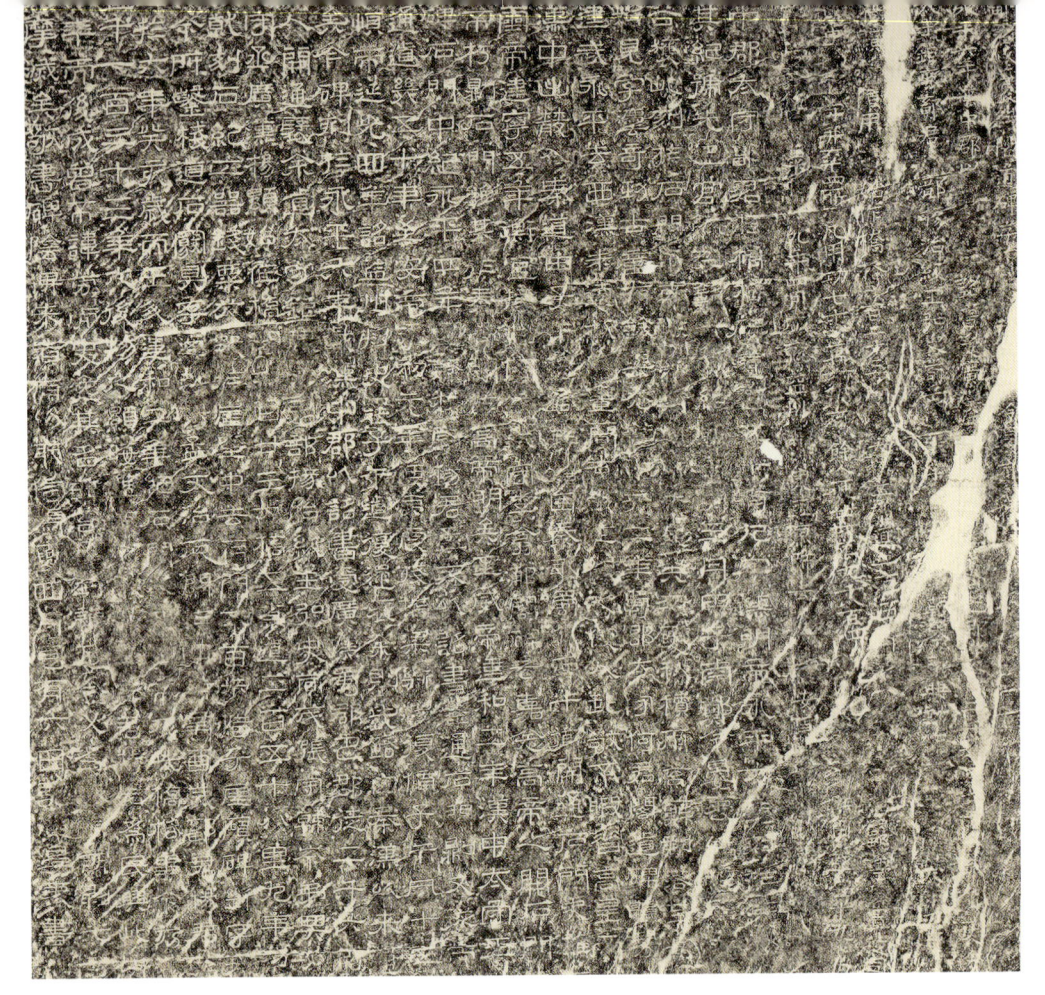

南宋·晏袤《鄐君开通褒斜道碑释文》墨拓本

也。一二大家能有之，去而不出，是必不凡矣。剑州梓潼道上有双阙，或云孝廉阙，或云使君阙，高二十尺有咫，比《王稚子表》者为壮，大夫士过则必式（栻），信其古也。

这封书信的信息量很大，几乎涉及与蜀道有关各区域之所有重要碑刻。其中有些表述明显有误，可能是因袭旧说，也可能是传抄之误。从这封书信可以看出，寻访古刻并考证历史,在宋代已蔚成风气,而此信的作者员兴宗,可谓两宋以来全面调查蜀道碑刻的第一人。

然而古今道路多有变迁,天堑变为通途,旧道遂废弃闭塞,少人问津。遗落在故道上的石刻碑记也逐渐被人忘却,尘封于荒郊野径,隐没于苔藓犹草。上举员兴宗致洪适信中提到的《建武何君碑》,即有名的《何君阁道碑》,见于洪适的《隶释》一书,然而宋代以后便湮没无闻,这与旄牛古道的荒弃有关,直到2004年被重新发现,才又引起学界的关注。

近代以来赫赫有名的《鄐君开通褒斜道碑》摩崖刻石,其命运沉浮,也是一波三折。此碑刻于东汉永平九年,然而南宋之前阒寂无闻,鲜为人知。南宋兴元府(治今陕西汉中)知州章森和南郑县令晏袤等人,为修建山河堰水利工程,勘察褒河地形,意外发现了长满苔藓的《鄐君开通褒斜道碑》。同时期的金石学家娄机在其《汉隶字源》中即有《鄐君开通褒斜道碑》的跋文,并注明其拓本来自州帅章森的贶赠。晏袤为这批新发现的汉晋摩崖石刻作了楷书释文,还有隶书长篇题记,分别刊于原刻之下,以收珠联璧合之效。有意思的是,晏袤还将《鄐君开通褒斜道碑》与《何君阁道碑》进行字体书法的比较,谓其"字画简古严正","体势相若"。于此可见《何君阁道碑》彼时已广为金石学家所青睐,亦足见晏袤等人深厚的金石学素养。

宋代之后,《鄐君开通褒斜道碑》又归于寂寥。直到金石学复兴的清代中后期,它再次引起学者的关注。清乾隆五十年(1785)前后任褒城县令的浙江海宁人倪学洙，博涉经史，雅好金石，重新访得《鄐君开通褒斜道碑》摩崖刻石，命工椎拓，分赠陕西巡抚毕沅和金石学家王昶诸人，毕沅将其收入《关中金石记》，王昶则采入《金石萃编》，而乾隆朝三通馆将其编入《续通志·金石略》。于是《鄐君开通褒斜道碑》再次声名鹊起，钱大昕《潜研堂金石文跋尾》、翁方纲《两汉金石记》等著作都有著录题跋。日本书道博物馆藏有《鄐君开通褒斜道碑》旧拓一帧，一度传为宋拓，卷尾有吴昌硕题跋，吴氏断其为"康、雍时毡蜡"，有学者认为极有可能也是倪学洙雇人所拓。

清代是金石学的黄金时代，凡从事经史古物研究者，几乎无不预流金石碑版的访求考订之学。学者们已不满足于"稳坐高斋读古书"的适意惬然，而是积极参与到寻访古刻的探幽揽胜之中，不断开拓学术视阈，学术风气也为之一变。

毕沅不仅是坐镇一方的封疆大吏，更是一位博涉经史、淹贯金石的大学者。他在陕西巡抚任上，遍访三秦名胜，搜罗所得共计797通秦汉至金元时期的金石碑刻，纂成《关中金石记》八卷，其中石刻781件，包括著名的蜀道石刻"汉三颂"在内。

而嘉庆时期的略阳县令王森文，更是实地访察汉中各地的石刻遗存，并雇工椎拓，根据拓本一一摹绘，著成《石门碑醳》一书。此书在道光时由蒋光煦增补，成为首部研究汉中蜀道石刻群的专题著述。道光年间又有博古好学之士罗秀书、万方田、

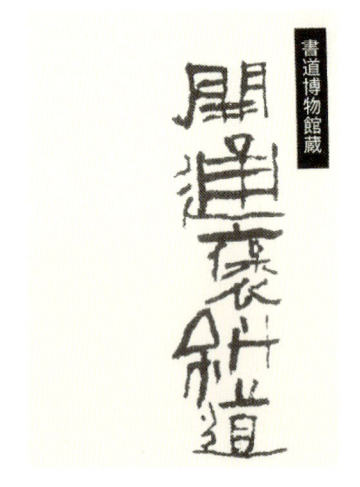

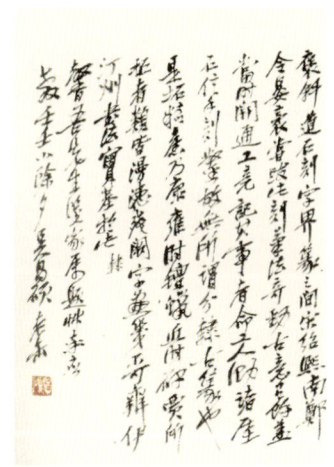

日本书道博物馆所藏《鄐君开通褒斜道碑》拓本题签及吴昌硕题跋

徐珽钰等人合力撰成《褒谷古迹辑略》一书，收录范围比《石门碑醳》更广，并附录了李白《游石门诗》、沈佺期《夜宿七盘岭》、岑参《官嘉州刺史与鲜于庶子自褒城同行》、薛能《褒谷道中》等历代诗文，内容更加丰富。《石门碑醳》《褒谷古迹辑略》并郭友源的《石门碑考》合称"石门三书"，是清代中期石门石刻调查考释的重要成果。

曾任四川按察使的刘喜海和四川学政的大书法家何绍基，都热衷于收藏蜀道碑刻拓本，并多有精深研究。刘氏编撰《三巴𦥑古志·金石苑》一书，保留了诸多散佚的蜀中石刻史料，还藏有多个版本的《石门颂》拓本，据朱文钧《欧斋石墨题跋》所记，刘氏还藏有未经洗凿的绝旧本《石门颂》旧拓。何绍基对《石门颂》更是情有独钟。他曾登临过汉中的连云栈道和金牛栈道，想必也到访过石门。何氏不但终生勤于临习《石门颂》，更是专注于对《石门颂》各种拓本的搜求，或是友朋持赠，或是借阅双钩，不遗余力，前后收藏过不下于四个版本的《石门颂》拓本，据说其中还有宋拓本。

晚清陕甘学政吴大澂，更是一位亲临现场亲手摩挲拓制蜀道石刻拓本的金石学家，与陈介祺、王懿荣并称"晚清金石三大家"，三人以金石为纽带，相通有无，交往频繁。吴大澂到任陕甘学政后，陈介祺多次书信函告，教以具体的传拓之法，如"《石门颂》诸汉刻，均望洗剔，以棉料厚纸先扑墨后拭墨精拓之，水用芨胶去矾"。而吴大澂也很快在汉中结交了两位金石传拓的得力助手——褒城县教谕罗秀书和职业拓工张懋功。于是由陈介祺函授传拓技法要点、吴大澂现场具体指导、罗秀书协助、张懋功具体椎拓的石门石刻精拓本问世，得到世人的追捧，并远播日本等国。而身为学政的吴大澂，与山野村夫张懋功竟成莫逆之交，甚至夜宿张庐，观风雪满山，听江声如吼，攀萝附葛，"访得《永寿刻石》数行及《鄐君开通褒斜》刻石尾段残字，亦一快事"。

张懋功在吴大澂等人的示范、点拨和栽培之下，也终于成为一代拓碑名手。白谦慎《吴大澂和他的拓工》以及王蓬《记一个拓印世家》，对张氏的椎拓技艺及拓印生涯多有记叙。而幸运的是，张氏椎拓技艺后继有人，其第四代孙张中发曾是汉中市博物馆"石门十三品"特聘首席椎拓技师，其后更有"非遗"传人张晓光仍在传承祖业。

历代学人对于蜀道碑刻的搜集、整理、传拓、题跋和研究，可以看作是中国传统金石学演进的一个缩影。每一通石刻的流传播迁史，即是一部简短的金石小史；而每一位金石学家的访碑观碑和传拓题跋，无不是其兴趣学识的凝结体现。清代金石学中兴以来，学者莫不广聚金石碑拓，研其文字之源流正变，品味书法之朴茂清丽，或证经补史，或预流新学，金石碑刻史料在现代学术转型中发挥着重要作用。

蜀道碑刻的价值是多方面的，有待我们持续关注、深入研究和发扬光大。

第十讲

行者远至

蜀道与域外旅人

从先秦时期开始，蜀道便成为中外文化交流、中西文明互鉴的交通要道。来来往往的外国人，通过其笔墨，在蜀道上留下了丰富的外国文献。本讲让我们一起来概览千年来外国人履足蜀道的历史，尤其是晚清以来，国门打开，世界各地的人，不少都通过蜀道进出巴蜀地区，留下了许多弥足珍贵的记载，本讲也选取了一些具有代表性的人物和相关图书进行介绍。

| 一 |

元代以前：外国僧侣、留学生与商人

古蜀国很早便通过古道与域外交通，三星堆、金沙出土的玉凿、领玉璧、玉璋等，与越南北部东山文化出土物形制一致，出土的海贝大量来自印度洋，隐然可见中外文化交流的影子。

中国古代有两条重要的陆上国际大通道，即以成都为起点，经云南至缅甸、印度的南方丝绸之路，以及经新疆至东亚、西亚的北方丝绸之路。秦汉时期开始，蜀道就承担了连接它们的重要功能——蜀道的开通，让中国与世界的南北两个方面有了通行的便利条件。

公元前139年，汉武帝派张骞出使西域。在大夏，张骞见到购自身毒的蜀布、筇竹杖，这是中外文明互鉴的早期历史物证。汉武帝听从张骞建议，先后派唐蒙、司马相如等经略西南夷，扩建五尺道，开通灵关道，进一步打通了西南的道路交通。张骞被封为博望侯，逝后葬于蜀道汇聚点汉中市城固县。1938年，西北联大发掘张骞墓，出土汉隶"博望铭造"封泥、汉五铢钱等文物。

1995年，中日学术考察队成员在新疆和田地区民丰县尼雅遗址一处古墓中发现"五星出东方利中国"汉代织锦护膊，学者认为极有可能就是自四川由蜀道经北方丝绸之路运输而出的蜀锦。

佛教进入中国以后，沿蜀道而来的外国僧人，更是留下不少历史印迹。中外佛教僧人通过蜀道出入四川，在蜀道沿线建立大小不一的寺庙，留下不少石刻造像和题记，

东汉·"五星出东方利中国"锦韝

大量的佛教石窟、寺院成为蜀道传播佛教文化的历史见证。中印度僧人宝掌于"魏晋间东游此土，入蜀礼普贤，留大慈"，游学参佛。

两晋南北朝隋唐时期，在民族融合的大背景下，蜀道上充满了丰富多彩的异域文化。南朝梁普通三年（522），白题国使者从蜀道（岷山道）入京献贡，留存至今的梁元帝时《职贡图》中记录下了这位使者的容貌。北周天和五年（570），宇文俭镇蜀，邀犍陀罗僧阇那崛多到成都担任龙渊寺住持。隋代国子祭酒何妥曾一度担任龙州（治今四川江油）刺史，撰《刺史箴》并刻于城门，而其父何细胡为"细脚胡"，是来自西域何国的粟特人，入蜀后定居于郫县，后侍奉益州刺史、梁皇太子萧纪，主管金帛交易，因致巨富，号称"西州大贾"。

1959年，考古学家在新疆吐鲁番阿斯塔那221号墓发掘出土"连珠龙纹锦"残片，其背面有墨笔行书题记："景云元年折调细绫一匹，双流县，八月官主簿史渝。"证明唐睿宗景云元年（710）折调的蜀锦，经过蜀道、北方丝绸之路流入西域地区。

唐开元十六年（728），新罗国王第三子无相禅师浮海西渡，经长安周游入蜀，在资中拜谒智诜禅师高徒处寂禅师，深得法要。安史之乱时，避乱在蜀的唐玄宗召见无相，诏令其

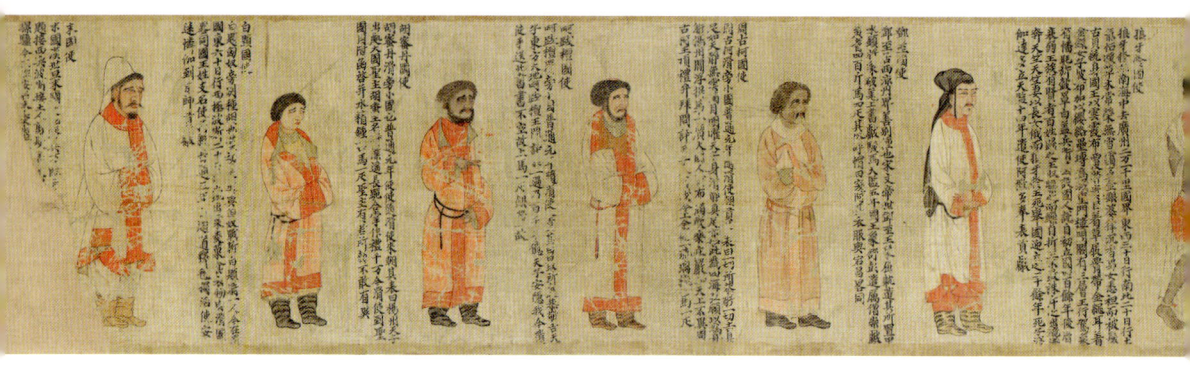

北宋·南梁萧绎《职贡图卷》摹本

规划扩建大圣慈寺。无相建九十六院，造一万余佛像，绘一千余堵壁画。高丽金富轼《三国史记》朝鲜徐居正《东国通鉴·新罗记》均有记载。

中唐时期，罗马基督教支系聂斯脱利派经波斯传入中国内地，当时称为景教。由于唐朝称罗马为大秦国，所以又称景教为"大秦景教"，而将景教寺院称为大秦寺。在唐代，陕西、四川都建有大秦寺。在傥骆道北口所在的周至县东南终南山麓的唐代大秦寺，是历史上基督教传入中国后最早兴建的寺院之一。《大秦景教流行中国碑》于明天启五年（1625）出土于盩厔（今陕西周至）大秦寺，后被移入西安碑林博物馆。该碑有汉文1780字，另有古叙利亚文题名21行，由波斯人景净撰文，吕秀岩书丹，唐建中二年（781）建立。碑文记述景教传入中华的历史和传教事迹，歌颂唐太宗等六位皇帝对景教的礼遇与崇信，被誉为"天下第一碑"。可以说，《大秦景教流行中国碑》是中西文明对话的成果，同时又不断见证中西文明的互鉴。

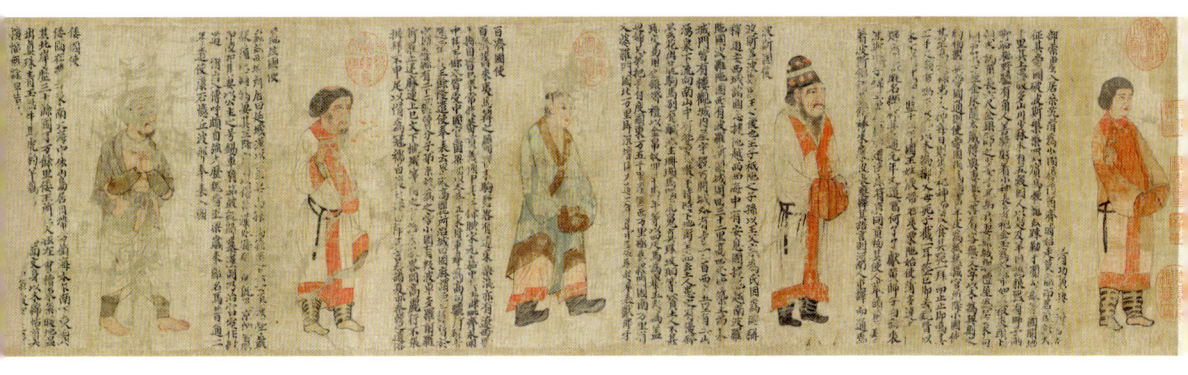

唐代，成都西门石笋街也修建有景教大秦寺。南宋吴曾《能改斋漫录》引北宋赵抃《蜀郡故事》："石笋，在衙西门外，二株双蹲，云真珠楼基也。昔有胡人于此立寺，为大秦寺。其门楼十间，皆以真珠翠碧贯之为帘，后摧毁坠地，至今基脚在。每有大雨，其前后，人多拾得真珠、瑟瑟、金翠异物。今谓石笋非为楼设，而楼之建适当石笋附近耳。盖大秦国多璆琳、琅玕、明珠、夜光璧，水道通益州永昌郡，多出异物。则此寺大秦国人所建也。"杜甫《石笋行》诗并没有提大秦寺事，所以大秦寺建筑应在上元（674—676）之后；北宋赵抃《蜀郡故事》仅见真珠楼基，未见真寺，可见该寺在北宋时已经毁弃。综此，成都大秦寺必建于盛唐之后，或亦毁于唐武宗时。唐建中二年所立《大秦景教流行中国碑》称："法流十道，国富元休。寺满百城，家殷景福。"成都大秦寺就建在所谓"十道"之一的唐剑南道。

除成都西门石笋街外，峨眉山等地也建有大秦寺，当

《大秦景教流行中国碑》拓本

时的传教士和信徒大都是中亚的波斯人。唐文宗大和三年（829），南诏权臣王嵯巅率蛮兵攻入成都，大掠而还，"共掠九千人，成都郭下成都、华阳两县只有八十人。其中一人是子女锦锦，杂剧丈夫两人，医眼大秦僧一人，余并是寻常百姓"。"医眼大秦僧"就是大秦寺中僧人。经此打击，四川景教一蹶难振。会昌五年（845），唐武宗下诏拆毁天下寺庙，勒令僧尼还俗，禁止佛教流传，是为会昌毁佛。景传也遭到波及，教徒二千余人被逐。景教由是在四川销声匿迹。

唐德宗贞元十一年（795）左右，印度尼西亚或马来半岛的黑皮肤"水精奴"来到蜀地。贞元十八年，由35位缅甸乐人组成的乐队取道成都赴长安表演。唐宪宗元和十三年（818），日本僧人金刚三昧来游峨眉山。唐宣宗大中五年（851），阿拉伯商人苏莱曼东游印度、中国，在其游记中写道："黄巢毁坏了汉府以后，继续着把所有的城一个一个地毁坏。中国王就匆匆忙忙地逃走。当黄巢进达京城的时候，这京城的名字叫作户姆丹（Humdan，即西安）。中国王从户姆丹逃到与西藏相近处的一个城，叫作马都（Madu），就在那里住下。"他所谓的"马都"，其实就是指成都。唐代吐蕃与成都之间有着密切的交往，特别是香麝等物质交流。吐蕃攻成都的军队中还有一批紫眼番僧，来自阿拉伯帝国。因阿拉伯帝国阿拔斯王朝的军队服装崇尚黑色，中国正史称之为"黑衣大食"。

晚唐五代花间词人李珣先世为波斯人，随僖宗入蜀后定居梓州（治今四川三台）。李珣年轻时多次以外国人身份参加科举考试。被蜀人称为"土波斯"的李珣文笔优美，著有《琼瑶集》，现存世的诗词有54首；又著《海药本草》6卷，专门记述由海外尤其是波斯传入中国的药物，反映了蜀道上外国药物和药文化的传播。今存《海药本草》佚文中，记载了120余种药物，注明产自外国的就有96种之多，如金线矾、安息香、诃黎乐等"生波斯国"，波斯白矾"出大秦国"等。

唐代四川印刷业发达。日本僧人宗叡留学中国，至咸通六年（865）十一月回国时，携带有"西川印子"标记的两部韵书。宗叡所撰《书写请来法门等目录》记载："西川印子《唐韵》一部五卷、同印子《玉篇》一部三十卷。右杂书等虽非法门，世者所要也。大唐咸通六年，从六月迄于十月，于长安城右街西明寺，日本留学僧圆载法师院求写杂法门等目录，具如右也。日本贞观七年十一月十二日却来左京东寺重勘定。入唐请益僧大法师位为后记之。"向达《唐代刊书考》称："三十卷之《玉篇》、五篇之《唐韵》，俱属巨帙，在咸通时既已雕版流传，播诸海外，则当时蜀中刊书之盛可想已。"当时，蜀中很多印本通过蜀道，从北方丝绸之路传到敦煌，如"巴黎藏有广政十年写本《维摩诘经讲经文》第二十卷，书于西川之静真禅院，流传至敦煌之应明寺，是为敦煌与蜀中文化交流之证"。现存敦煌卷子中还有不少自蜀而来者，可见当时由蜀道外传的文献可能更多。

两宋时，青城山道士康道丰、安世通、萨守坚均有外国血统，峨眉山迎来著名译经家印度名僧法天。他们都是通过蜀道来到四川的。

|二|
元代：马可·波罗、雪村友梅、李齐贤

1206年，成吉思汗建立大蒙古国，至元八年（1271）忽必烈改国号元。蒙古铁骑向南灭金、南宋，向西三次西征，灭西夏、西辽、花剌子模王朝、阿拔斯王朝，征服阿速、钦察、斡罗思诸部，建立钦察汗国、伊儿汗国、察合台汗国、窝阔台汗国，使亚洲大陆北部和中西部均归于蒙古统治，从而打通了中西交通的路线，促进了中西的交流。

元代，蒙古人、色目人担任地方军政长官，其中不少外国人进入四川任职，逐渐扎根成为四川人。回回人赛典赤·瞻思丁（1211—1279）出生于不花剌城（今乌兹别克斯坦布哈拉州首府），归附大蒙古国后，于元世祖至元元年出任陕西五路西蜀四川等处行中书省平章政事，后节制陕西五路四川行枢密院所有大小官属。

（一）意大利人马可·波罗的游记对蜀道的记述

1271年，意大利人马可·波罗（Marco Polo, 1254—1324）与父亲尼柯罗（Nicholo）、叔父马菲奥（Maffeo）启程前往上都。元世祖至元十二年五月，马可·波罗到达上都，得到忽必烈的信任，在元朝任职并居留了17年，于至元二十八年随波斯使臣离开中国，四年后回到故乡威尼斯。

马可·波罗《寰宇记》（*The Description of the Word*）更多地被称作《马可·波罗游记》，简称作《游记》

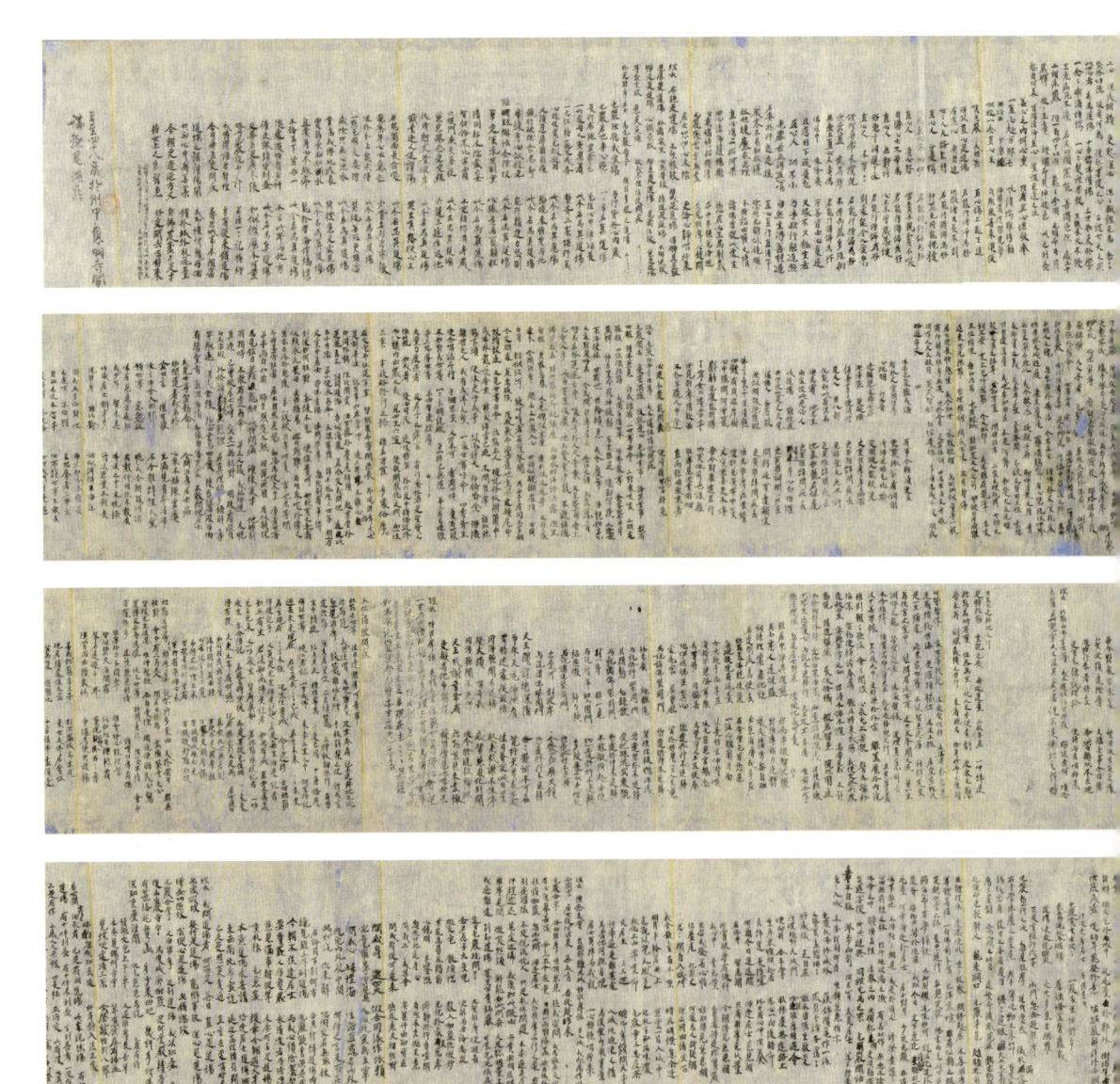

后蜀·广政十年写本《维摩诘经讲经文》

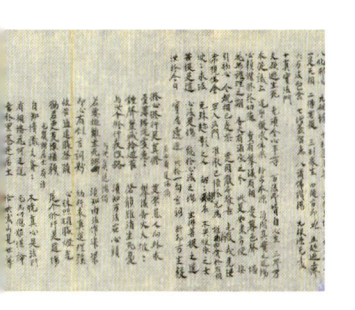

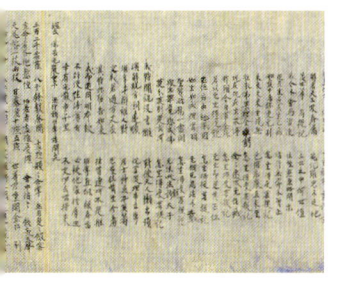

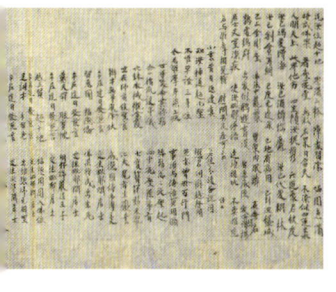

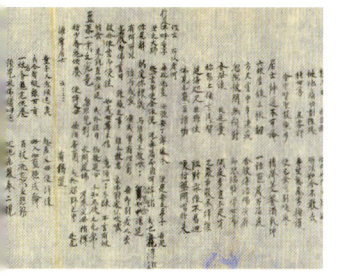

（*The Travels*），是西方第一部记述中国的书籍。该书是马可·波罗1298年在狱中或遭软禁时口述他周游亚洲的旅行见闻，由鲁思梯谦（Rusticiano）笔录而成，由于其中不少记述模糊，甚至问题百出，一直备受争议。但马可·波罗是第一位宣称深入中国的西方人，加之生动的描述，他的《游记》深深地影响了西方人，成为后世来华外国人的重要参考指导性著作。

元世祖至元二十四年前后，马可·波罗受忽必烈派遣到云南省，经涿州、太原、西安、成都、土番（实为今四川雅安、天全一带）、建都（今四川西昌）、昆明、大理、金齿（今云南德宏），到达永昌（今云南保山）。其中途即经过数月跋涉，翻越秦岭、大巴山，沿着蜀道来到成都，然后经建都出川。马可·波罗对蜀道沿线城市和地区的地貌、特产、野兽、风俗习惯、宗教信仰及一些人物做了详细的描述，成为第一位对蜀道进行全面记述的西方人。

马可·波罗描述穿越秦岭的蜀道"要走二十天的路程。道路蜿蜒盘旋在群山、峡谷和密林之中。但是，也有许多城镇，能够为旅客提供便利的膳宿之所"。向西行走二十天，马可·波罗来到汉中。"这里土地平坦，人口稠密，居民依靠商业和手工业为生"，"这片人烟稠密的平原，一直延伸至两个驿站远的地方，接着又是高山、峡谷和森林"。马可·波罗"穿山越岭，走过二十个驿站路程"，来到成都府。他描述成都作为省城"是一座壮丽的大城"，从前是"许多有财有势的君王的驻跸地"，而当时的成都全城"分作三个区"。

《马可·波罗游记》插图

（二）日本人雪村友梅《岷峨集》的蜀道记述

元成宗大德十一年（1307），年仅18岁的日本高僧雪村友梅（1290—1347）来到中国"观光"，因牵涉日本商人焚掠庆元事件，被当作间谍"一例刑籍，囚于雪川之狱"，后被流放至陕西京兆府（今陕西西安），软禁于终南山翠微寺。延祐三年（1316），雪村坐"结交朝官"，被流放至成都。他翻越秦岭，过汉中褒城驿，经蜀栈入川，大约于至治二年（1322）春天到达成都。

雪村友梅如此描述或回顾蜀道："山回悬栈道，溪转断桥村。""云栈崖梯联复绝，沙罗花绽天香泄。""形胜自可暂游观，幽奇未许穷跻攀。桥梁架壑虹蜺背，城郭丽锦烟霞间。安忆蚕丛未开国，水岂不水山不山。汪洋磅礴但元气，天府雄深神物悭。五丁力开战争路，八阵图启兵机关。七窍谋报混沌氏，三分割据蜗触蛮。""鸡头关上逢今日，正是村僧入蜀初。出蜀又当渝水别，它山相会更何如。"在蜀道上的艰难跋涉，使雪村不幸病倒。在《病枕织长句谢石桥发药》诗中，他描述当时的困境："半年蜀道历艰险，寒热相攻疟正作。耳黑面黄肢体枯，头疼目眩频呻呼。何物小儿巧乘隙，欺我万里形骸孤。挤排不去廿日余，连颠傲死难枝梧。移床侧枕酒家墟，主人欢饮忘甘茶。天生我命有时苏，未必逝者如斯夫。君问囊中狼虎呕泻药，何似雪山肥腻香草纯醍醐。"滞蜀期间，他参禅城东古寺，观锦城灯火，歌岷山，登龙泉长松山，游青城，"苔封石镜照无光，草没琴台弘莫续"，"锦里光风中自数"。雪村友梅没有纪游文章，但以诗歌记录其蜀道之旅，其《岷峨集》成为日本人记录蜀道的第一部著作，其履历则见于集中《雪村大和尚行道记》。雪村友梅成为有文献记载以来在蜀道上行走的第一位日本人。

泰定三年（1326）春，37岁的雪村友梅逢大赦获自由身，离开成都。他在嘉州（治今四川乐山）停留数月，畅游峨眉山、凌云寺和乐山大佛；八月十九日，乘船抵达重庆；重阳节后离渝，从三峡出川。天历二年（1329）冬，雪村友梅从福州乘船回到故土。此时雪村友梅虚岁四十，在中国度过了22个年头。1337年他担任播磨（今日本兵库县南部）法云寺的开山住持。法云寺有十景，其中二景"濯锦江""岷峨山"均与蜀地有关。

（三）李齐贤《益斋乱稿》《栎翁稗说》的蜀道记述

元延祐三年夏末，李齐贤奉命代高丽忠宣王"奉使川蜀"，进香峨眉，所著《益斋乱稿》于"山河之壮，风俗之异，古圣贤之遗迹，凡所谓闳博绝特之观""包括而无遗"。

李齐贤（1288—1367），字仲思，号益斋，高丽庆州人。他自称："延祐丙辰，予奉使祠峨眉山，道赵、魏、周、秦之地，抵岐山之南，逾大散关，过褒城驿，登栈道，入剑门，以至成都。又舟行七日，方到所谓峨眉山者。"据学者考证，李齐贤于六月底从大都出发，中秋到成都，又于八月十七日出发，二十四日至峨眉，于是登山参拜，再经成都，于十月初沿蜀道原路北归，约在冬月末或腊月初回到大都。李齐贤此次峨眉之行，"沿途留有诗作28首、词作19首"，并有札记记其事。他感慨于杜甫"地偏江动蜀，天远树浮秦"之句，分析秦蜀地理之不同:"予曾游秦蜀之地,西高东卑,江水出岷山,径成都南,东走三峡,波光山影,荡摇上下。秦中千里,地平如掌,由长安城南,以望三面,绿树童童,其下野色接天,若浮在巨浸然。"又以亲身经历解说李白《蜀道难》"西当太白有鸟道,可以横绝峨眉巅"之句,分析"横绝"之可能:"太白在咸阳西南,峨眉则在成都东北,可谓悬隔。然而自咸阳数千里至成都,或东或西,不一其行。又自成都东行北转六百余里,然后至峨眉。虽山川道路之迂,度其势,二山不甚相远,人迹固不相及。鸟道则可以横绝云耳。"他还考证白居易《长恨歌》"黄埃散漫风萧索,云栈萦纡登剑阁。峨嵋山下少人行,旌旗无光日色薄",以为若此则"峨眉当在剑门、成都之间",而其实不然,"盖乐天未尝到蜀中也",故有此误。

在李齐贤使蜀前,赵孟頫赠诗道:"三韩望巴蜀,相去万里余。栈阁如登天,剑门不可逾。

元·陈鉴如《李齐贤像》

谁令触炎热，鞍马事驰驱。王事有期程，吾敢永安居？道路何缅邈，山川亦盘纡。赖彼多古迹，庶可慰踌躇。勿云锦城乐，早归乃良图。秋高天气清，矫首西南隅。"元明善赠诗称："峨嵋山色梦中青，人自鸡林使锦城。九域图经归一姓，四川风物契三生。扪参历井真虚语，咏月吟风足此行。细问孔明当日事，辽东却对幼安评。"李齐贤赋《蜀道》诗称："此山从古有，此道几时开？不借夸娲手，谁分混沌胚？天形旗尾掷，冈势剑铓摧。雾送千林雨，江奔万里雷。班班穿荟郁，矗矗上崔嵬。下马行难并，逢人走却回。惊猿空踯躅，去鸟但徘徊。才喜晨光启，俄愁暮色催。金牛疑妄矣，流马笑艰哉。寄谢题桥客，何须约重来。"出蜀又赋《路上（自蜀归燕）》道："马上行吟《蜀道难》，今朝始复入秦关。碧云暮隔鱼凫水，红树秋连鸟鼠山。文字剩添千古恨，利名谁博一身闲。令人最忆安和路，竹杖芒鞋自往还。"

李齐贤著《益斋乱稿》十卷，附《拾遗》《墓志》各一卷；又著有《栎翁稗说》前后集四卷。李齐贤于两书中皆对蜀道有所记录，且附录了时人朋友的唱和诗，是蜀道上难得的中国与朝鲜半岛于元代交往的历史见证。

|三|

明至清前期：利类思、安文思、耶稣会士与米列斯库

明代永乐帝时的航海开启了新时代的中外交流。在科技的助力下，外国人来华交流日益频繁。明至清前期，外

国人行走记录蜀道的文献相对有限，主要是明末至清前期在川陕两地尤其是在陕南的传教士所作。

（一）利类思、安文思在川传教

明朝以后，随着西方传教士来华传教，途经蜀道入蜀的外国人逐渐增多。葡萄牙籍传教士安文思（Gabriel de Magalhães，1609—1677）于1642年8月28日抵成都，协助意大利籍耶稣会教士利类思（Ludovieco Buglio，1606—1682）共同从事传教工作，还被张献忠"大西国"封以"天学国师"。

利类思，字再可，1635年4月13日从欧洲启程，次年到达澳门，并在圣保罗学院学习汉语，熟悉中国国情与风俗礼仪。利类思在北京时，通过汤若望引荐，与四川绵竹人、东阁大学士刘宇亮（？—1642）相识，被邀请到四川传教。1640年，利类思通过川陕蜀道来到成都，在刘宇亮府邸住了8个月，建立了四川最早的天主教教堂，并于次年在成都发展了包括蜀献王朱椿后裔"伯多禄"、当地官员在内的30个教徒。利类思"首先入川，传扬福音"，成为明代第一位到达这里的欧洲人。1641年8月28日，葡萄牙人安文思由浙江杭州府来四川协助利类思传教。

除成都外，两人相继在阆中、重庆建立教堂布施传教，并向川内其他地区发展。1644年9月5日，张献忠进入成都，随后称帝，派人迎接避难于雅安天全山中的二人到成都，赐称"天学国师"。二人离开天全山，在雅安宝兴县盐井溪发现大熊猫，并在那里修建了四川现存年代最久的天主教堂。1702年，意大利传教士毕天祥、穆天池等入川，在成都及周边地区找到许多天主教徒，不少即为利类思、安文思当年发展起来的教徒传人。1646年秋，利类思、安文思随张献忠驻扎川北西充县境。张献忠被清兵射杀后，二人被抓获并送至肃亲王豪格营帐。其后随清军退返陕西汉中，"沿途迟迟，历七十日之久方抵陕西"。1648年初，豪格班师回朝，二人一同随行至北京。后来，二人将其在四川以及大西朝的经历分别写成书。

安文思《中国新史》于1688年在巴黎出版，是西方早期汉学发展史上的一部重要著作，与利玛窦、金尼阁《耶稣会与天主教进入中国史》（1615），曾德昭《大中国志》（1642），卫匡国《鞑靼战纪》（1654）、《中国新图志》（1655）、《中国上古史》（1658）一起构成了西方17世纪关于中国知识的最重要来源。意大利传教士卫匡国1654年在欧洲出版所撰《鞑靼战纪》最早引用利类思、安文思的记述；法国传教士古洛东1912年在重庆撰写《圣教入川记》，介绍二人事迹，使其故事更为广泛地传播开来。

（二）康乾时期的耶稣会传教

明天启五年，已经受洗奉教的陕西泾阳人王徵丁忧归里，邀请天主教耶稣会士金尼阁（Nicolas Trigault，1577—1628）到陕西三原一带传教，此后天主教便在陕西逐渐传播开来。崇祯八年（1635），法国传教士方德望（Etiene Le Fèvre，1598—1659）到汉中传教。至清康熙三十五年（1696），陕西天主教主教区成立，总堂先设在泾阳县鲁桥镇，后移至西安土地庙什字，由意大利方洛各会教士管理。

耶稣会传教士南怀仁（Ferdinand Verbiest，1623—1688）、方德望在陕南城固、洋县、汉中府一带长期布教，在汉中建立起第一个陕南宣教团。法国耶稣会传教士李明（Louis Le Comte，1655—1728）1696年在巴黎出版的《中国近事报道（1687—1692）》一书，记载了南怀仁、方德望及李明等人从西安出发，翻越秦岭，前往汉中，在蜀道沿线传教的报告。"汉中是陕西的一个府，离省会有十二天的路程，方德望神父在那里建立传教会的方法值得了解。""由我负责的陕西省是中国最辽阔的省份之一……我们在山里喂养了骡子，是为了去最容易到达的地方的那种旅行所准备的。""陕西省有一个虔诚的基督徒，在不同的显赫职位上变得富有之后，最终决定归隐山林……但由于他的房子位于交通要道上，那些在中国不断来回换防的军队蹂躏了他所有的土地。"

（三）罗马尼亚文学家尼古拉·斯帕塔鲁·米列斯库的蜀道漫记

罗马尼亚文学家尼古拉·斯帕塔鲁·米列斯库（Nicolae Spataru Milescu，1636—1708）出使俄罗斯，在沙皇使节事务部任职，于1675年率使团赴清廷，1678年返回莫斯科。在欧洲对中国的关注下，米列斯库开辟了经过西伯利亚到中国的通路，撰写了《旅经西伯利亚日志》《出使中国奏疏》和《中国漫记》。

《中国漫记》大致成书于1677年，是米列斯库以实地考察为主，参考其他各种资料撰写而成的，对中国社会生活和文化传统，特别是各省各地的情况做了较为系统的梳理和记述。他描述中国的道路和驿传，称"中国的道路十分平坦，上面铺有小石子，特别是南方的道路。这里的交通十分繁忙，人马和牛车络绎不绝。不但平原如此，在崇山峻岭的山路上也是这样。哪里需要，就在哪里开山凿石、削平山头，铺筑笔直的道路"。

米列斯库对蜀道的记述尤为深入细微，引人入胜。他记录陕西发现的《大秦景教流行中国碑》，"上面注明的日期是耶稣诞生前630年。也就是说该石碑有1000年之久。碑上记载了当时皇帝的名字以及东正教主教和神甫的名字"。他描述了西安通往汉中的蜀道称："从首府西安到本城的公路，穿山越岭，盘桓险峻。如果绕山而行。要走约2000里路，而翻越山岭，则只有80里的路程。"修筑蜀道时，"逢山劈山，逢水搭桥，沿途山峰壁立，仅见一线天"，"修得十分宽敞，能容4匹马并驾齐驱。栈道既高且险，为便路人安全，桥两边装有扶手，并填土垫稳，以消行人之惊惧"，"中国人仍十分注意保护这条道路，经常维修，路边建起了村庄和客栈。这样的工程实为其他帝国所罕见"。

在记录四川时，米列斯库更有不少独特之见。他十分关注中印文化交流，称"本省与印度靠近，所以有一些印度习俗。本省以达木永隆山（Damasi）为界与西藏相邻"，"这里还生产优质大黄，印度人……从这里购买销往印度各地"。他也注意到四川与欧洲的文化交流，称四川"境内有高山峻岭和辽阔的平原，一切人之生活所需都应有尽有：盛产丝绸，各种药草和矿物，还销往欧洲和世界各地。这里种植一种香根药草，医生把它叫作'中国根'（radixina）。这种'中国根'在全中国各地野生，叫作'茯苓'，也运往我们欧洲"。他记载四川的道路，称"特别是东部，有最好的道路，连走三天三夜都是一马平川，沿路有100多座石桥"。米列斯库还关注到蜀道上的古树，如"剑州城里一座庙宇旁有一棵古树，中国人说这棵树已过千年，树身如此之大，以至树下可荫蔽200只羊。这种树来自印度，极易繁殖，插枝即活"，更有意思的是，他还特别记载了荔枝道，说重庆府"生长各种艳丽的花朵和美味的水果——荔枝。每当荔枝开始成熟，即用专门驿马运往京城供皇帝享用"，并自注称"荔枝（nephelium lichi），产于中国南方，是中国人十分喜爱的水果"。

尼古拉·斯帕塔鲁·米列斯库的蜀道漫记是继马可·波罗之后，更为深入的蜀道记录。他以散记而不是行记的方式，择要记录了蜀道沿线各地情况，视野开阔而独特，反映了清初蜀道的很多真实面貌。

|四|
晚清民国时期：外国探险家、旅行者与学者

在西方的枪炮声中，清廷的大门最终轰然洞开，随着一系列不平等条约的签订，西人长驱直入，逐渐深入中国内地。四川虽位处西南地区，也抵不住西方势力侵略、殖民的步伐——从西、南、东、北不同方向侵入、延展而至蜀道沿线各地。第一次鸦片战争以来，外国传教士、外交

官、探险家、文人学者、科学家、商人、军人乃至妇女儿童，游走于中国大地，以游记、日记、札记、通讯、考察报告、探险实录、随笔、信函、照片、绘图、回忆录等多种形式见证和记录了其行旅见闻，打破了时空间隔，将许多的人事物联系在一起，构成了多彩的蜀道历史画卷，成为不可多得的中西文明互鉴、折射中国社会变迁的重要文献。

（一）英国人的蜀道记述

1. 伟烈亚力《湖北四川陕西三省行程记》《从成都到汉口的旅行日记》

伟烈亚力（Alexander Wylie，1815—1887），英国汉学家、新教传教士。1868年，伟烈亚力沿长江、岷江到达成都，又由成都沿蜀道到达汉中，由汉中到西乡，再到石泉县，乘船顺汉水而下抵达汉口。他将此旅行撰成《湖北四川陕西三省行程记》和《从成都到汉口的旅行日记》。

2. 吉尔《金沙江》

威廉·约翰·吉尔上尉（William John Gill，1843—1882）于1877年沿长江溯游而上至重庆，再由陆路至成都。其后，他向西北，经灌县、汶川、茂州、叠溪、松潘，然后到龙安府，走上阴平道，至绵竹又沿金牛道至成都。他描述龙安府梯子驿不远处的栈道："每当遇到河水冲刷峭壁底部之时，就在山的表面接出一条道路，按常规支撑着。有一处没用木杆，而是将长条的石块水平放入岩石上挖出的洞中，再在上面铺上石块，就这样建成了道路。有些地方，仅能容下马足。有一次，我看着风景忘了照看马儿,它踩向已经风化悬崖的边缘,让一向冷静的马夫惊慌地大叫起来。马夫通常走在后面,如遇下行路面非常陡峭,需要跨过巨石或很滑的台阶时,他就拽着马尾巴以防它下滑,因为一旦下滑,必然会踩空。"随后,他们经过响岩坝、平驿铺,乘船沿河下行至绵州,在绵州走上金牛道,"在此上岸,又走了3天后,回到了成都"。

3.海恩波《华西地区第一位主教盖士利》

盖士利(William Wharton Cassels,1858—1925),英国圣公会传教士,圣公会华西教区首任主教,1885年

威廉·盖士利肖像

3月18日到达上海，随后前往四川省工作。1925年11月7日，盖士利在阆中因伤寒去世，安葬在圣约翰大教堂花园里。

内地会英国传教士马歇尔·海恩波（Marshall Broomhall，1866—1937）撰写的《华西地区第一位主教盖士利》于1926年出版，记录了盖士利及其妻子毕晓普在四川的传教情况。盖士利通过蜀道来到阆中："离开了热爱的'太平之城'大宁，盖士利向着他的新领域'保护安宁之城'保宁出发。……盖士利穿过广阔而单调的西安平原后，来到了汉中山谷北部的岩石山脉。天气阴沉，爬着这些山路，他感到有些荒凉和压抑。经过艰苦的攀登，到达山顶，到达鸡头关，从这个有利位置可以看到绵延的汉水河谷和远处的四川山峦。在陡峭而疲惫的攀登之后，他停下来，急切地扫视着面前的广阔天地。突然，太阳冲破云层，为所有的风景增添了光彩。十五英里外，在水源充足、人口稠密的平原中央，坐落着汉中市，这是该地区唯一的传教站，再远处，在遥远的地平线上，是他一生为之工作的山丘。"盖士利在阆中传教，接待了威尔逊等许多来来往往的外国人。

4. 伊莎贝拉·伯德《扬子江内外》

伊莎贝拉·伯德（Isabella Bird，1831—1904），英国探险家、作家、摄影师和博物学家。1896年，她乘船沿长江西行，自万县（今重庆万州区）上岸，经小川北路至成都。但自渠县始，她的行程已偏离传统路线，而上行交会金牛道入成都，反映了当时自渠县至成都的小川北路被阻隔的历史。她赞叹"一千年前，蜀道一定是个伟大的

《扬子江内外》原书插图

工程"，"蜀道通常宽16英尺，但铺了石板的路面实际只有8英尺宽。桥梁均用坚固的石块砌成，上坡和下坡都有石阶。千余年前，有位皇帝下令在道路两侧等距种植雪松，树干殷红，枝条下垂，这里的雪松真美……每棵树都盖有御印，当地官员每年清点"。

5. 台克满《领事官在中国西北的旅行》

1917年，英国驻北京公使馆翻译、汉文参赞台克满（Eric Teichman），深入陕西、甘肃、四川等地考察，完成名著《领事官在中国西北的旅行》。

台克满认为蜀道是中国最重要的陆路交通线，但在长江交通兴起后有所衰落。同时，他还注意到蜀道是北京至拉萨大道的一部分。他说："陕南和四川的大部分道路都是铺砌的山径和不规则的石阶，并不适宜马匹行走，乘坐轿子才是明智的选择。"他记录蜀道沿线各站点情况及往来道里，并勘测记录数据，注意到秦岭南北的对比差异，试骑四川矮种马，认为金牛道"可能是秦始皇帝在约公元前200年建造的，旨在促进对当今四川地区的征伐"。

台克满记录了西安翻越秦岭向南的道路："中国人总是满足于经由东西两端的两条道路穿越秦岭天险，即东端的西安—龙驹寨道、西端的凤翔—留坝—汉中道。还有一条线路在中国旅行者看来也可以通行，即从西安向南经过

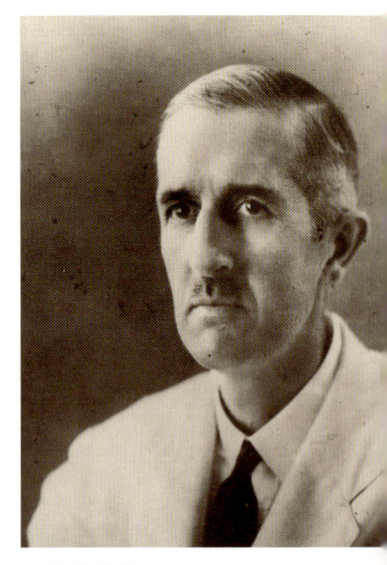

台克满肖像

宁陕厅的道路。另外的三条线路分别是东面途经镇安的道路、中间经过佛坪的道路以及再向西从郿县往南走的路线。后两条路线从太白山的两条山脊穿过,各占一条山脊。"他所谓的西端道路即故道,经过宁陕的为子午道,经过佛坪的为傥骆道,从郿县(今陕西眉县)南走的为褒斜道。另外两条道不属于古蜀道,经龙驹寨(今陕西丹凤)的是西安直接前往湖北的道路,经镇安的是西安南向安康的道路。台克满自己首先走经镇安的路,从潼关翻越秦岭,经雒南(今陕西洛南)、商州、山阳、镇安到兴安(今陕西安康);其次,从兴安经汉阴、石泉、西乡、古路坝至汉中,属于子午道南段支线;最后由汉中,经城固、洋县,穿越秦岭,经佛坪、盩厔(今陕西周至)到达郿县,并西抵凤翔,则主体走的是傥骆道,末端还涉及褒斜道、故道的一小段。

6. 荣赫鹏《北京到拉萨——已故准将乔治·佩雷拉中国旅行札记》

荣赫鹏(Francis Younghusband, 1863—1942),英国军人、探险家、作家,英属印度"前进政策派"代表人物。荣赫鹏《北京至拉萨——已故准将乔治·佩雷拉中国旅行札记》一书,记录了乔治·佩雷拉从北京到拉萨的探险之旅。他一路经山西到陕西,然后翻越秦岭至四川——由于当时动乱不已,没有选择通过宝鸡走北栈道,而是改走子午道前往汉中,又翻越巴山,由米仓道到南江——然后乘船至巴州(治今四川巴中),经保宁府(治今四川阆

荣赫鹏肖像

中）至成都，再由成都到拉萨。

（二）法国、德国人的蜀道记述
1. 谭卫道《第三次在华考察旅行记》

谭卫道（Jean-Pierre-Armand David，1826—1900），法国天主教遣使会会士。谭卫道自同治元年（1862）首次来华，至同治十三年离开中国，在华长达12年，先后进行了3次较长时间的旅行考察与标本采集。

他于同治八年在穆坪获得大熊猫幼崽和成年大熊猫，以及大量生物标本1872年11月，谭卫道从西安向西南进发，前往秦岭考察南北坡，在崂峪谷石井村、殷家堡等传教点采集标本。随后经盩厔到秦岭主峰太白山下，考察动植物分布情况。然后往西到四元山，从阎家村经褒城、沔县（今陕西勉县）前往汉中。1873年，谭卫道沿汉水至城固县，乘船于5月上旬到达汉口。澳大利亚学者贾大韦（David Jupp）《法国人谭卫道的第三次中国之行》一文指出，谭卫道于1873年2月取道褒斜道南下，经过鹦鹉嘴、桃川、嘴头、王家塄、江口、南河、二十里铺、褒城至汉中的野外考察，逐日记述了他沿途观察的地质、动植物和地理现象。谭卫道为采集标本选择褒斜道，但在实际行走中，又总是偏离于褒斜道而行。褒斜道由秦岭北侧的眉县跨越秦岭，进入褒河流域，沿褒河而下，在武休关与连云栈道合，抵达汉中。谭卫道在考察汉中盆地附近地域后，又

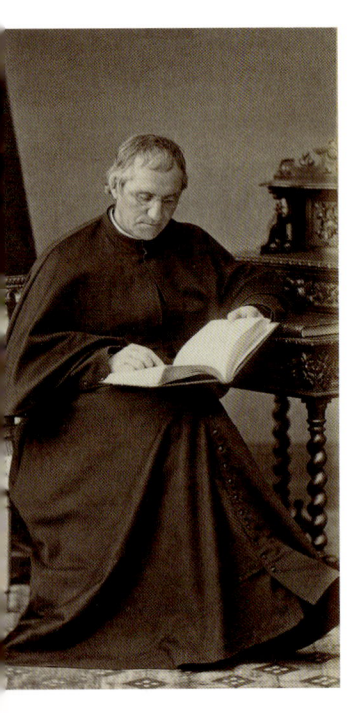

谭卫道肖像

顺汉江而下，前往安康地区，这一段路实际上是子午道的延伸线。

2. 李希霍芬《李希霍芬中国旅行记》

李希霍芬（Ferdinand von Richthofen，1833—1905），德国地理学家。1868—1872年，李希霍芬先后7次来华考察地质，足迹遍及13个省，出版《中国——亲身旅行和据此所作研究的成果》一书，首次提出"丝绸之路"概念。

李希霍芬于1871年至1872年间，从陕西西安前往四川成都，开启中国西南之旅。《李希霍芬中国旅行日记》详细地记录了他在行经秦蜀古道时所考察到的沿线生态环境、地质地貌、道路交通、风土民俗、经贸文化等各方面的内容。李希霍芬在将至草凉驿前，称："迄今为止的路都没什么特别。可在有的地方路是凿山而成，砌上护墙并用柱子支撑。路也建得宽阔，尽管保存下来的路并非处处宽阔。唯一还能让人看出这是一条古老的人造大道的地方是它的取线和它是用石块铺设的。所有现存的路段都用石块铺设，但石块大多已经年久失修，所以走起来十分艰难，时而有老拱桥。路上交通繁忙，产自山里的木材和木炭向下运到渭河，还有远道而来的、一般都由人背来的大米、糖和其他产自四川的商品。"他称赞"不用火药修筑这么一条路，绝非小事"。从陕西入川时，李希霍芬还专门写下了对于金牛道的印象："我们常常是踩着一种因常年使用而被磨得十分光滑的石灰石铺成的阶梯上行，时而一下子就有40—50阶，旁边就是陡峭的悬崖。而令人惊讶的是，牲口倒敏捷地通过了这些地方。""悬崖中敞开

李希霍芬肖像

了一道门……这道岩石形成的门里还建着一道城门，叫剑关"。李希霍芬称当时人"都把这条路称作北大路"，又指出"从西安府到汉中府还有一条行程短4天的小路；但这条路冬天因为多冰，牲口不能走。此外还有个别步行的小路越过大山，但路上没有投宿的地方"。他说兴平的"客栈很差"，扶风的"客栈都很简陋""房子里暗无天日，却到处透风，炕也都冰凉""今天住的客栈是个土窑，这个地方实际就是一串客栈"。

3. 谢阁兰《中国西部考古记》

谢阁兰（Victor Segalen，1878—1919），法国海军医生、作家、汉学家和考古学家。

谢阁兰肖像　　　　1909年，谢阁兰一行从甘肃文县通往四川的途中

1909—1910年，谢阁兰游历山西、陕西、甘肃、四川、广西和广东。1914年，谢阁兰·瓦赞（Gibert de Voisins）、拉尔蒂格（Jean Lartigue）组成考古小组，结伴同行。3月1日，考古小组自西安出发，沿渭水西行，分左右两岸两队进发——瓦赞、拉尔蒂格取左岸，谢阁兰取右岸，至宝鸡会齐，再偕行度秦岭，向汉中府进发；3月20日至汉中，再分二队，拉尔蒂格南向南江县、巴县进发，瓦赞与谢阁兰遵金牛官道入四川，并在保宁府会齐；再顺嘉陵江水路赴蓬安县，陆行于4月20日至渠县；随后考古队径赴成都，5月2日抵达；旋自成都向东北行，赴绵阳、梓潼，再返成都。

（三）日本人的蜀道记述

1. 竹添进一郎《栈云峡雨日记》《栈云峡雨诗草》

竹添进一郎，名光鸿，字渐卿，号井井，日本明治时期著名汉学家、外交家。竹添进一郎随日本驻华公使森有礼来中国，居京数月间，他"每闻客自蜀中来，谈其山水风土，神飞魂驰，不能自禁"。1876年，他与津田君亮，从北京启程，经河北、河南进入关中，穿越连云栈道，进入四川游览。其后沿长江，过三峡，于八月抵达上海。竹添进一郎将这段旅行经历整理成《栈云峡雨日记》《栈云峡雨诗草》。竹添进一郎对沿途经历的名胜古迹，风土民情，气候物产，皆能征引文献，详明古今。他们于六月二十一日由川陕古道进入四川境内之筹笔驿亦即神宣驿，费时11日，经剑阁道，抵达成都，其所花费的时间与明朝

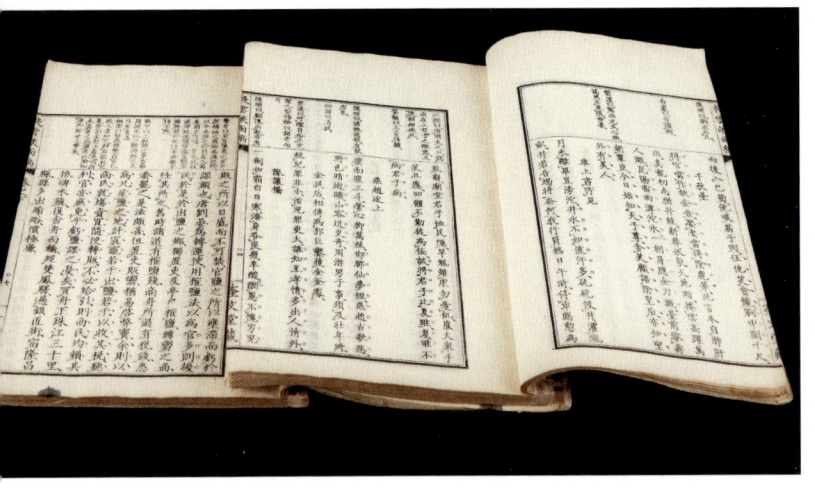

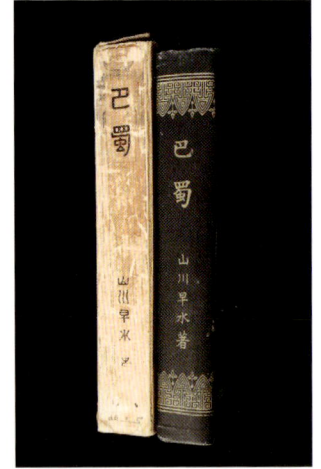

竹添进一郎《栈云峡雨日记》　　　　　　　　　山川早水《巴蜀》

地理学家王士性所走之苍溪、阆中、盐亭、潼川、绵阳、德阳、新都的大略相同。

2. 山川早水《巴蜀》

1905年，山川早水以四川高等学堂日文教习身份入川任教，写下20余万字的《巴蜀》（新译中文本作《巴蜀旧影：一百年前一个日本人眼中的巴蜀风情》），并配150余幅照片及多张插图。这部作品不失为一部规模宏大、内容翔实的巴蜀游记。

日本人山川早水于明治三十八年（1905）对四川进行了一次长达4个月的旅行，其中由万县至成都府的陆路行程，所走的正是小川北路。山川早水以一个外国人的独特视角，"对沿途的民生状态、风情风物、历史古迹、政治制度作了十分详细的记载"，展示了小川北路上的独到历史面貌。书中还附录不少沿途拍摄的照片，更能直观真实地反映当时小川北路上的历史风貌。

3. 中野孤山《横跨中国大陆——游蜀杂俎》

光绪二十九年（1903）底，锡良出任四川总督，在川开办新学，振兴教育，遣使日本，择聘教育专家。中野孤山应聘前往成都，1906—1909年间任职于成都补习堂、优级师范学堂，并于1913年撰成《横跨中国大陆——游蜀杂俎》一书。

《横跨中国大陆——游蜀杂俎》中，"蜀野之现象"记载了沿途的村落、市街、山岳、河川、植物、平原、盐井、蜀风、农教等情形。"沿途城镇"记述沿途各城镇的建设情况，包括各种设施、街道、房屋、茶烟馆、市民生活、习俗、护卫、货币等。"万县至成都之间的宿驿、官栈、里程、管辖县、护卫兵表"一表，记载了小川北路行程的道里、宿卫情况。"宿栈"小节记载了各地官栈的详情。

（四）美、俄、匈等国人的蜀道记述

1. 皮亚赛斯基《蒙古与中国的俄国旅行者》

1875年，由Y. A. 索斯诺夫斯基（Y. A. Sosnovsky）率领俄国远征军沿汉水前行，在汉中短暂停留后，经沔县、略阳到甘肃。随军医生帕维尔·皮亚塞斯基（Pavel Piassetsky）曾以英文写了《蒙古与中国的俄国旅行者》一书，并手绘36幅素描图，记录沿线旅行见闻。随军摄影师伯杨斯基（A. E. Boyarsky）沿途拍摄了200多张照片，保留了洋县开明寺及宝塔、汉中府城、汉中官府、城楼、武庙、略阳县城、略阳县城附近宝塔、嘉陵江畔大河店乡、文庙、鸡冠石村、铁产甲村、街道牌楼等的历史影像。

2. 塞切尼·贝拉《塞切尼·贝拉伯爵东亚科学考察成果（1877—1880）》

塞切尼·贝拉（Széchenyi Béla），匈牙利伯爵。1880年5月24日，塞切尼带领一支探险队到达西宁、青海湖畔，但没能进入西藏，决定再南下四川，探寻从东面进入西藏的可能。探险队由安定（今甘肃定西）南下，经巩昌（今甘肃陇西）、秦州（今甘肃天水）、徽县、广元、剑阁、绵阳至成都。再由成都向雅州（治今四川雅安）、丹棱、清溪（今四川汉源北），从泸定桥过大渡河，经打箭炉（今四川康定）、理塘，到了巴塘。可是在川西高原，塞切尼还是没能找到进入西藏的途径，只好改道向南，经大理、永昌、腾越（今云南腾冲），向西往缅甸八莫，再经印度返回欧洲。塞切尼一行对中国陕、甘、青、

皮亚塞斯基手绘《石泉县的塔》

川、滇各省地质地貌、水文气象、动物植物等进行了比较全面、科学的考察，搜集了大量的动物、植物、矿物标本以及古生物化石。

3. 纳柯苏《穿越神秘的陕西》（又译作《龙旗下的长安》）

纳柯苏（Francis H. Nichols，1868—1904），美国记者、探险家，1901年受《基督教先驱报》派遣赴中国西安调查干旱及饥荒灾情。纳柯苏首次来华即在西安工作，对西安十分熟悉，对这个蜀道的起点进行了很多记录。他从北京经保定到山西，南行至蒲州（今山西永济），自潼关入陕，在西安完成了对赈灾情况的调查。随后由西安出发，经蓝田，翻越秦岭，来到商州龙驹寨，雇船沿汉江航行至湖北老河口，经樊城到汉口，再顺长江而下，终抵上海。书中收录的照片和画稿，如《大秦景教流行中国碑》《汉水峡谷》《作为农舍的洞穴（窑洞）》《秦岭山中的避难洞》《汉江上游的一户船上人家》等，反映了翻越秦岭沿途的历史面貌。

旧照《汉江上游的一户船上人家》

参考文献

【中国文献】

《史记》（点校本），中华书局，1959年。
《汉书》（点校本），中华书局，2012年。
《周书》（点校本），中华书局，2011年。
《隋书》（点校本），中华书局，1973年。
《宋史》（点校本），中华书局，1977年。
（晋）常璩著，任乃强校注：《华阳国志校补图注》，上海古籍出版社，2007年。
（北魏）郦道元注，杨守敬、熊会贞疏：《水经注疏》，江苏古籍出版社，1989年。
（唐）道宣：《续高僧传》，郭绍林点校，中华书局，2014年。
（唐）李德裕撰，傅璇琮、周建国校笺：《李德裕文集校笺》，中华书局，2018年。
（宋）王溥：《唐会要》，文渊阁四库全书本。
（宋）乐史：《太平寰宇记》，王文楚等点校，中华书局，2007年。
（宋）唐慎微：《重修政和经史证类备用本草》，蒙古定宗四年张存惠晦明轩刻本。
（宋）王象之：《舆地纪胜》，赵一生校点，浙江古籍出版社，2012年。
（宋）李心传：《建炎以来系年要录》，文渊阁四库全书本。
（宋）普济：《五灯会元》，中华书局，1984年。
（元）姚燧：《牧庵集》，文渊阁四库全书本。
（明）杨士奇等：《历代名臣奏议》，文渊阁四库全书本。
（明）曹安：《谰言长语》，文渊阁四库全书本。
（明）黄训编：《名臣经济录》，文渊阁四库全书本。
（明）曹学佺：《蜀中名胜记》，刘知渐点校，重庆出版社，1984年。
（清）褚人获：《坚瓠集》八集，清康熙刻本。
（清）张问陶：《船山诗草》，清嘉庆二十年刻、道光二十九年增修本。
（清）徐松辑录：《宋会要辑稿》，刘琳、刁忠民、舒大刚、尹波等校点，上海古籍出版社，2014年。
（清）刘喜海：《金石苑》，清道光二十八年刻本。
《（万历）四川总志》，明万历九年刻本。
《（雍正）剑州志》，清雍正五年刻本。
《（雍正）四川通志》，四川省地方志编纂委员会辑《四川历代方志集成》第4辑，第1册，国家图书馆出版社，2017年。

《（嘉庆）四川通志》，清嘉庆二十一年刻本。
《（道光）通江县志》，清道光二十八年刻本。
《（道光）重修昭化县志》，清道光二十五年刻本。
《（道光）重修昭化县志》，清道光二十五年刻本。
《（光绪）重修略阳县志》，清光绪三十年刻本。
《（光绪）文县志》，清光绪二年刻本。
《（同治）剑州志》，清同治十二年刻本。

【外国文献】

［阿拉伯］苏莱曼：《苏莱曼东游记》，刘半农、刘小蕙合译，中华书局，1937年。
［日］宗叡：《新书写请来法门等目录》，《大正藏》第55册。
［意］马可·波罗：《马可波罗行纪》，冯承钧译，上海书店出版社，2006年。
［意］马可·波罗：《马可波罗游记》，陈开俊等译，福建科学技术出版社，1981年。
［高丽］李齐贤：《栎翁稗说》后集一，日本内阁文库藏江户抄本。
［高丽］李齐贤：《益斋乱稿》，《粤雅堂丛书》本。
［葡］安文思、［意］利类思、［荷］许理和：《中国新史（外两种）》，何高济译，大象出版社，2016年。
［法］古洛东：《圣教入川记》，四川人民出版社，1981年。
［法］李明：《中国近事报道（1687—1692）》，郭强、龙云、李伟译，大象出版社，2004年。
［德］费迪南德·冯·李希霍芬著，［德］E.蒂森选编：《李希霍芬中国旅行日记》，李岩、王彦会译，商务印书馆，2016年。
［日］竹添进一郎：《栈云峡雨日记》，中华书局，2007年。
［罗］米列斯库：《中国漫记》，柳风运、蒋本良译，中国工人出版社，2000年。
［英］威廉·吉尔著，［英］亨利·尤里编：《西人中华西南行纪：金沙江》，曾嵘译，中国地图出版社，2013年。
［英］台克满：《领事官在中国西北的旅行》，史红帅译，上海科学技术文献出版社，2013年。
［法］色伽兰：《中国西部考古记》，冯承钧译，中华书局，1955年。

【图书著作】

宝鸡市考古研究所编著：《褒斜道：陈仓古道调查报告之一》，科学出版社，2019年。
国家文物局主编：《中国文物地图集·甘肃分册（下）》，测绘出版社，2011年。
国家文物局主编：《中国文物地图集·四川分册（中）》，文物出版社，2009年。
贾大泉、陈世松主编：《四川通史》，四川人民出版社，2010年。
李天鸣：《宋元战史》，食货出版社，1988年。
梁思成：《中国建筑史（通校本）》，生活·读书·新知三联书店，2023年。

刘庆柱、王子今主编：《中国蜀道》，三秦出版社，2015年。
罗桂环：《近代西方识华生物史》，山东教育出版社，2005年。
任昭坤、龚自德：《四川战争史》，四川人民出版社，2009年。
［美］史景迁：《大汗之国：西方眼中的中国》，阮叔梅译，台湾商务印书馆，2000年。
四川省文物管理局编：《全国重点文物保护单位：四川文化遗产》，文物出版社，2009年。
四川省文物管理局等编：《广元石窟内容总录·皇泽寺卷》，巴蜀书社，2008年。
四川省文物考古研究院主编：《四川散见唐宋佛道龛窟总录·达州卷》，文物出版社，2017年。
谭红主编：《巴蜀移民史》，巴蜀书社，2006年。
向达：《唐代长安与西域文明》，商务印书馆，2015年。
姚崇新：《巴蜀佛教石窟造像初步研究：以川北地区为中心》，中华书局，2010年。
张星烺编注，朱杰勤校订：《中西交通史料汇编》第1册，中华书局，1977年。
［英］泰瑞·贝内特：《中国摄影史——西方摄影师1861—1879》，徐婷婷译，中国摄影出版社，2013年。

【学术论文】

陈世松：《释元代万州诸军奥鲁之印》，《四川文物》1986年第3期。
段晴：《唐代大秦寺与景教僧新释》，荣新江主编《唐代宗教信仰与社会》，上海辞书出版社，2003年。
符永利、刘超：《四川平杨府君阙阙身龛像的初步研究》，《石窟寺研究》第7辑，科学出版社，2018年。
蓝勇：《〈巴蜀〉中译本序言》，［日］山川早水《巴蜀旧影：一百年前一个日本人眼中的巴蜀风情》，四川人民出版社，2005年。
蓝勇：《古代中国西南地区碥路类型研究》，西南大学历史地理研究所编《中国人文田野》第11辑，巴蜀书社，2023年。
雷玉华：《四川石窟分区与分期初论》，《南方民族考古》第10辑，科学出版社，2014年。
梁中效：《元代日僧雪村友梅的蜀道之旅研究》，《唐都学刊》2022年第2期。
孙华：《四川绵阳平杨府君阙阙身造像——兼谈四川地区南北朝佛道龛像的几个问题》，［美］巫鸿主编《汉唐之间的宗教艺术与考古》，文物出版社，2000年。
陶喻之：《唐孙樵履栈考——兼论〈兴元新路记〉》，《文博》1994年第2期。
王晓伦：《〈扬子江内外〉中的路线与景观分析》，中国地理学会历史地理专业委员会编《历史地理》第16辑，上海人民出版社，2000年。
王子今：《汉末米仓道与"米贼""巴汉"割据》，《陕西理工学院学报（社会科学版）》2013年第2期。
王子今：《中国古代交通系统的特征——以秦汉文物资料为中心》，《社会科学》2009年第7期。
徐健顺：《李齐贤在中国行迹考》，《延边大学学报（社会科学版）》2005年第4期。
姚光普：《七曲山大庙》，《四川文物》1991年第5期。